역사는 스스로 길을 찾는다

박종철출판사는 신의와 신념을 지키기 위해 죽은 우리의 벗을 기억하고자 1990년에 설립되었으며,
그와 함께 꿈꾸었던 세상을 만드는 데 보탬이 되고자 합니다.

역사는 스스로 길을 찾는다

– 로자 룩셈부르크 100주기를 맞으며

박종철출판사

차례

일러두기

1. 약자로 표시되어 자주 인용되는 문헌은 다음과 같다.

GW Rosa Luxemburg Gesammelte Werke, Diez Verlag.
MEW Marx/Engels Werke, Diez Verlag.
MECW Marx/Engels Collected Works, Progress Publishers.
LCW Lenin Collected Works, Progress Publishers.

2. 이 책에 실린 각각의 글의 최초의 것은 다음과 같다.

제1장 이갑영, 「로자 룩셈부르크의 유산」, 한국사회과학연구회 『동향과 전망』 1996년 겨울호(통권 제32호)
제2장 이갑영, 「로자 룩셈부르크의 '이론과 실천'」, 오세철 교수 명예퇴임 기념 논문집 『좌파운동의 반성과 모색』, 2005년
제3장 장시복, 「한국에서 로자 룩셈부르크의 수용과 『자본의 축적』」, 경상대학교 사회과학연구원 『마르크스주의연구』
　　　제11권 제2호, 2014년
제4장 이갑영, 「로자 룩셈부르크의 자본주의론」, 한국경제학사학회 『경제학의 역사와 사상』 제4호, 2001년
제5장 이갑영, 「로자 룩셈부르크의 공황인식 변화」, 한국비교경제학회 『비교경제연구』 제17권 제2호, 2010년
제6장 이갑영, 「로자 룩셈부르크의 국제주의」, 한국동서경제학회 『동서경제연구』 제13집 제2권, 2002년
제7장 이갑영, 「로자 룩셈부르크의 자발성과 평의회운동」, 한국사회과학연구회 『동향과 전망』 2009년 가을/겨울호(통권 제
　　　77호)
제8장 이갑영, 「로자 룩셈부르크의 『러시아혁명에 대하여』 재인식 — 독일혁명과 연관성을 중심으로」, 서강대학교 사회과학
　　　연구소 『사회과학연구』 제16집 1호, 2008년
제9장 이갑영, 「대중의 '전위화'와 로자 룩셈부르크」, 제4회 맑스 코뮤날레(2009년) 발표문
로자 룩셈부르크에게 보내는 편지 이갑영, "Revolution and masses from the Perspective of Rosa Luxemburg," 2015 국제 로자 룩
　　　셈부르크 대회 발표문

붉은 카네이션 한 송이를 바치며

　'자본'의 세상이다. 모두가 자본 앞에 무릎 끓고 처분을 기다리고 있는 것처럼 보인다. 새삼스러운 이야기일 수도 있지만, 자본의 위세에 감히 덤벼들 엄두조차 못 내는 듯하다. 하기는 자본이 세상에 나온 이후 제대로 도전을 받아 본 적도 많지 않을 것이다. 그만큼 자본은 인간의 역사를 송두리째 바꾸면서 힘을 보여 주었다. 짧은 시간에 이토록 세상을 변화시킨 자본은 대단한 '괴물'이라는 생각도 든다. 더구나 자본은 자고 일어나면 모습이 바뀌니 따라잡기도 벅차다.

　자본의 역사를 들여다본 사람은 알겠지만, 자본이 여기까지 오는 데 신세(?)를 진 것이 있다면 바로 맑스주의와 공황이다. 맑스의 지적처럼 자본은 세상에 나올 때 온갖 오물을 뒤집어쓰고 피를 뚝뚝 흘리고 있었기 때문에 곧바로 억압과 착취를 먹고 산다는 게 알려졌다. '자본 사냥꾼'이 나타난 것은 당연하다. 바로 맑스주의다. 사냥꾼은 무기를 살피고 신발 끈도 단단히 맸다. 자본이 어떤 녀석인지, 어떻게 살아가는지, 밤새워 공부도 했다.

　하지만 자본은 결코 만만한 녀석이 아니다. 사냥꾼이 자본을 잡으려고 온 산을 헤매고 있으나 아직 이렇다 할 성과는 내지 못했다. 한두 번은 승부를 가른 듯한 적도 있지만, 자본은 생각보다 빠르고 영리하며, 무엇보다도 자신을 사냥하려는 사람조차 자기편으로 만드는 마력이 있다. 자본은 자기 세상을 지키려고 온갖 것을 동원해서 진지를 구축하는 한편, 사냥꾼들을 구석으로 몰아넣기도 한다. 사냥꾼들 가운데 자본에 투항하거나 타협하는 경우도 많다.

더구나 자본은 경쟁하면서 살기 때문에 매일매일 단련된다. 또 변신에도 귀신이다. 한순간도 쉬지 못하고 경쟁하고 변신하기 때문에 자본 스스로도 숨이 턱턱 막힐 것이다. 하지만 자본은 동료들과 치열하게 경쟁하는 한편 사냥꾼과 몰이꾼에게 항상 쫓기는 형편이기 때문에, 강한 체력과 정신을 유지해야 한다. 자본은 강해질 수밖에 없는데, 허점이 보이면 사냥꾼에게 발각되기도 전에 동료들에게 잡아먹히거나 산 아래로 쫓겨 날 수도 있는 것이다.

자본을 강하게 만드는 또 하나의 계기는 주기적으로 체력을 보강해 주는 공황이다. 유기체가 생명을 이어 가는 방법은 여러 가지지만, 가끔 몸져누워서 불필요한 것들을 털어 내는 것도 나쁘지 않다. 골골 팔십이라더니, 주기적으로 폭발하는 공황은 자본이 숨기고 싶은 고질병이지만 공황 덕분에 몸도 추스르고 군더더기도 정리하게 된다. 공황이 폭발한다고 자본 때문에 사냥꾼이 신날 것은 없지만, 자본의 한계는 명확히 보게 된다.

자본은 사냥꾼과 몰이꾼이 힘과 지혜를 모아도 잡을 수 있을 듯 말 듯 하다. 그런데 눈치 빠른 자본은 사냥꾼을 비웃기라도 하듯 추파를 던지거나 유혹도 한다. 결코 잡히지 않는다는 자신감이다. 자본은 사냥꾼이나 몰이꾼은 안중에도 없는 듯이 오만하게 행동한다. 하지만 사냥꾼은 자본을 잡으려고 태어났기 때문에 사냥을 멈출 수 없는데, 좀처럼 잡히질 않으니 걱정 끝에 머리도 맞대고 무기도 손질해 보지만, 한편 자본이 두렵기도 하다. 이것이 자본의 역사다.

그런데 사냥꾼이 많이 사라진 듯하다. 그들이 부적처럼 들고 다니던 '붉은 기'는 언제부턴가 보이질 않고 있다. 분홍빛도 보기가 어려워졌다. 그동안 자본을 잡는다고 온 산을 쫓아다니던 사냥꾼과 몰이꾼들이 지치고 병들어 산을 내려간 것처럼 보인다. 하기는 자본이 쉽게 잡히기는커녕 하루가 다르게 기세가 오르니 힘이 빠질 만도 하다. 고단하면 쉬어 가야 한다. 자본은 어떤 놈인지, 작전은 괜찮았는지, 무기는 틀림없었는지, 다시 생각해 볼 필요가 있다.

자본과 함께 살아온 자신이 사냥꾼으로 적합한지도 생각해 볼 일이다. 자본의 위세에 눌려 애초부터 자본을 사냥할 자신감이 부족했던 것은 아닌지, 자본을 잡는 척하고 있지만 내심 한패가 된 것은 아닌지, 되돌아보아야 할 것이다. 물론 자본을 사냥할 때 어떤 작전을 쓰고 어떤 무기를 쓸 것인지는 사냥꾼마다 다를 수 있다. 또 자본마다, 또 골짜기마다 특별한 것들이 있으니 살펴볼 필요도 있을 것이다. 하지만 어떤 경우에도 사냥꾼은 자본을 정조준해야 한다.

이제는 '자본 사냥꾼'을 믿고 따르는 사람이 많지 않다. 더구나 그 사냥꾼이 자본을 잡을 것이라고 믿는 사람은 없는 듯하다. 물론 자본을 잡았다고 큰소리치는 사람도 있었다. 하지만 잡았다던 자본을 어느 순간부터 닮아가는 것을 보면서 혼란만 부채질한 꼴이 되었다. 이러한 '자본 사냥꾼'들과 함께하면서도 언제나 깨어 있던 사람이 바로 로자 룩셈부르크Rosa Luxemburg(1871~1919)다. 사냥꾼에게도 급수가 있다던가. 그녀는 자본 사냥을 위해서 태어난 사람 같다.

1919년 1월 15일. 로자 룩셈부르크가 세상을 떠났다. 맑스주의 역사에서 그녀만큼 빼어난 인물도 흔치 않지만, 또한 그녀만큼 파란을 일으킨 사람도 드물다. 레닌과 조직 노선을 놓고 치열하게 논쟁했고, 대중을 혁명의 중심에 놓았으며, 맑스가 제시한 재생산 표식을 비판했고, 제국주의 반대 투쟁에 앞장섰고, 볼셰비키혁명을 비판했다. 그런 룩셈부르크는 "맑스와 엥겔스의 과학적 후계자 가운데 가장 뛰어난 두뇌"(프란츠 메링)라는 평가도 받았고, "혁명의 독수리"(레닌)라는 소리도 들었다. 그녀는 "혁명의 날카로운 검이요, 살아 있는 불꽃"(클라라 체트킨)이었다.

하지만 이러한 과정에서 호된 비판도 뒤따랐다. 그녀의 글 가운데는 사회주의의 조국에서 금서가 된 것도 있었고, 그녀는 혁명에 성공한 레닌을 비춰 주는 적절한(?) 조연으로 출연 당하기도 했고, 결국은 어제까지 당을 함께했던 사람들

손에 죽임을 당했다. 하지만 그녀는 맑스주의 하늘에 '대중, 민주, 자율, 혁명, 역사'를 수놓으면서, 일체의 삶을 통해 사회주의혁명운동에서 대중성과 혁명성을 잃지 않았다. 그녀는 혁명으로 살았다! 룩셈부르크는 영원히 '붉은 별'일 뿐이다.

글을 엮으면서 지난 시간이 많이 떠올랐다. 좌파 경제학을 배우고 가르치면서 '자본 사냥꾼'이라는 자부심으로 살았지만, 모자라는 머리에, 부족함에, 게으름에 괴로운 적도 많았다. 더구나 가까이 생활하는 사람들이 응원은커녕 '좌파 맞아?'라고 쳐들어올 때는 '좌파 알아?'라고 맞받아치고 싶은 적이 한두 번이 아니었다. 그래도 우리만큼은 앞으로도 좌파 경제학을 가르치고 또 이어 가자는 마음으로 참고 참으며, 룩셈부르크를 생각했다. 좌파들 가운데는 동지를 토마토, 사과, 수박에 비유하기도 한다. '소수파'라는 처지를 잊지 않으면서 수박처럼 살려고 했다. 그러면서 오해도 받았지만, 룩셈부르크가 외쳤듯이 혁명성과 대중성을 생각하면서 왼쪽으로 생각하고 오른쪽으로 행동하겠다는 마음으로 좌사우행左思右行이라고 써 보기도 했다. 새로운 사회가 필연적이지만 크리스마스 선물은 아니기 때문이다. 그 첫걸음은 대중과 역사를 말하고 희망을 나누는 것으로 시작될 것이다.

이 책에 실은 글은 모두 학술지에 게재되었거나 학술 대회에서 발표했던 것을 수정한 것이다. 작업을 하면서 룩셈부르크의 사상이나 노선에 대해 새록새록 느끼게 된 것도 많다. 처음 룩셈부르크를 만날 때처럼 설레었다. 유물론을 읽으며 팔뚝에 소름이 돋던 감흥도 다시 느꼈다. 만날수록 새로운 룩셈부르크. 그런데 논문을 모으다 보니 중복된 곳이 많아서 책을 읽은 사람들이 어떨까 고민도 했다. 하지만 각각 독립된 글이기 때문에 이해하는 데 도움이 되리라 생각하고 그냥 두었다.

이 글들을 책으로 만드는 데 많은 사람의 도움을 받았다. 특히 목포대학교 경제학과 장시복 교수님은 「한국에서 로자 룩셈부르크의 수용과 『자본의 축적』」이라는 글을 실을 수 있도록 허락해 주셨다. 깊이 감사드린다. 교수님 덕분에 룩셈부르크가 한국에 수용된 과정을 한눈에 볼 수 있을 것이다. 또 연구공동체 라움을 이끌면서 룩셈부르크의 『자본의 축적』 등을 번역하신 황선길 소장님은 모든 글을 처음부터 읽고 수정해 주셨다. 어떻게 감사해야 할지. 박종철출판사 김태호 대표는 맑스주의에 대한 이런저런 토론도 함께하고, 허물 많은 사람을 항상 응원해 주신다. 고마운 분이다.

또한 서로 사상이 다르고 노선이 다르지만, 인천대학교 경제학과에 정치경제학을 이어갈 수 있도록 마음 써 준 선량한(?) 부르주아경제학 교수들께 깊이 감사드린다. 배우고 가르치는 일로 살았지만, 언제나 바라는 것은 함께 공부한 제자들이 작으나마 희망을 들고 강의실을 나가는 것이다. 다시 강단에 서야 한다면, 그것은 오로지 제자들에게 희망을 전하기 위해서다. '희망', 그것은 저항하든 혁명하든 계급사회를 넘을 수 있는 유일한 무기라는 생각이다.

나의 작은 방에 있는 책이나 노래는 편협하다. 누군가 "80년대가 여기 있네!"라고 말한 적도 있다. 많은 월간지를 보고는 "우리 집엔 왜 똑같은 책이 많아?" "아버지는 왜 전쟁 노래만 들어?"라는 말로 나를 웃게 했던 자식들 다솜 · 다함이가 이제는 "아버지는 신념을 갖고 살았잖아요!" "아직 맑스 안 끝났어요?"라고 할 만큼 컸다. 한쪽만 쳐다보고 살다 보니 넓은 이야기를 해 주지 못해 미안하다. 하지만 우리가 계급사회에 살고 있다는 것을 잊지 않으면 좋겠다.

2018년 12월 8일
청량산은 해돋이가 좋다
반보半步 이갑영

제1편

맑스의 과학적 후계자

"여기에 문제의 핵심이 있다. 개량을 단지 장기적으로 조금씩 달성해 가는 혁명으로 생각하고 혁명을 단기적으로 농축된 개량으로 보는 것은 근본적으로 잘못이다. 개량과 혁명은 시간의 길이에서 차이가 나는 것이 아니라 본질에서 특성이 서로 다른 계기다. …… 따라서 정치권력의 장악과 혁명 대신에 개량의 길을 선택한 사람은 같은 목적지에 도착하는 조용하며 확실하고 시간이 걸리는 길을 선택한 것이 아니라 실제로는 전혀 다른 목표를 향해 나아가는 것이다." (『사회 개량이냐 혁명이냐?』)

제1장 혁명으로 살았다

룩셈부르크

역사적 사회주의의 몰락 이후 맑스주의는 천덕꾸러기로 전락한 듯 보인다. 맑스주의는 이제 '혁명 철학'이 아니며, 맑스의 세계관을 가지고 세상을 파악하려는 사람도 거의 사라진 듯하다. 자본 관계가 지구적 차원으로 확대되고 심화되면서 이윤과 경쟁의 논리가 인류의 삶을 지배하게 되었다. 곳곳에서 기존의 시각이나 인식 체계를 흔들었던 진보적 학문은 확산은커녕 존립 자체도 위협받고 있다. 노동자의 '미래'를 기대하던 선지자의 목소리는 자본의 '현실'에 압도되어 가쁜 숨을 몰아쉬고 있다.

맑스주의의 위기가 새삼스러운 것은 아니다. '유령'은 세상에 나온 이후 끊임없이 사냥감이 되었으나, 현실과 타협하지 않고 위기와 싸우면서 과학성을 입증했다. 그런데 오늘의 맑스주의는 유례를 찾기 힘들 정도로 침체되고 혼돈에 싸여 있다. 국제 사회주의의 명예를 수호하면서 출발한 '사회주의 조국'이 그 흉물스러운 모습을 세상에 드러냈기 때문이다. 유령 사냥꾼은 물론이고 흥미롭게 기웃거리던 유령 놀이꾼도 이제는 자신 있게 '아직도 맑스야?'라고 외치며 측은지

심 가득한 눈으로 바라보는 세상이다. 그야말로 맑스주의는 더는 살아 있는 이론과 실천이 아니라 박물관이나 가야 할 판이다.

그렇다 해도 맑스주의가 종말론의 표적이 되어야 할 이유는 없다. 자본이 존재하는 한 노동은 필요하기 때문이다. 자본은 역사적일 뿐이라는 사실이 현실에서 반증되지 않으면, 맑스주의라는 '유령'은 아무리 풍부해져도 극락으로 가지 못하고 구천을 떠돌며 자신의 역사적 책무를 되뇔 것이다. 맑스주의는 자신을 한층 깊은 구렁텅이로 밀어 넣은 역사적 사회주의에서 교훈을 얻어야 한다. 그렇지 못하면 아주 오랫동안 깊은 잠에 빠져야 할지 모른다. 이 지점에서 '성공한' 레닌의 전우이지만 "러시아의 사례"를 모범으로 받아들이지 않은 룩셈부르크를 주목하는 것은 당연하다. 종래와는 다른 숨결이 느껴지기 때문이다.

파리코뮌이 건설되던 1871년 러시아령 폴란드에서 태어나 레닌의 말처럼 "혁명의 독수리"(LCW 33: 210)로 살다 간 룩셈부르크는 국제 사회주의 역사에서 빼어난 지위를 차지하고 있다. 1887년경 폴란드의 프롤레타리아혁명사회당 Revolutionär-Sozialistischen Partei Proletaria에서 사회운동을 시작한 그녀는 자신의 삶 일체를 인간 해방에 바쳤다. 룩셈부르크는 "프롤레타리아 조직의 보석"으로 "인터내셔널의 자랑"(GW 4: 55)이었던 독일사회민주당 Sozialdemokratische Partei Deutschlands 에서 '급진좌파'로 활동하다, 제국주의 전쟁이 발발하자 스파르타쿠스연맹 Spartakusbund을 조직하여 반전 활동을 수행했으며, 볼셰비키혁명을 구하고 독일의 혁명을 준비하기 위해 독일공산당 Kommunistischen Partei Deutschlands을 건설했지만, '사회제국주의 Sozialimperialismus' 세력에게 비참하게 학살되었다.

룩셈부르크가 살다 간 때는 자본주의가 독점자본주의로 전화하면서 자본의 각축전이 국제적 차원으로 나아가고, 사회주의 운동은 급속하게 대중적 바탕을 확보하면서 의회주의 전략이 바리케이드를 대체할 것으로 기대되는 상황이었다. 혁명과 개량의 긴장이 서서히 달아오르면서 예고되는 파란이 그녀를 기다리고 있었다. 룩셈부르크가 국제 사회주의 운동에서 본격적으로 주목받게 된 계기는 무엇보다 수정주의 논쟁의 최전선에서 맑스주의를 옹호하고 날카로운 비판을 전개한 것이다. 룩셈부르크는 혁명적 변증법을 바탕으로 그 어떤 도그마도 인정하지 않으며 객관주의와 주의주의를 경계했다. 이러한 맑스주의 방법은 룩셈부르크를 이해하는 전제 조건이라 할 수 있다.

이론과 실천의 변증법

맑스주의의 본질을 "방법"에서 찾은 룩셈부르크는 이론과 실천의 변증법적 통일을 강조했다. '맑스의 교의'에 빠져 구체적 현실을 외면하는 교조주의는 물론 실천을 이론에서 분리하려는 기회주의 역시 철저히 배격한 것이다. 그녀에게 변증법은 고정된 대상을 해부하는 수단이 아니라 역사적 차원에서 이론과 실천을 결합하는 인식 체계다. "변증법적 유물론은 전혀 알려지지 않은 새로운 세계에 대한 전망을 부여하고 자립적 행동에 대해 무한한 가능성을 열어 주며 미지의 영역으로 대단하게 전진하도록 고무하는 연구 방법일 뿐이다".(GW 1/2: 364)

룩셈부르크의 방법은 독일사회민주당이 직면한 과제였던 수정주의 논쟁과 제국주의 전쟁에 대한 논쟁을 통해 집중적으로 표출되었다. 특히 그녀의 방법은 독일사회민주당에서 벌어진 맑스와 라쌀레에 대한 평가를 둘러싼 논쟁을 의식하면서 전개되는데, 그녀는 이론과 실천의 변증법적 통일에 바탕을 두었지만, 강조점은 점점 이론에서 실천으로 나갔고, 위기의식이 깊어진 이후에는 프롤레타리아의 실천이 역사의 결정적 계기라고 지적했다.

수정주의 논쟁을 통해 맑스주의 이론가로 빠르게 떠오른 룩셈부르크는 베른슈타인이 경제와 관련된 경험적 사실을 가지고 과학적 사회주의를 비판하는 것은 이론과 실천의 변증법적 분석과 이것에 기초한 사고방법을 이해하지 못했기 때문이라고 비판했다. 룩셈부르크는 보편적 관점이 빠져 버린 경험적 사실만 가지고는 맑스도 과학적 사회주의를 창조하지 못했을 것이라고 주장했다. 수정주의가 보편적 관점을 확보하지 못한 것을 지적하는 것이다. 여기서 룩셈부르크는 개별 사실이나 이론과 실천을 하나로 결합하는 보편적 관점인 변증법적 사고방법을 주장했다.

특히 룩셈부르크에게 이론은 지식인들의 전유물이 아니기에, 광범위한 노동자계급이 과학적 사회주의로 무장한다면 기회주의는 존재할 수 없게 될 것이었고, 특히 이론과 실천이 유기적으로 결합하지 못한 노동자운동은 확실한 방향도 모르면서 현실에 뛰어드는 격이었다. 프롤레타리아라는 사회적 존재에게는 이론적 인식이 필요하고 이론은 프롤레타리아를 통해 스스로 실현하는 상호 규정 관계에서 인간 해방이 이룩된다는 변증법적 귀결이 룩셈부르크에게는 맑스주의의 생명이다.

이러한 논리의 연장선에서 룩셈부르크는 맑스와 라쌀레가 대립한다고 이해하기보다는 이론과 실천의 변증법적 통일이라는 관점에서 둘을 평가했다.

> 인간은 자신의 역사를 만들지만 자유자재로 만드는 것은 아니라고 맑스와 엥겔스는 말했다. 이것을 통해 그들은 한평생 유물론적 역사 서술을 옹호했다. 그러나 라쌀레는 인간은 자유자재로 만드는 것은 아니지만 스스로 역사를 만든다고 강조하여 일생의 과업으로 "개인의 결의"와 "위대한 행동"을 옹호했다.(GW 1/2: 155)

여기서 그녀는 맑스와 라쌀레의 사고방식이 궁극적으로 일치하는 것으로 보고 있지만, 라쌀레가 "맑스주의적 사회주의 이론이 없는 곳에서 생산협동조합이나 공동체라는 구호를 가지고 맑스의 이론에 반대"했던 것이며 "오히려 그는 이러한 오류를 통해 맑스주의 이론의 길을 최초로 개척했다"(GW 1/2: 157)라며 높이 평가한다. 이런 평가는 그의 실천 내용보다는 '실천 행위' 자체에 대한 것이며, 어디까지나 맑스의 길을 걸어야 한다는 것이다.

수정주의에 대한 비판의 고삐를 늦추지 않던 시기의 룩셈부르크는 이론을 경시하는 기회주의자들을 의식하면서 이론의 역할을 반복적으로 강조하고, 이론과 실천의 결합에 대한 의지를 바탕으로 프롤레타리아의 이론적 각성을 촉구했다. 그런데 카우츠키를 중심으로 하는 독일사회민주당 지도부가 점점 관료화되고 '혁명적 대기주의'로 전락하면서, 당은 "혁명적 이론을 고수하지만 개량적 실천"만 추구하면서 분열의 길을 걷게 되었다. 이제 룩셈부르크의 화살은 정확하게 자본주의가 붕괴하기만 기다리는 독일사회민주당 중앙파를 겨냥하면서, 방법론은 빠르게 '실천'으로 변화하고 당연히 맑스보다는 라쌀레의 불같은 열정을 높이 평가한다.

룩셈부르크는 위대한 스승들 — 맑스, 엥겔스, 라쌀레 — 의 역사적 공헌은 서로 분리할 수 없다고 주장했다.

> 맑스가 1860년대의 영국을 근거로 연구하고 묘사했던 성숙한 자본주의는 오늘날처럼 세계를 둘러싼 자본의 지배나 제국주의적 무모함에 비교하면 마치 유년기같이 보인다. 그리고 자본주의 세계의 최후의 숨결인 부르주아 자유주의 — 그 노쇠한 손에서 라쌀레가 50년 전에 노동자계급의 이름으로 주도권을 빼앗았지만 — 는 오늘날의 부패한 시체와 비교하면 하나의 태양신처럼 보인다. 역사의 발전 과정은 과학적 사회주의의 스승들이 전개한 이론적, 정치적 교훈이 옳다는 것을 명백히 반증했다. 그리고 중무기에 의한 대량 학살이 반복되는 제국주의 현실에서 맑스의 『자본』에서 언급된 최종 논리가 점점 실현되어 가고 있는 시기가 다가오고 있다.(GW 3: 183)

룩셈부르크는 제국주의 단계에서도 맑스의 이론과 라쌀레의 실천이라는 각각의 유산을 결합하는 것이 중요하다고 생각했지만, 변증법적 통일은 특히 "실천에서in der Praxis" 이루어지고 있었다. 이것이 룩셈부르크가 제기하는 '역사적 관점'의 중요성이다. 여기서 맑스와 라쌀레의 관계, 즉 이론과 실천의 변증법에서 미묘한 변화가 있음을 볼 수 있다. 룩셈부르크는 제국주의를 자본주의 최후의 단계로 보고 정치적으로는 부르주아 자유주의의 약화를 느꼈다. 이것은 『자본』의 논리가 증명된 것이며 맑스가 옳았다는 것을 반증하기 때문에 이제 남은 것은 '실천'이다. 특히 주목할 것은 맑스와 라쌀레를 역사적으로 상대화한다는 것인데, 맑스가 묘사했던 자본주의는 오늘날 보면 "유년기" 같고 라쌀레가 투쟁했던 부르주아 자유주의는 "태양신" 같다고 한다.

독일사회민주당의 정치적 상황이 반영된 룩셈부르크의 방법론 전화는 점점 가속되어 라쌀레가 건설한 독일노동자총연맹Allgemeiner Deutscher Arbeiter Verein 50주년을 기념하는 글에서는 이렇게 말했다. "이 세계사적 순간을 새롭게 만든 것은 라쌀레의 대단한 결단과 민첩한 행동이었다. 그리고 독일 노동자계급은 맑스의 경고에 반하더라도 이 불멸의 운동을 수행하고 불같은 실천력을 발휘한 것에 대해 영원히 감사를 표하고 있다."(GW 3: 209) 즉 수정주의 시기에는 라쌀레가 오류를 통해서 맑스의 길을 연 것으로 평가했지만, 여기서는 "맑스의 경고에 반"하면서 이루어진 행위를 적극적으로 옹호하고 있다. 룩셈부르크는 이론과 실천에서 실천으로, 맑스와 라쌀레에서 라쌀레로 '막대기'를 서서히 구부리고 있다.

더욱이 그녀는 제국주의 단계에 당 건설이나 의회 진출에 머무르는 것은 수동적 태도라고 규정하고, 지배 블록에 대한 전면적 공격을 주장했다. 제국주의의 시대적 의의를 강조하는 역사적 상대화 과정에서 이렇게 말했다. "오늘날에는 어떠한 라쌀레도 없다. …… 우수한 개인이나 전위와 같은 지도자의 시대는 끝났다. 왜냐하면 오늘날에는 노동자 대중 스스로가 지도자이며 기수이고 돌격병이며 라쌀레이기 때문이다."(GW 3: 211) 노동자 대중이 라쌀레라는 것은 룩셈부르크의 방법이 실천으로 질적 도약한 것을 의미한다. 맑스와 라쌀레의 통일을 넘어 이제는 각성한 노동자계급이 선구자에 필적하는 자신들의 힘을 자각해야 할 시대가 도래했다는 것이다.

결국 룩셈부르크는 제국주의 전쟁의 발발과 독일사회민주당의 부패에 카우츠키는 물론 프롤레타리아에게도 책임이 있다고 본다. "역사적 경험이 그들의 유일한 스승이며, 자기해방의 길은 끝없는 고난과 무수한 잘못에서 스스로 교훈을 얻을 수 있는가에 달려 있다. 가차 없는 자기비판, 사물의 근본을 추구하는 자기비판은 노동자운동의 생명의 원천이요 생명의 불"(GW 4: 53)이기 때문에, 프롤레타리아트의 자기비판이 전제되지 않으면 사회주의는 실현되지 못하는 것이다. 제국주의 전쟁으로 부르주아사회가 '야만'으로 역행하는 현실에서 룩셈부르크는 강하게 위기의식을 느끼고, 프롤레타리아의 실천을 강조하는 수단으로 자기비판을 요구한 것이다. 이론과 실천의 변증법적 결합에서 중요한 위치를 차지하는 프롤레타리아의 실천이야말로 사회주의로 가는 역사의 결정적 계기라는 것이다.

개량은 혁명의 학교

1870년대의 공황 이후 자본주의는 제국주의 단계로 진입하면서 자본의 순환 구조가 재편되고 새로운 질풍노도가 시작되었다. 자본주의의 질적 변화는 독일사회민주당에도 민감하게 작용했다. 세계대전이 임박했다고 지적하는 견해가 있던 반면, 자본주의의 상대적 안정성을 높이 평가하여 평화로운 사회 발전을 기대하는 경향도 있었다. 민주주의가 발전하고 독일사회민주당이 선거에서 큰 성과를 얻자, 노동조합이 체제 안에서 '사회주의의 섬Sozialistische Inseln'으로 자리 잡는 현실을 기대 어린 눈빛으로 바라보는 경향이 생긴 것이다. 독일 노동자운동이 시작되면서 안고 있던 개량주의가 수면 위로 오르는 순간이다.

특히 1895년에 엥겔스가 세상을 떠나자 그의 마지막 글인 『프랑스의 계급투쟁』의 서문 — 이른바 '엥겔스의 유언' — 은 일부가 삭제되고 수정되어 개량주의의 굳건한 증인으로 등장하게 되었다. 엥겔스가 모든 형태의 폭력과 미래의 혁명을 부정했고 합법적이고 평화적인 활동을 찬양하면서, 그래야만 노동자운동은 "탄력 있는 근육과 불그레한 볼을 성숙시키면서 영원한 삶을 누리게 된다"(MEW 22: 513)라고 말했다는 것이다. 하지만 엥겔스가 합법적 투쟁을 지적한 것은 궁극적인 정치권력의 장악이 아니라 현실에서의 일상적 투쟁을 설명할 때 말한 것이다. 엥겔스의 원고가 발견된 것은 1924년이다. 엥겔스의 논리를 집약하면 '혁명적 의회 전술'이라고 볼 수 있는데, "사회주의정당이 [의회에서-인용자] 과반수를 얻으면 권력을 장악할 것"이라는 가능성은 철저하게 배제한 것이다(MEW 22: 280).

이러한 과정에서, 사회주의 역사에 가장 커다란 파문을 일으켰던 수정주의 논쟁이 등장하기에 충분한 무대가 마련되었다. '맑스주의의 수정'을 제기한 것은 카우츠키와 함께 맑스, 엥겔스의 '지적 상속자'로 공인되었던 베른슈타인이었다. 그의 문제 제기는 맑스의 이론 체계를 최초로 전면적으로 비판한 것이자 맑스주의의 현실 적합성에 의문을 제기한 것이었다. 종래의 기회주의가 과학에서 실천을 격리하려는 경향을 보였다면, 베른슈타인은 단순히 맑스주의의 이론을 경시하는 차원에 머문 것이 아니라 "수정", 곧 독자적 이론 체계를 들고 나와 공상적 사회주의의 부활을 기도했다.

그는 우선 자본주의경제에 대한 경험적 분석을 맑스주의 이론 체계와 비교하면서, 자본주의 생산양식의 적응 능력은 강화되었고 모순은 완화된 것으로 평가했다. 베른슈타인은 경제와 관련된 이러한 '사소한 도발'을 넘어 과학적 사회주의의 철학적 토대인 변증법과 유물론까지 부정했다. 즉 필연성Notwendigkeit과 결정성Determiniertheit을 혼돈한 그는 변증법을 "폭력과 창조적 힘에 대한 기적의 신앙"(Bernstein: 35-36)으로 이해했다. 사회 발전의 힘을 모순 관계가 아니라 "협력과 조화"에서 찾았다. 변증법을 경험주의로 대체하자 필연적으로 유물론에 대한 부정으로 나아갈 수밖에 없었다. 베른슈타인은 맑스주의를 기계적 유물론으로 이해하여 "유물자는 신神을 갖지 못한 칼빈주의자들"이라며 몰아치면서 칸트적 관념론으로 넘어갔다.

결국 베른슈타인은 자신의 사회주의에 칸트의 '윤리'를 적용하며 "윤리적 사회주의"로 규정했다. 새로운 사회는 역사적 필연에서 윤리적 욕구로 전화되었고, "사회주의로 사회가 성장하고 진입하는 것"이 현실에서 진행되고 있으니 자신은 "최종 목표에는 관심이 없으며 운동이 전부"라고 고백한 것이다. 당연히 독일사회민주당에게는 "낡은 수사에서 벗어나 민주사회주의 개량 정당으로서 진정한 모습을 보여 주기 위해 용기"(Bernstein: 165)를 가지라는 충고도 잊지 않았다. 그는 독일사회민주당을 민주적, 경제적 개량으로 사회를 사회주의로 바꾸는 정당으로 생각한 것이다.

베른슈타인의 수정주의에 대해 가해진 비판은 제2인터내셔널로 확대되었지만, 그가 스스로 시인했듯이 "룩셈부르크의 반박은 나에게 반대하는 글 가운데 가장 뛰어난 것"(Bernstein: 178)이었다. 룩셈부르크는 베른슈타인이 자본주의 생산관계와 순환에 총체적으로 접근하지 못하고 조잡한 속류 경제학의 관점, 즉 개별 자본가의 입장에서 경제 현상을 분석했다고 보았다. 특히 그녀는 베른슈타인이 지적하는 "자본주의의 적응 능력 강화와 모순의 완화"는 오히려 자본주의의 내적 모순을 증대시키고 격화시키는 요인이라고 비판했다(GW 1/1: 382).

그런데 베른슈타인은 자본주의의 성숙과 함께 민주주의도 발전하고 이러한 과정에서 자연스럽게 사회주의로의 이행이 열린다고 판단하여, 독일사회민주당이 "개량 정당"으로서 자신감을 가져야 한다고 했다. 이것은 '개량이냐 혁명이냐?'의 문제, 좀 더 정확히 표현하면 개량과 혁명의 상호 관계에 대한 문제를 제기한 것이다. 여기서 룩셈부르크는 의회주의와 부르주아적 합법성을 역사 발전의 계기로 인정하여 폭력의 종말을 믿는 기회주의 세력의 오류를 지적하면서, "부르주아의 폭력적 표현"에 불과한 합법주의를 통해 부르주아지를 타도하고 자본주의를 전복한다는 것은 환상에 지나지 않는 것이라며, 혁명적 폭력이 필요할 수밖에 없다고 주장했다.

볼셰비키는 독일사회민주당을 악몽처럼 짓누르던 "인민의 다수결"을 해결했다. 의회에 병적으로 의지하는parlamentarischen Kretinismus 당원들은 어떤 일을 시작하기 전에 먼저 다수를 확보해야 한다는 강박증을 혁명에 적용하려고 했다. 그러나 룩셈부르크에 따르면 "혁명의 변증법"은 의회주의 발상과는 정반대다. "다수를 통해 혁명의 전술을 채택하는 것이 아니라 혁명의 전술을 통해 다수를 획득하는 것이다. 이것이 바로 혁명이 걷는 길이다."(GW 4: 341)

룩셈부르크는 합법주의자들의 외관과 계략을 파악하고 단호하게 부정했지만, 민주주의만은 노동자계급에게도 필요하다고 생각했다. 왜냐하면 그녀에게 사회주의혁명은 노동자계급의 일상적 투쟁과의 변증법적인 관계를 통해 이루어지기 때문이다. 그들은 투쟁하고 승패에 따른 교훈을 통해서 정치권력을 장악해야 한다는 강철 같은 의지로 무장할 수 있으므로, 민주주의는 정치권력을 장악할 수밖에 없다는 것을 깨우쳐 줄 것이고 또한 민주주의만이 이러한 가능성을 마련해 줄 수 있다고 보았다.

한편 룩셈부르크는 혁명과 개량의 문제에 대하여 탁월한 변증법적 논쟁 능력을 발휘했다. 혁명과 개량은 역사 발전의 두 갈래 길을 의미하는 것이 아니라 계급사회의 발전에서 서로를 제약하고 보완하는 동시에 배타적인 것이다. 합법적 제도와 장치라는 것은 모두 혁명의 산물이며 혁명은 계급의 역사에서 정치적 창조 행위인 데 반해, 개량을 위한 노력은 지나간 혁명에 의해 창조된 사회형태의 구조에서만 일어나는 것이다. "개량을 단지 장기적으로 조금씩 달성해 가는 혁명으로 생각하고 혁명을 단기적으로 농축된 개량으로 보는 것은 근본적 오류다." 룩셈부르크에게 혁명과 개량은 공통적 목표를 가지고 지름길이나 또는 돌아가는 길을 선택하는 문제가 아니라 전혀 다른 목표로 가는 것이다(GW 1/1: 428-433).

룩셈부르크의 변증법은 탁월하다. 결코 개량을 반대하지 않는다. 왜냐하면 개량을 위한 투쟁 ― 노동조건의 개선, 임금 인상, 부르주아적 권리의 확대 등 ― 은 노동자계급에게 혁명을 준비하고 교육하고 조직하는 수단이기 때문이다. 프롤레타리아가 임금노예 상태에서 벗어나려면 스스로 정치권력을 장악해야 한다는 역사적 사실을 생활공간에서 깨우치게 하는 것이 개량이라는 것이다. 룩셈부르크는 개량을 통해 혁명의 길을 배우고 깨우친다는 의미에서 개량을 "혁명의 학교"라고 생각한다. 이것은 개량주의자들이 개량을 점진적으로 쌓아 가다 보면 사회주의사회에 도달할 것이라는 감상적인 환상과는 근본적으로 다른 인식이다.

노동자계급의 자발성

노동자계급의 창조적 주도권에 대해 남다른 의미를 두고 있던 룩셈부르크는 1905년 러시아혁명에서 대규모 파업을 경험하고 대중의 '자발성Spontaneität'을 한층 신뢰하게 되었다. 하지만 "대중의 건강한 혁명적 본능과 날카로운 지성"(GW 2: 101)으로 본 그녀의 "자발성" 개념은 혹독한 비난을 받았다. 자발성을 강조하면 역사 발전을 필연성과 숙명성에 맡겨 버려 혁명운동에서 의식적이고 조직적인 행동의 중요성을 약화한다는 비난이다. 특히 '의식성'을 강조하는 레닌과 비교되면서 룩셈부르크의 논리는 기본적으로 국제 사회주의 운동에서 '오류의 체계'로 낙인찍히는 계기가 되었다.

레닌이 자발성에 대해 의식성을 대립시키는 것은 기본적으로 경제주의와 조합주의를 표적으로 한 것이다. 레닌에게 자발성은 "미숙한 형태의 의식성"이며 경제주의는 물론 모험주의도 이를 뿌리로 한다. "'경제주의자들'은 '순수한 노동자운동'이라는 자발성에 의존하고, 테러주의자들은 …… 지식인들의 뜨거운 분노라는 자발성에 굴종한다."(『무엇을 할 것인가?』제3장 제4절) 더욱이 대중의 삶이 부르주아의 지배를 받고 있으므로 자발성은 부르주아적 질서에 포섭될 수밖에 없다. 레닌에게 사회주의자의 임무는 당연히 자발성과 투쟁하는 것이다.

레닌에 의하면 사회주의 의식은 저절로 생기는 것이 아니라 외부에서 노동자 대중의 투쟁 속으로 들어오는 것이기 때문에, 노동자계급의 자발적 투쟁은 의식 있는 혁명가들의 강력한 조직을 통해 지도되어야 프롤레타리아의 진정한 '계급투쟁'이 될 수 있다. 그래서 "대중의 자발성이 고양되면 될수록, 운동이 더욱 널리 퍼져 나가면 나갈수록, 사회민주당의 이론적, 정치적, 조직적 활동에서 더 많은 의식성에 대한 요구는 그와 비교할 수 없을 만큼 급속히 커진다."(『무엇을 할 것인가?』제2장 끝머리) 결국 레닌에게 자발성이란 기회주의의 전유물로 전락하는 것이다.

그러면 "맑스와 엥겔스의 과학적 후계자 가운데 가장 뛰어난 두뇌"(Frölich:

173)인 룩셈부르크는 자발성이라는 신화에 빠진 것일까? 그녀는 "미리 준비된 계획도 없고 조직된 행동도 없었던"(GW 2: 110) 러시아혁명의 경험을 통해 혁명의 뜨거운 눈길을 대중의 자발성에 투사했다. 노동자 대중의 자발성은 레닌이 지적하는 것처럼 "미숙한 형태의 의식성"이 아니라 "특정한 시기에 역사적 필연성을 갖는 사회적 상황에서 비롯되는 역사적 현상이다."(GW 2: 100) 즉 자발성은 의식성과 대비되는 무의식적 힘인 것이다.

룩셈부르크는 지속적 계급투쟁의 총체인 대규모 파업을 통해, 최고위원회의 명령과 계획에 따른 공허한 정치 행동이 아니라 혁명의 모든 부분과 연결된 도식화될 수 없는 '살아 있는 생명체'를 주목했다. 그러므로 "대규모 파업은 혁명의 약동하는 맥박이자 혁명의 강력한 운동력"이며, "프롤레타리아 투쟁의 효과를 높이려고 머리에서 쥐어짜 낸 교묘한 방법이 아니라 프롤레타리아 대중의 고유한 운동 방식이고 혁명 과정에서의 프롤레타리아 투쟁의 현상 형태"라고 이해했다(GW 2: 124-125). 대규모 파업이 일어날 수 있는 토대가 갖추어져 있지 않으면 대규모 파업을 일으키려는 어떠한 시도도 실패할 수밖에 없는데, 룩셈부르크에게는 혁명을 만드는 것이 대규모 파업이 아니라 대규모 파업을 만드는 것이 혁명이기 때문이다.

그러므로 룩셈부르크에게 독일사회민주당의 전술은 계획되고 발명하는 것이라기보다는 자발적 계급투쟁의 산물이어야 한다. 그래서 "무의식이 의식에 선행하며, 역사 발전의 논리가 그 과정에 참여하는 인간의 주관적 논리에 앞선다." (GW 1/2: 432) 즉 그녀는 무의식적인 것이 의식적인 것에 선행하는 것으로 보고 있다. 자발성의 무한한 힘이 현실에서 반증된 러시아의 대규모 파업도 노동자계급이 "무식하기" 때문이 아니라 혁명은 가르칠 수 있는 것이 아니기 때문에 일어났다는 논리다(GW 2: 131-132).

대규모 파업이 인공적 생산물이 아니며 자의적 의지로 폭발시킬 수도 없고 통제 불가능한 복합적 요인들에 의해 결정되는 무의식적인 역사 과정의 산물이라면, 대규모 파업은 지극히 현학적인 범주에 멈출 수밖에 없다. 이렇게 되면 룩셈부르크는 혁명적 낭만주의자이며 객관주의자로 전락하는 것이다. 그러나 '태초에 행동이 있었다'라는 그녀의 세계관은 헛말이 아니다. 룩셈부르크는 노동자 대중의 자발적 투쟁이 예측할 수 없는 무수한 요인들에 의해 일어나는 것이라 하더라도 당은 스스로 본질적 사명인 프롤레타리아 투쟁 일반과 특히 대규모 파업의 성격을 명백히 밝히고 노동계급의 투쟁 의지를 강화해야 한다고 말한다.

룩셈부르크는 대규모 파업에서 사회민주당은 파업을 기술적으로 준비하고 지도하는 것이 아니라 무엇보다 전체 운동에 대한 "정치적 지도"를 담당해야 한다고 주장했다.

> 사회민주주의자들은 가장 잘 계몽되고 계급의식이 투철한 프롤레타리아의 전위다. 그들은 팔짱을 낀 채 숙명론적으로 "혁명적 상황"이 오기를 기다릴 수도 없고 기다려서도 안 되며 대중의 자발적 운동이 하늘에서 떨어지기를 기다려서도 안 된다. 오히려 항상 그렇듯이 지금도 사물의 발전을 촉진하고 사태의 진행을 가속하는 데 온 힘을 기울여야 한다. 그러나 대규모 파업이라는 "구호"를 불쑥 내거는 식이 아니라 광범한 프롤레타리아에게 혁명적 시기의 필연적 도래, 혁명적 시기로 이끄는 내재적인 사회적 요인들과 혁명의 정치적 결과를 설명해 줌으로써 이러한 사명을 수행할 수 있다.(GW 2: 146)

그러므로 룩셈부르크가 신비주의에 현혹되고 있다는 독일사회민주당 지도부의 비판이나 국제 사회주의 운동에서 그녀를 혁명적 낭만주의자로 몰아치려는 의도는 왜곡된 것이다. 그녀의 자발성은 의식적 지도를 배제하는 것이 아니라 반대로 의식적 지도를 요구하는 것이다. 룩셈부르크는 지도부에게 "투쟁의 실마리와 방향을 제시하는 것, 투쟁의 모든 국면과 순간에 이미 풀려나 움직이는 노동자계급의 모든 힘이 당의 투쟁 대열에서 실현되도록 정치투쟁 전술을 계획하는 것, 사회민주당의 전술이 단호함과 예리함에 바탕을 두고 결정되고 그 단호함과 예리함이 실제 힘 관계의 수준 밑으로 내려가지 않고 오히려 그 힘 관계를 앞서도록 하는 것"을 요구했다. 당이 일관되고 단호하게 올바른 전술을 제시하면 대규모 파업은 "자발적으로", 그리고 "적시에" 폭발하게 되는 것이다(GW 2: 133-134). 룩셈부르크의 논리 어느 구석에서도 혁명적 낭만주의는 그림자도 없다.

룩셈부르크에 따르면 자발성은 역사에서 형성되고 동시에 역사 발전을 주도하는 주체로서 대중이 태어나면서 가지고 있던 본능, 즉 역사에서 역사에 대해 대중이 의도적 계획 없이 합목적성을 직관적으로 체득하고 표현한 것을 의미한다. 그녀는 확실히 역사의 필연성을 신뢰한다. 하지만 룩셈부르크에게 필연적 법칙의 주체는 인간이며, 장점과 약점을 가지고 성공할 수도 실패할 수도 있는 대중 일반이고, 그들의 조직이며, 지도자들이다. 이러한 대중과 대중의 조직에 의존하면서 역사법칙은 빠르게 또는 늦게, 직접 또는 간접으로 실현된다. 그리고 역사의 진행은 도중에 좌절될 수도 있으나 자신의 발전을 명백히 밝힐 수 있는 조건을 새롭게 창출한다. 오늘 룩셈부르크에게 역사의 전환은 사회주의혁명이며, 이것은 노동자계급이 자신의 의식적 목적으로 파악하고 스스로 수행해야 할 역사적 필연이다.(Frölich: 178)

레닌이 의식성을 강조했던 것은 이미 지적했듯이 경제주의와 개량주의를 반대하기 위한 것이었다. 룩셈부르크가 자발성을 주목한 것 역시 경제주의와 개량주의에 반대하면서다. 그러면 의식성의 레닌과 자발성의 룩셈부르크는 어떻게 동일한 표적을 겨냥했을까? 러시아와 독일이라는 사회정치적 지형의 차이를 반영하는가? 아니다. 레닌과 룩셈부르크의 자발성은 전혀 다른 개념으로 볼 수 있다. 서로 다른 차원에서, 다른 문제 설정에서 경제주의와 개량주의를 비판하기 위해 도입한 것이다. 따라서 레닌의 의식성에 룩셈부르크의 자발성을 대비시켜 그녀에게 침묵을 강요하는 것은 잘못이다.

레닌은 테러주의자들과 경제주의자들 모두 자발성에 굴종한 것으로 격렬하게 비판하는데, 그들은 "대중의 혁명적 활동성을 과소평가"하기에 그렇다는 것이다(『무엇을 할 것인가?』 제3장 제4절). 대중의 혁명적 역량을 제대로 평가한다면 자발성에 굴복하지 않는다는 것이다. 한편 룩셈부르크의 자발성은 이미 지적했듯이 의식적 지도를 포기하도록 종용하는 것이 아니라 대중의 창조적 주도권을 억압하는 독일사회민주당의 지도부를 비판하기 위해 등장하는 것이다. 룩셈부르크의 자발성은 역사의 산물이기에 필연의 차원에서 해석해야 하지만 인간이 개입할 여지가 없는 객관주의의 결과는 아니다. 이렇게 보면 룩셈부르크와 레닌의 자발성은 서로 다른 개념이다.

레닌을 비판하다

룩셈부르크와 레닌이 직접 논쟁하면서 대립한 문제는 사회민주당의 조직에 관한 것이다. 물론 룩셈부르크와 레닌은 모두 사회주의정당의 보편적 조직 원리로 중앙집중주의를 인정하며 당은 노동자계급의 전위라는 인식에서도 일치한다. 그러므로 레닌과 룩셈부르크를 단순하게 '독재와 민주주의'의 구도에 대입시키는 것은 말도 안 된다. 그런데 레닌이 중앙집중적 조직 원리를 고수하는 것은 기회주의 세력을 의식한 것이지만, 룩셈부르크는 이것을 블랑키주의를 원용한 것이라고 비판하고 노동자 대중의 창발성을 압살하는 것으로 받아들였다. 그러므로 기회주의자에 대한 견해도 차이가 날 수밖에 없다.

레닌에 따르면, 정치권력을 위한 투쟁에서 노동자계급은 조직이 유일한 무기이기 때문에 전위조직인 사회민주당은 혁명 활동을 직업으로 하는 사람만으로 비밀스럽게 만들어야 한다. 혁명가들만의 확고한 조직적 기반을 갖추면 엄격한 보안 유지 기능을 집중할 수 있고 전체 운동의 안정성이 확보되며 분별없는 공격으로부터 운동을 보호할 수 있기에 중앙집중화된 전투조직이 필요한 것이다. 물론 레닌도 "조직 보안 기능의 집중이 운동의 모든 기능을 집중시킨다는 의미는 결코 아니다"라고 말한다(『무엇을 할 것인가?』제4장 제3절). 레닌은 전제주의 차르 체제에서 독일사회민주당처럼 선거제도와 보고 체계와 보통선거권을 갖춘 광범한 노동자조직을 요구하는 것은 고칠 수도 없는 이상주의자의 논리라고 비판했다.

레닌의 조직 원리에 대해서 룩셈부르크는 부르주아 민주주의가 확립되지 못한 러시아에서 사회주의자들은 "마치 전지전능한 신처럼 노동자계급의 조직화"를 이룩했다고 칭찬하면서도 레닌의 조직 원리는 비판했다. 왜냐하면 사회주의 운동은 계급사회의 역사에서 대중의 독자적 행동에 의지하는 최초의 운동이며 사회주의정당 역시 역사적으로 기본계급의 투쟁을 통해 건설되는 것이므로, 당 조직의 활동, 프롤레타리아의 의식화 그리고 투쟁은 기계적으로 분리할 수 없기 때문이다(GW 1/2: 427-428). 그녀에게 중앙집중주의는 노동자계급의 일상적 투쟁은 기대하지도 않는 한 무리의 음모가 반란 집단인 블랑키주의의 조직 원리인데, 레닌이 이를 사회주의 노동자운동에 기계적으로 적용했다고 보았다.

레닌의 중앙집중주의를 비판한 룩셈부르크는 "자율집중주의Selbstzentralismus"를 대안으로 제시했다. 이것은 다수의 지배를 의미하는데, 정확히 레닌이 주장하는 소수에 의한 권력의 독점에 대응하는 개념이다. 자율집중주의는 룩셈부르크가 의도하는 사회주의적 중앙집중주의이며, 이것이 실현되려면 첫째로 정치투쟁 과정에서 깨달은 다수의 프롤레타리아가 존재해야 하고 둘째로 노동자계급이 당의 출판물과 대회에 직접적 영향력을 행사하는 정치 활동이 가능해야 한다(GW 1/2: 429). 다수의 각성한 노동자계급에 의해 당이 실질적으로 운영되어야 한다는 것이다. 룩셈부르크가 볼 때 러시아는 아직 사회주의적 중앙집중주의가 실현될 수 있는 조건이 마련되지 못했다.

따라서 룩셈부르크는 중앙집중적인 당을 건설하는 데 필수적인 요건들이 러시아에 이미 마련되어 있다는 레닌의 견해를 주목할 수밖에 없었다. 레닌은 이렇게 주장했다. "조직과 규율의 정신에서 무정부주의적 공론에 대한 적개심과 경멸의 정신이라는 자기 훈련이 덜 된 사람은 프롤레타리아가 아니라 우리 당의 일부 지식분자들이다.……부르주아 지식인들에게는 그렇게도 힘겨운 조직과 규율이 프롤레타리아에게는 공장이라는 학교를 통해 매우 쉽게 획득된다."(『한 걸

음 앞으로 두 걸음 뒤로』Q장)

이 지점에서 룩셈부르크와 레닌이 제시하는 사회주의적 민주주의의 전제 조건이 크게 다르다는 것을 알 수 있다. 룩셈부르크의 경우에는 정치투쟁 과정에서 각성한 다수의 노동자계급을 조건으로 제시하는 반면에, 레닌이 말하는 조건은 공장이라는 학교에서 조직과 규율을 체득한 노동자계급이다. 그리고 조직 형태는 자율집중주의와 중앙집중주의로 대비되고 있다. 더욱이 룩셈부르크의 경우에는 노동자계급이 당의 운영에 직접 영향력을 행사해야 한다고 보지만, 레닌은 당 운영의 주체를 소수의 직업혁명가로 제한하고 있다. 당연히 룩셈부르크와 레닌은 조직 원리에서 대립할 수밖에 없었다.

룩셈부르크는 레닌이 중앙집중주의의 현실적 근거로 제시하는 전제 조건을 비판한다. 노동자계급의 "조직과 규율"은 "공장에서 노동자 대중에게 이식된 것이며 군대 및 관료제, 즉 중앙집권화된 부르주아국가의 전체 메커니즘에 의해 노동자 대중에게 심어진 규율이다."(GW 1/2: 430) 이런 상태의 노동자계급은 "스스로의 해방을 위한 계급투쟁에서 자율적 통제"를 획득한 노동자계급이 아니라 자본주의적 생산에서 억압받으며 "통제된 순종성"에 길든 나머지 "사고와 의지는 결핍되고 기계적 손발 움직임"에 찌든 노동자계급이다. 당연히 룩셈부르크에게 러시아는 사회주의적 중앙집중제가 실현될 수 있는 필수 조건이 형성되지 않았으며, "습관화된 복종과 노예근성"(GW 1/2: 431)을 지닌 노동자 대중에게 중앙집중적 조직 원리를 도입하여 강한 규율로 훈련하면, 그들이 자본주의에서 몸에 밴 개인주의적 본성은 치유되지 못하고 "노동자운동이 보다 넓은 지평으로 전진하는 것을 억제하게 되며 족쇄를 채우는 것"(GW 1/2: 432~433)이다.

더욱이 룩셈부르크는 사회주의적 관점에서 중앙집중주의는 항상적으로 적용할 수 있는 것이 아니라 투쟁 과정에서 단련된 노동자계급의 정치적 훈련과 성숙도에 비례하는 것으로 보았다. 그러므로 레닌이 노동자계급의 지배가 실현될 수 있는 조건이 마련되지 않은 러시아에서 노동자계급의 지배를 당 중앙위원회로 대체하는 것은 오류다. 특히 러시아 노동자운동의 역사적 경험 역시 대중의 자발성에 의존하여 발전했기 때문에 무엇보다도 노동자계급의 창조적 주도권이 존중되어야 한다는 것이 룩셈부르크의 시각이다. 왜냐하면 노동자계급이 "습관화된 복종과 노예근성"에 찌들어 있더라도 이것을 교정하고 치유할 수 있는 것은 사회주의정당 중앙위원회의 조직이나 지도가 아니라 노동자계급 스스로 투쟁 과정에서 자기 훈련을 통해 이를 깨우칠 것으로 믿기 때문이다.

특히 룩셈부르크는 차르 체제와의 결전이 임박한 러시아사회민주당이 노동자 대중의 창조성과 자발성을 고양하는 대신에 당의 주도권에 철조망을 치는 행위는 심각한 곤란을 가져올 것이라고 비판했다. 레닌의 조직 원리는 "당의 활동을 풍성하게 하기보다는 당을 통제하려는 것이다. 이것은 당의 활동을 발전시키기보다 제약하며 당의 활동을 하나로 통합시키기보다는 결박하게 된다."(GW 1/2: 433)

레닌이 중앙집중주의를 조직 원리로 제기한 것은 사회주의정당의 보편적 원리라는 관점에서 나온 것이기도 하지만 또한 기회주의 세력에 대한 경계를 담은 것이다. 그런데 룩셈부르크는 기회주의 세력이 나타나는 것을 노동자운동의 역사적 발전 과정에서 발생하는 불가피한 국면으로 이해하는데, 바로 의회주의가 기회주의적 경향을 파생시키는 현장이라는 것이고, 또한 기회주의는 사회주의정당 조직의 거대한 물질적 수단과 영향력에 의해 나타난다는 것이다. 그런데 러시아사회민주당은 역사가 짧아서 러시아의 기회주의는 사회민주주의 운동의 산물이거나 부르주아의 변절에서 비롯된 것이 아니라 러시아의 정치적 후진성에서 만들어진 것이다. 유럽과는 달리 러시아의 기회주의는 이제 러시아에서도 사회주의 운동이 발전한 것의 부산물이라고 룩셈부르크는 생각했다.

이렇게 룩셈부르크와 레닌은 기회주의에 대한 인식에서도 명백한 차이를 보이기에, 기회주의에 대한 이들의 대항 논리 역시 다르게 나타났다. 레닌은 기회주의의 음모와 야망을 견제할 수 있는 것은 당의 강령이나 중앙집중적 조직이라고 주장하는 반면에, 룩셈부르크는 프롤레타리아의 독자적 혁명운동이 기회주의를 극복할 수 있는 가장 효과적인 방법이며 이러한 혁명 활동에서 노동자계급은 정치적 책임감과 자신감도 얻게 된다고 주장했다. 특히 룩셈부르크는 기회주의가 노동자계급의 독자적 혁명운동을 마비시키고 운동을 부르주아 지식인들의 야망을 충족시키는 도구로 전락시킬 위험을 지니고 있다면 그런 위험은 오히려 강력한 중앙집중적 조직에 의해 쉽게 현실화될 것이라고 주장했다. 성숙하지 못한 노동자 대중이 당 지도부를 구성하는 지식인들에게 가장 완벽하게 통제되기에는 중앙집중주의가 한층 더 쉬울 수 있다는 것이다. 따라서 기회주의 세력의 등장이 중앙집중적 조직 원리의 근거가 될 수는 없다는 뜻이다.

그러므로 레닌이 노동자운동에서 기회주의적 지식인들의 창궐을 우려하여 중앙집중주의를 고수한다면 "권력에 굶주린 기회주의 세력에게 노동자운동을 관료적 족쇄보다 더 긴박시키는 것이다. 이러한 족쇄는 노동자운동을 정지시키고 운동을 중앙위원회의 꼭두각시로 변질시킬 것이다."(GW 1/2: 440) 노동자계급에게는 역사의 변증법에서 실수하며 배우고 깨우칠 권리가 있다는 것이다(GW 1/2: 444). 살아 있는 유기체의 자연스러운 고동을 정지시키면 "오늘 다만 레닌의 망상으로만 출몰한 유령이 미래에는 현실이 될지도 모른다." 룩셈부르크의 탁월한 예지력은 이미 시대를 넘고 있다!

볼셰비키의 오류

"모든 권력을 소비에트로!" 룩셈부르크는 볼셰비키혁명을 어두운 감옥에서 맞이했다. 스스로의 삶이 승리한 것이며 절대로 멈추지 않는 역사가 증명된 것으로 받아들였다. 그녀가 볼셰비키혁명에 대해 쓴 『러시아혁명에 대하여』는 미완성의 글이고 전설에 쌓인 팸플릿이다. 유난히 '사회주의의 조국'에서 외면당한(?) 룩셈부르크이기에 볼셰비키혁명에 대한 이 팸플릿 역시 금서 목록에 올랐다. 그렇지만 룩셈부르크는 볼셰비키혁명이 국제 사회주의의 명예를 살려준 것이라고 평가하면서, 사회주의혁명의 미래는 "볼셰비키주의"의 것이라고 하면서 아낌없는 칭찬과 변호를 담았다.

어떤 도그마도 인정하지 않는 룩셈부르크가 "러시아의 사례"를 자기도취나 감격에 빠지지 않고 비판적으로 검토하여 역사적 교훈을 얻으려 한 것은 당연하다. 룩셈부르크는 무엇보다도 "러시아의 사례"가 세계의 프롤레타리아에게 사회주의 운동의 '빛나는 모범'으로 받아들여지는 것을 우려했다. 이러한 룩셈부르크의 비판적 태도가 볼셰비키혁명에 대한 존경과 매력을 훼손한다는 것은 잘못된 생각이다. 그녀에게 노동자운동은 투쟁을 통해 깨우치고 배우는 것이기 때문에 "러시아의 사례"에 대한 면밀한 분석은 국제 노동자계급에게 "최상의 훈련방법"(GW 4: 335)이다. 독일 노동자운동도 볼셰비키혁명의 만세 소리에 부화뇌동하기보다는 혁명의 복합성을 꿰뚫고 정치적 독자성을 확보하며 잃어버린 비판 능력을 회복해야 볼셰비키혁명을 구하고 스스로 해방의 길로 전진할 수 있다는 것이다.

룩셈부르크는 "세계대전으로 탈진될 대로 탈진된 나라, 제국주의에 의해 억압된 나라, 국제 프롤레타리아에 의해 배반된 바로 그 고립된 나라에서의 과오 없는 모범적인 프롤레타리아혁명은 기적"(GW 4: 365)이지만, 세계적으로 최후의 투쟁에 직면한 현실에서 '알맹이'와 '껍데기'를 분리하는 것을 무엇보다 소중한 과업으로 생각했다. 그녀는 『러시아혁명에 대하여』를 통해 볼셰비키의 정책에서 토지, 민족자결권, 제헌의회 등의 문제를 비판하지만, 변함없이 주목받는 것은 민주주의와 독재의 문제다. 룩셈부르크와 레닌이 대립하는 또 하나의 전선이다.

룩셈부르크는 볼셰비키에 대한 비판의 칼날을 무엇보다도 사회주의적 민주주의에 대한 제약에 두었다. 그렇지만 레닌에 대해 룩셈부르크를 상대화하며 이 팸플릿을 증거로 내세워 룩셈부르크를 '모종의 민주주의'의 화신으로 그리고 레닌을 '독재의 전범'으로 거칠게 몰아치는 경향은 절대 오류다. 룩셈부르크와 레닌은 똑같이 사회주의적 민주주의를 프롤레타리아독재로 이해하고 있다. 다만 그녀가 비판하는 것은 레닌의 민주주의가 "계급독재"가 아니라 "소수의 독재"라는 것이다.

"레닌은 카우츠키와 똑같이 독재를 민주주의와 반대되는 개념으로 이해하여 부르주아적 독재인 소수의 독재를 선택했다."(GW 4: 362) 룩셈부르크는 레닌의 사회주의적 민주주의는 "소수의 사회주의적 독재자가 자기를 지지해 준 자격 있는 사람들에게 주는 일종의 크리스마스 선물"이라고 주장했다. 그리고 레닌이 제시하는 대의 기구는 소비에트가 유일한데, "보통선거, 언론과 결사의 자유, 여론을 끌어들이기 위한 자유로운 투쟁이 보장되지 않는 상태에서는 모든 공공 기관 내의 생활은 파괴되고 단지 관료제만이 판을 치는 껍데기뿐인 정치 활동만 유지된다"(GW 4: 362)라는 것이다. 이제 노동자계급의 대표는 하찮은 박수 부대로 전락하는 것이며, 이것이 볼셰비키적 독재라고 비판했다.

룩셈부르크에게 소수의 독재는 결국 "친정부 인물과 하나의 당의 당원"의 자유를 의미하게 되는데, 그 소수의 숫자가 아무리 많아도 이것은 자유가 아니다. "생각이 다른 사람의 자유도 인정하는 것이 진정한 자유다." "자유가 특권이 되면 이미 자유가 아니다." 룩셈부르크는 비타협적인 민주주의의 상징이다. "자유가 제한된 국가에서 공공 생활은 모든 정신적 풍요와 진보의 살아 있는 원천이 차단되기 때문에 빈곤에 허덕이며 가련하고 경직된 불모의 것으로 나타난다." (GW 4: 359-360)

물론 룩셈부르크는 볼셰비키가 비정상적 상황, 아니 숙명적 조건에서 아무리 원대한 이상과 혁명적 열정을 지녔더라도 민주주의와 사회주의를 왜곡시킬 수밖에 없었다는 점을 반복적으로 이해하면서도, "어쩔 수 없이 선택했던 정책"이 완전무결한 모범적인 혁명 이론 체계로 퍼져 나가는 점을 경계하고 있다. 소수의 독재가 사회주의적 민주주의의 모범으로 국제 노동자계급에게 권장되는 지점에서 위험은 시작된다는 것이다. 그렇다! 맑스주의는 '정통'의 이름으로 얼마나 박제화되었던가.

그러면 룩셈부르크가 주장하는 계급독재는 어떤 것인가? 계급독재에는 "제한 없는 인민대중의 참여와 제한 없는 민주주의가 전제 조건"(GW 4: 363)이기 때문에, 제한 없는 언론, 출판, 결사의 자유는 물론 대중의 "감성의 물결과 일상적 삶의 맥박"이 선출된 대의 기구에 직접 전달되는 것이다. 이러한 계급독재는 "크리스마스 선물"이 아니기에 계급 지배가 파괴되고 사회주의사회가 건설되는 것과 동시에 시작되어야 한다. 사회주의정당이 권력을 장악한 순간부터 시작되어야 하는 것이 프롤레타리아독재이며, 이는 대중의 활발한 참여를 통해 한 단계씩 이루어지기 때문에 대중의 정치적 훈련은 필수적이다.

왜냐하면 "사회주의에는 오랫동안 부르주아 계급 지배를 통해 자본주의적 속성에 길든 대중의 완전한 정신적 혁명이 필요하기 때문이다. 개인주의적 성질이 아닌 사회적 본성을, 그리고 타율성에 길들지 않은 노동자 대중의 창발성과 주도권을 요구한다."(GW 4: 360-361) 프롤레타리아독재에서 대중의 정치적 훈련과 교육은 사활이 걸린 문제다. 그런데 레닌이 주장하는 것과 같은 소수의 독재는 대중의 창발성을 억압하고 교육받을 기회도 배제하며 낡은 수단인 법령, 작업장의 고압적 감독, 가혹한 처벌, 공포로 지배하려는 것이다.

룩셈부르크는 계급독재를 위해 대중을 교육하는 유일한 길을 당연히 무제한적 민주주의의 실천에서 찾는다. 제도와 장치가 민주화되면 점점 대중의 정치적 생명의 맥박이 강렬해지며 당에 대한 대중의 영향력은 직접적이고 완벽해진다. "물론 민주적 제도도 결점이 있지만, 레닌이 제기하는 소수의 독재는 민주주의를 완전히 제거하는 것이며 대중의 교육을 더욱 악화시킬 뿐이다." 그녀에게 모든 사회제도의 선천적 결함을 치료할 수 있는 유일한 길은 바로 대중의 활기찬 자유로운 정치 활동이며, 이 과정에서 대중은 피지배계급의 속성을 치유받게 된다.

그러므로 룩셈부르크는 레닌이 제기하는 '소수의 독재'를 사회주의에 반하는 것으로 규정하고 혹독하게 비판했다. "우리는 맑스주의나 사회주의의 우상숭배자도 아니다. 이러한 사실에서 만일 사회주의가 부적합한 것이라면 우리는 사회주의를 쓰레기 더미에 던질 수 있을 것인가? 트로츠키와 레닌은 이러한 질문에 대한 살아 있는 증거다."(GW 4: 363) 볼셰비키혁명이 사회주의의 명예를 구했다면 볼셰비키적 독재는 사회주의의 생존을 위협하고 있다는 것이다.

룩셈부르크에 따르면, 레닌에게 사회주의혁명은 이미 완성된 도식을 기계적으로 적용하는 것이며 이제 남은 것은 과감한 실천뿐이다. 하지만 룩셈부르크에게 "사회주의의 구체적 실현은 불투명한 미래에 감춰진 것이며, 지금은 단지 일반적인 방향을 지시하는 약간의 핵심적 안내판만 존재한다." 사회주의경제를 건설하는 경우에도 당의 강령이나 교과서에는 어떤 열쇠도 숨겨져 있지 않지만 그것은 결점이 아니라 역설적으로 과학적 사회주의의 우월성이라고 룩셈부르크는 주장한다. 왜냐하면 사회주의사회는 스스로의 경험에서 탄생하며 실현 과정에서 형성되는 역사의 산물이기 때문이다.(GW 4: 359-360) 따라서 사회주의로 나아가기 위해서는 소수의 독재가 아니라 계급독재가 절실하다는 논리다. 계급독재를 통해서 사회주의사회로 한 걸음 한 걸음 전진해야 한다는 것이 룩셈부르크 생각의 핵심이다.

국제 프롤레타리아의 패배

룩셈부르크의 『러시아혁명에 대하여』를 관통하는 논리는 볼셰비키의 "소수의 독재"에 대한 비판이 아니라 국제주의적 관점이다. 맑스주의자 가운데 가장 빼어난 국제주의자인 그녀는 혁명운동에 돌입한 이후 비타협적으로 국제주의를 지켰다. 그러므로 그녀는 볼셰비키가 범한 오류의 진정한 원천을 볼셰비키 자체보다는 러시아의 비정상적 상황을 방조한 국제 노동자계급, 특히 독일 프롤레타리아의 '배신'에서 찾는다.

러시아혁명은 차르 체제가 붕괴한 시점에서 중단되어야 했다는 카우츠키의 논리는 결국 독일 노동자계급에게 면죄부를 주려는 것이며, 세계혁명의 불길을 차단하려는 것이다. '미성숙'한 것은 카우츠키가 지적한 러시아가 아니라 독일 노동자계급이라는 룩셈부르크의 논리다. 룩셈부르크는 독일 제국주의의 군사적 모험이 혁명을 지연시켰으며 봉기 이후에는 비정상적 상황을 만든 주범으로 보고 있다. 그래서 독일 노동자계급의 허약성을 "볼셰비키혁명에 대한 비판적 검토를 통해 명백히 밝히려는 것이다." 따라서 이 팸플릿의 주제를 '민주주의냐 독재냐?'로 이해하는 것은 또 하나의 오류다.

볼셰비키의 경우처럼 숙명적인 조건에서 사회주의는 왜곡된 시도밖에 할 수 없다.

> 우리는 러시아혁명의 운명을 통해 국제 프롤레타리아의 책임이 막중한 것을 알 수 있다. 이러한 관점에 따라야 프롤레타리아혁명을 위한 결연한 국제적 행동의 결정적 중요성을 깨닫게 된다. 국제적 행동이 뒷받침되지 못하면, 한 나라에서 아무리 거대한 혁명적 에너지가 분출하고 노동자계급의 헌신적 희생이 있어도, 혁명은 필연적으로 자가당착과 엄청난 오류를 불러일으킬 뿐이다.(GW 4: 334)

룩셈부르크는 세계혁명론자다!

따라서 룩셈부르크는 볼셰비키혁명을 비판적으로 분석하는 것이 국제 노동자계급에게 최상의 훈련이라고 생각한다. 특히 볼셰비키는 "국제적 계급 전략을 시도하지도 않았고 제정 러시아 차원에서 혁명 세력의 결집을 추구하지도 않았고 러시아제국을 혁명으로 통합하지도 않았을 뿐만 아니라 오히려 분리까지 포함하는 민족자결권이라는 공허한 슬로건을 내걸었다." 이러한 볼셰비키의 모습은 국제 사회주의에 커다란 위협이며 국제 노동자계급에게 교훈을 주고 경종을 울리는 것이다.

물론 룩셈부르크는 볼셰비키혁명이 맞닥뜨린 곤란한 조건들을 이해하고, 당시의 조치가 혁명을 지켜 내기 위한 불가피한 선택이라는 것을 의심하지 않았다. 그럼에도 냉정하게 비판하는 이유는 어쩔 수 없이 선택한 볼셰비키의 전략이 새로운 전략, 아니 유일한 모범으로 국제 사회주의 운동에 권장되는 것을 우려하는 것이다. 역설적으로 볼셰비키가 선택한 전략의 한계는 바로 세계대전으로 인터내셔널이 붕괴한 상황에서 생긴 부산물이기 때문이다.

그래서 룩셈부르크는 인터내셔널의 부활을 제기한다.

> 인터내셔널은 프롤레타리아의 핵심적 계급 조직이다. 새로운 인터
> 내셔널은 평화 시기에는 군국주의, 식민정책, 무역정책, 메이데이
> 축제 문제 등에 관해 국가 단위의 전략과 전술을 세우고, 전쟁 시기
> 에는 전체적으로 지킬 전략과 전술을 결정해야 한다. …… 오늘날
> 모든 국가의 자유를 수호하는 유일한 방법은 제국주의에 대항하는
> 국제적 계급투쟁이다. 세계 프롤레타리아의 조국은 사회주의 인터
> 내셔널이며 모든 것은 이것을 수호하기 위해 복무해야 한다.(GW
> 4: 46-47)

룩셈부르크는 파리코뮌의 경험을 상기하면서, 볼셰비키혁명을 구하고 독일에서 혁명을 완수하기 위해 헌신적으로 노력했다. 레닌이나 볼셰비키와 마찬가지로 독일에서의 혁명을 통해서만 러시아혁명을 구할 수 있다는 신념이다. 그러므로 독일 노동자계급이 반反제국주의 전선에서 "전쟁을 반대하는 전쟁"을 구호로 세계혁명의 나팔수로 전진할 것을 호소했다. 마침내 독일혁명의 불꽃이 1918년 11월 초순에 수병들의 봉기에서 점화되었다. 11월 9일 대중이 왕궁을 접수하고 노동자병사평의회는 "사회주의공화국"을 선포했다.(Frölich: 306)

그녀는 스파르타쿠스연맹을 중심으로 활동하면서 『적기Die Rote Fabne』에 발표된 「혁명 강령」을 통해 부르주아 계급 지배의 전통적 기관을 노동자병사평의회로 대체할 것을 주장하고 노동자계급에게 사회주의적 도덕심으로 무장할 것을 요구했다(GW 4: 444-445). 그런데 독일에 혁명이 벌어진 기간에 스파르타쿠스연맹은 유난히 비난의 표적이 되었는데, 독일사회민주당의 기회주의 세력을 중심으로 스파르타쿠스연맹이 테러와 살인을 음모한다는 선전을 유포한 것이다. 따라서 룩셈부르크는 "프롤레타리아혁명은 …… 역사적 필연성을 역사적 현실로 바꾸어 놓기 위해 역사의 부름을 받은 수백만 대중 일반의 깨달은 행동"(GW 4: 445)이기 때문에 테러가 필요하지 않다라고 반박하면서 계급투쟁은 개인이

아니라 자본주의라는 체제에 대한 투쟁임을 상기시켰다.

룩셈부르크는 「혁명 강령」에서 혁명에 대한 일반적 지도 원리와 사회주의사회를 건설하기 위한 구체적 과제를 담았으며, 마지막으로 정치권력을 장악하기 위한 투쟁에서의 일반적 행동 규칙을 선포했다. 그녀가 지도하는 스파르타쿠스연맹은 경솔하고 모험적인 폭동 전술을 단호히 거부했다.

> 스파르타쿠스연맹은 독일의 프롤레타리아 일반이 명백하고 분명한 의지를 표방하거나 스파르타쿠스연맹의 의도, 목적, 투쟁 방법을 의식적으로 승인할 때까지는 결코 정치권력을 장악하지 않을 것이다.(GW 4: 450)

혁명 세력과 반혁명 세력의 투쟁이 고양되자 스파르타쿠스연맹은 연말에 독일공산당을 건설한다. 룩셈부르크는 스파르타쿠스연맹의 「혁명 강령」을 당의 강령으로 제시하면서 『공산주의 선언』의 기본원리를 부활시킨 것이라고 선언했다. 그리고 공산당의 앞날이 험난한 길이 되리라 전망하면서 프롤레타리아혁명은 골고다 산성으로 가는 것처럼 쓰라린 고통과 거듭되는 패배를 통해 최후의 승리까지 한 단계씩 전진하는 것이라고 주장했다. 그리고 스스로 운명을 예감하듯이 "우리 가운데 누가 과연 혁명의 그날까지 살 수 있다고 생각하고 있으며 설사 그렇지 못하다고 해도 그것이 무슨 큰 의미가 있겠습니까?"(GW 4: 509-513)라고 비장한 각오를 밝히고 있다.

역사가 "스파르타쿠스연맹의 봉기"로 기록하는 베를린의 시가전에서 노동자계급은 패배하여 반혁명 세력에게 반동의 길을 열어 주었다. 결국 독일에서 혁명은 패배했다. 물론 베를린의 시가전은 반혁명 세력의 교활한 의도가 반영된 것으로, 독일공산당의 대변지인 『적기』의 주요 사설을 보더라도 "스파르타쿠스연맹의 봉기" 이론은 부정될 수 있다. 그러나 "혁명의 살아 있는 불꽃" 룩셈부르크는 최후의 글에서 "혁명이 가진 특수한 생명 법칙이 있다면 그것은 거듭되는 패배를 통해서만이 최후의 승리를 얻을 수 있는 것"(GW 4: 536)이라고 주장했다. 룩셈부르크에 의하면 "혁명적 발전의 초기 단계에 필요한 전제 조건이 없는 상태에서 개별적 접전이 시작되어 결국 패배로 끝났다." 그러면 그토록 신뢰하고 의존했던 대중이 봉기했을 때 룩셈부르크의 날카로운 혁명적 지성은 어디쯤 가고 있었을까?

'무오류의 권위'를 넘어서

'실패한' 룩셈부르크는 정확히 '성공한' 레닌의 그늘에 묻혀 있다. 맑스주의 역사에서 그녀는 '자동 붕괴론', '기계적 유물론', '혁명적 낭만주의'와 친숙한 인물로 기억된다. "혁명의 날카로운 검이요, 살아 있는 불꽃"(Frölich: 231)의 모습은 온데간데없이 역설적으로, 빛나는 레닌을 위한 '안성맞춤의 조연'으로서 룩셈부르크를 맑스주의 역사에 등장시키는 경향이 있다. 그래서 룩셈부르크를 오류의 체계로 낙인찍어 거론조차 기피하든지, 애써 레닌과 비슷한 점을 찾아 매달리든지, 러시아와 독일의 사회정치적 차이에서 독자적 공간을 마련하든지, 아예 反레닌주의 전선에 앞잡이로 출병시키는 것이다. 어디에서도 룩셈부르크의 고유한 맑스주의적 틀은 주목받지 못한다. 그 탁월한 맑스주의 방법도 말이다.

우리 사회의 지적 풍토가 '정통'이나 '원조'가 아니면 눈길도 안 주는 척박한 땅인 것을 고려하면 사정은 더욱 말이 아니다. 스스로와 다른 논리나 의견에 대해서는 쉽게 이단으로 규정하고 십자포화로 초전에 박살을 내는 판이다. 도대체 언제쯤 룩셈부르크와 레닌 같이 설사 자신의 삶을 던질지언정 서로를 존중하면서 진지하게 논쟁을 전개할 수 있을지 아쉽다. 바로 이 지점에서 룩셈부르크는 부활한다. 그녀는 박제화된 정통이나 원조를 인정하지 않는 변증법으로 무장했다. 맹목적으로 복종하거나 권위를 인정하기보다는 항상 비판하고 현실을 통해 검증하려는 자세를 지켰다. 왜냐하면 그녀에게 사회주의혁명운동은 투쟁 과정에서 실수하면서 깨우치고 배우는 것이기 때문이다. 우상화나 훈고학은 룩셈부르크와 어울리는 단어가 아니다.

이렇게 '무오류의 권위'를 인정하지 않는 비판 정신과 변증법으로 무장하고 룩셈부르크는 스승인 맑스와 엥겔스는 물론 전우인 레닌과 논쟁에 뛰어들었다. 이러한 과정에서 그녀는 무엇보다도 노동자계급의 창조성과 자발성을 강조했다. 사회제도는 물론 혁명의 불가피한 오류도 대중의 무제한적인 민주주의를 통해 치료되고 교정될 수 있다는 시각이다. 그리고 자본주의적 노예근성에 찌든 노동자 대중도 투쟁하는 과정에서 자기 훈련 방법을 스스로 깨우친다는 것이 룩셈부르크의 논리다. 그녀에게 노동자 대중의 살아 있는 정치적 공간은 사회주의 사회의 '혼'이다.

따라서 룩셈부르크는 레닌의 의식성을 제한적으로 평가하고, 숨이 막히는 중앙집중주의는 노동자계급을 기계의 톱니바퀴로 만들기 때문에 사회주의적 민주주의가 아니라며, 자율집중주의를 조직 원리로 제시했다. 자율집중주의는 다수의 각성한 노동자계급이 당의 운영에 직접 영향을 미치는 것이다. 그래서 선택된 소수의 자유가 아니라 생각이 다른 사람의 자유도 보장되어야 한다. 볼셰비키처럼 자유가 특권이 된다면 그것은 이미 자유가 아니다. 이렇게 보면 룩셈부르크의 논리에는 허점만 있는 것이 아니라 배울 만한 알맹이가 있다. 특히 그녀에게 사회주의사회는 이미 짜인 각본대로 움직이는 도식이 아니라 현재에는 핵심적 안내판밖에 없는 것이며 운동 과정에서 실현되는 역사의 산물이기 때문에, 대중의 제한 없는 정치 활동이 강조되고 있다.

역사적 사회주의의 몰락은 맑스주의 역사에서 최대 충격이다. 설사 역사적 사회주의가 정통 맑스주의에서 일탈한 '모종의 사회주의'라 해도 말이다. 이 지경에서 어느 맑스주의자가 자유로울 수 있는가? 레닌은 물론 룩셈부르크 역시! 볼셰비키적 독재가 프롤레타리아독재의 전형이라면 사회주의를 쓰레기 더미에 던질 수 있다고 말했지만, 그렇다고 그녀도 결코 자유로울 수는 없다. 위기를 피해가기보다는 출발선에서 다시 성찰해 보는 것이 옳다. 자본주의의 진정한 한계가 바로 '자본'에 있다면 맑스주의는 역사적 교훈을 말해야 한다.

그런데 몰락한 역사적 사회주의 현장의 참담한 잿더미는 룩셈부르크를 혁명적 사회주의자에서 신비한 '예언자'(?)로 등장시킨다. 역사적 사회주의에는 대중의 제한 없는 민주주의가 없는 것은 차치하고 그녀가 그토록 경고하고 경계했던 명령과 지시만 가득했을 뿐이다. 룩셈부르크가 위기의 유일한 돌파구라는 말이 아니다. '무오류의 권위'를 넘는 변증법과 비판 정신으로 무장한다면 맑스주의 지평에 맑은 공기를 불어 넣을 수 있는 계기는 될 것이다. '화려하고 숨 막히는 장엄한 혁명 투쟁' 현장에서 꺼져 버린 불꽃, 룩셈부르크! 그녀는 자신에 대한 비판 역시 너무도 당연하게 받아들일 것이며, 우상화되는 일은 더더욱 거부할 것이다. 이것이 로자 룩셈부르크의 정신이다.

참고 문헌

이갑영, 『로자 룩셈부르크의 재인식을 위하여 : 민주주의 · 인간 · 사회주의』, 한울, 1993년.

E. Bernstein, Die Voraussetzungen des Sozialismus und die Anfgaben der Sozialdemokratie, Stuttgart, 1899.

F. Engels, Antwort an Giovanni Bovivs, MEW 22.

_____ , Einleitung zu Marx, "Klassenkämpfe in Frankreich", MEW 22.

P. Frölich, Rosa Luxemburg-Gedanke und Tat, Frankfurt/M, 1967.

V. I. Lenin, What is to be done?, LCW 5.

_____ , One Step Foward, Two Steps Back, LCW 7.

_____ , Notes of a Publicist, LCW 33.

Rosa Luxemburg, Sozialreform oder Revolution?, GW 1/1, 367-466,

_____ , Aus dem Nachlaß unserer Meister, GW 1/2, 148-158.

_____, Stillstand und Fortschritt im Marxismus, GW 1/2, 363-368.

_____, Organisationsfragen der russischen Sozialdemokratie, GW 1/2, 422-444.

_____, Massenstreik, Partei und Gewerkschaften, GW 2, 91-170.

_____, Karl Marx, GW 3, 178-184.

_____, Nach 50 Jahren, GW 3, 208-211.

_____, Entwurf zu den Junius-Thesen, GW 4, 43-47.

_____, Die Krise der Sozialdemokratie, GW 4, 49-164.

_____, Zur russische Revolution, GW 4, 332-365.

_____, Was will der Spartakusbund?, GW 4, 442-451.

_____, Gründungsparteitag der KPD 1918/1919, GW 4, 481-513.

_____, Die Ordung herrscht in Berlin, GW 4, 533-538.

제2장 맑스주의의 영혼

베른슈타인의 잘못

맑스주의를 통해서 세상을 이해하고 전망을 세우는 일이 어리석은 짓으로 평가받고 있다. 그렇다고 역사가 자본주의의 손을 들어 준 것도 아니다. 끊임없이 인간을 옥죄는 착취와 억압과 빈곤이 흘러넘치지만, 탈출구는 보이지 않는다. 온갖 변호와 미화에도 불구하고 세상은 아직 자본의 굴레에서 허우적거리고 있을 뿐이다. 이렇게 보면 맑스주의는 온갖 수모와 천대에 시달리고는 있지만, 우리가 희망을 품을 수 있는 지점으로 남아 있다.

물론 맑스주의가 공산주의의 과학이 아니라 '자본주의의 과학'이라 해도 역사적 사회주의의 교훈에서 자유로운 것은 아니다. 쉽 없이 현실과 소통하고 변화되는 현실을 역사 발전에서 총괄하고 전망을 세워야 하지만, 힘이 부치는 것도 사실이다. 이렇게 맑스주의가 위기와 정체에 빠졌을 때, 우리는 '방법'을 주목하게 된다. 맑스주의를 통해 어떻게 희망을 만들고 세상을 바꾸어 갈 것인가? 맑스주의의 본질을 '방법'으로 규정한 룩셈부르크를 재평가할 이유가 있는 것이다.

그녀는 사물의 본질을 탐구하고 실천하기 위해 '방법'을 중요하게 생각했다. 맑스주의를 화석처럼 굳어 버린 결과물이 아니라 언제나 살아 있는 연구 방법이라고 생각했다. "맑스의 논리에서 가장 핵심적인 것, 즉 변증법적 유물론은 전혀 알려지지 않은 새로운 세계에 대한 전망을 부여하고 자립적 행동에 대해 무한한 가능성을 열어 주며 미지의 영역으로 대단하게 전진하도록 고무하는 연구 방법일 뿐이다."(GW 1/2: 364) 룩셈부르크는 어떤 도그마도 인정하지 않고 '무오류의 권위'에 빠지지 말아야 한다는 것을 비타협적으로 보여 주면서 기계적 유물론과 맞서서 싸웠다.

룩셈부르크에게 방법은 고정된 대상을 분석하는 수단이 아니라 역사 전체 또는 역사 발전의 인식 및 형성과 연관되어 있다. 룩셈부르크는 맑스주의가 도전을 받거나 위기에 처하게 되면 방법에 집중했다. 특히 폴란드 혁명 문제, 수정주의 논쟁, 제국주의의 출현 등에서 맑스주의의 방법을 다뤘다. 이는 구체적으로는 이론과 실천의 결합 문제와 맑스와 라쌀레에 대한 평가로 나타나게 되었다.

따라서 맑스주의를 '방법'으로 이해했던 룩셈부르크가 이론과 실천의 관계를 어떻게 풀어 갔는지 주목할 필요가 있다. 일반적으로 실천 없는 이론은 무의미하고 이론 없는 실천은 맹목적이라고 하지만, 그녀는 이론과 실천을 역사 발전에 따라 상대화하고 있다. 맑스주의를 현실에서 풀어내는 과정에서 이론과 실천의 관계를 창조적으로 적용했다. 이것은 이론과 실천을 단순히 기계적 결합 관계로 이해하지 않았다는 것을 의미한다.

룩셈부르크는 수정주의 논쟁에서는 이론과 실천의 변증법적 통일을 강조하고, 제국주의가 팽창하면서는 이론보다 실천을 강조하고, 그리고 세계대전이 폭발하자 프롤레타리아의 실천으로 방법을 상대화하면서 맑스주의의 깃발을 현실에 꽂으려 했다. 그녀는 맑스주의를 구체적 현실에서 인간 해방을 이루기 위한 '방법'으로 강조했다. 룩셈부르크에게 맑스주의의 '방법'을 본격적으로 주목하게 만든 것은 바로 수정주의 논쟁이다.

맑스주의 역사는 위기의 역사다. 자본주의를 넘어서 "자유인들의 연합체"를 지향하기 때문에 위기는 필연적으로 따라다닐 수밖에 없다. 맑스주의는 세상에 나온 이후 끊임없는 도전과 왜곡과 협박에 시달렸는데, 여기서 빼놓을 수 없는 것이 바로 수정주의의 도전이다. 맑스주의 역사에서 가장 어렵고 힘든 논쟁을 불러일으켰던 수정주의는 그때는 패배한 것처럼 보였지만, 오늘날에는 유럽의 사회민주주의에서 보듯이 오히려 맑스주의의 주류(?)로 행세하는 실정이다. 1890년대에 시작된 수정주의 논쟁은 제1차 세계대전에 이르기까지 맑스주의 역사와 이론을 이해하는 데 핵심적인 지점으로 꼽힌다.

맑스의 이론 체계에 대하여 처음으로 전면적 비판을 전개한 수정주의는 이론과 실천의 괴리, 즉 맑스 이론의 현실성에 의문을 제기했다. 자본주의의 역사적 경험에 비추어볼 때 맑스의 이론에 의문이 갈 수밖에 없으며 현실적 유효성도 사라졌기 때문에 수정되어야 한다는 것이다. 수정주의자들은 맑스주의의 근본적 수정을 의도하면서 당시 독일사회민주당이 안고 있던 과제들인 1905년 러시아혁명 이후의 대규모 파업 논쟁이나 제국주의의 팽창과 식민지에 대한 논쟁 등을 통해서 자신의 논리를 전진시켰다.

맑스주의의 발전은 이론의 전개뿐만 아니라 실천으로 풀어내야 가능할 것이다. 이러한 차원에서 수정주의는 맑스주의의 발전 과정에서 불가피하게 나타날 수밖에 없는 측면이 있지만, 독일 노동자운동에 내재된 모순, 즉 혁명적 이론과 개량적 실천 사이의 모순에서 잉태된 것으로 볼 수도 있다. 1848년 3월 혁명을 통해 나타나기 시작한 독일의 노동자운동은 합법적 사회주의를 외치는 라쌀레를 통해서 발전했는데(Grebing: 67), 이후에 혁명적 사회주의의 길을 걷는 맑스의 영향력이 증대하면서 이데올로기적 급진성과 개량주의적 실천이라는 모순된 구조를 지니게 되었다. 이러한 갈등은 독일사회민주당이 대중정당으로 성장하면서 채택한 「에어푸르트 강령」에도 반영되었다.

라쌀레주의를 청산하고 맑스주의를 바탕으로 만들어진 「에어푸르트 강령」은 엥겔스의 후광을 받고 있던 카우츠키와 베른슈타인이 작성했는데, 이론과 실천 두 부문으로 구성되었다. 이론 부분에는 자본주의의 보편적 발전 법칙과 노동자계급 정당의 과제를 원론적으로 제시했고, 실천 부분은 빠르게 실현해야 할 과제들을 구체적으로 명시하고 있다. 하지만 전자는 자본주의의 필연적 붕괴에 대한 기대와 확신만 반영하고 있을 뿐 정작 사회주의혁명을 조직하고 완수하는 문제는 간과했다. 또한 노동자 대중이 현실에서 직접 획득할 수 있는 사항들로 채워져야 할 후자에는 전자와 괴리된 것은 물론 맑스주의적 요구라고 하기에 부족한 것들도 많았다.

이렇게 「에어푸르트 강령」은 맑스주의적 강령으로 선언했지만, 이론과 실천이 내재적 연관성 없이 개별적 성격을 지니고 있었으며 이미 수정주의의 그림자가 짙게 드리워졌는데, 실천 부분을 작성했던 베른슈타인이 맑스주의에 전면적 도발을 감행했다. 엥겔스의 '유언집행자'로 알려진 베른슈타인은 1899년에 발표한 『사회주의의 전제와 사회민주당의 과제』에서 맑스주의의 근본적 수정을 제기했다. 그는 사회경제적 현실에 대한 이해를 바탕으로 자본주의의 역동적 적응 능력을 높이 평가하는 한편, 맑스주의의 철학적 바탕도 폐기하고, '사회주의로의 점진적 진입'이라는 유기적 진화론을 보여 주었다.

이러한 베른슈타인의 논리는 자본주의사회에 대한 경험적 분석을 통해 뒷받침되었다. 제2인터내셔널에서는 '역사의 필연성'을 '기계적 유물론'으로 이해하는 경향이 팽배했는데, 자본주의적 생산에서 주기적으로 폭발하는 공황을 자본주의 붕괴의 조짐으로 받아들이는 속류 인식이 깔려 있었다. 그는 자본주의적 생산의 적응 능력이 제고되었으며 모순이 완화되었기 때문에, 정통 맑스주의가 의존하고 있는 경제공황에 이은 자본주의의 전반적 붕괴는 일어나지 않을 것이며 당연히 혁명적 이행 전략도 오류라고 비판했다. "세계시장이 공간적으로 확대되고, 생산 부문들의 불비례가 조절되고, 신용 제도가 탄력적이고, 산업 카르텔이 발달하고 …… 프롤레타리아의 생활이 개선되고, 중간계급이 증가하여 …… 궁핍화론도 일반적으로 포기"되었다는 것이다(Bernstein: 52, 70, 148). 또한 국가가 입법 활동이나 경제정책을 통해 자본주의적 생산의 운동에 개입하고 다양하게 조직된 사회적 부문들이 자본의 지배 영역을 간섭하여 위기의 경향이 달라졌다는 것이다. 따라서 베른슈타인은 사회주의의 실현을 위한 전제 조건을 "민주주의의 쟁취와 민주적 정치경제조직의 육성"에 두고 독일사회민주당은 "낡은 수사에서 벗어나 민주사회주의 개량 정당으로서 진정한 모습을 보여 주기 위해 용기"를 가지라고 충고했다(Bernstein: 165).

수정주의는 독일사회민주당에 커다란 충격을 안겨준 것은 물론 제2인터내셔널 차원으로 확대되어 국제적 논쟁을 불러일으켰으며, 맑스주의 이론가들과 정치가들이 수정주의 논쟁에 끼어들게 되었다. 이와 같은 역사적 논쟁에서 룩셈부르크는 뛰어난 지적 능력을 발휘하면서 『사회 개량이냐 혁명이냐?』를 통해 베른슈타인의 수정주의를 전면적으로 비판했다. 수정주의 논쟁을 통해 그녀는 국제 사회주의의 샛별로 떠올랐는데, 베른슈타인조차 "룩셈부르크의 반박은 나에게 반대하는 글 가운데 가장 뛰어난 것"(Bernstein: 178)이라고 평가했다.

그녀는 베른슈타인이 자본주의의 전반적 붕괴가 점점 의심스럽게 되었다고 비판한 것에 대해, 그것은 자본주의 붕괴의 형태를 문제 삼은 것처럼 보이지만 사실은 자본주의적 생산에 나타나는 무정부성을 부정하는 것이며 사회주의의 객관적 필연성을 부정하는 것이라고 보았다. 룩셈부르크는 사회주의의 과학적 근거로, "가장 중요한 것으로 붕괴를 불가피하게 만드는 자본주의경제의 증가하는 무정부성, 둘째, 미래 사회질서의 긍정적 맹아를 창출하는 생산과정 사회화의 증대, 셋째, 다가올 혁명의 실천적 요소를 형성하는 프롤레타리아의 증가하는 힘과 계급의식"을 들었다(GW 1/1: 375). 따라서 룩셈부르크는 사회주의의 필연성을 반증하기 위해 자본주의의 붕괴가 필연적이라는 것을 과학적으로 논증하는 작업에 몰두했다. 이러한 노력은 『사회 개량이냐 혁명이냐?』로 발표되었는데, 그녀는 자본주의적 생산에 고유한 모순인 무정부성으로 인해 자본주의의 붕괴가 필연적이라는 것을 증명하고 사회주의의 객관적 근거를 제시했다.

또한 룩셈부르크는 베른슈타인이 자본주의사회를 속류 경제학의 관점에서 분석했다고 보았다. "한마디로 베른슈타인의 적응 이론은 개별 자본가의 사고방식을 이론적으로 일반화한 것일 뿐이다. 그러나 이론적으로 표현할 때, 이 이론은 속류 경제학의 본질이고 특성의 표현일 뿐이지 않은가? 이 학파의 모든 경제적 오류의 근거는 바로 개별 자본가의 눈을 통해 본 경쟁이라는 현상을 자본주의경제 전체의 모습으로 간주했다는 것이다."(GW 1/1: 408)

따라서 그녀는 모든 경제 현상들을 자본주의적 생산의 발전과 유기적으로 결합시키고 총체적으로 분석하고 평가했다. 그리고 자본주의 붕괴론을 현실적 논리로 구축하기 위해 베른슈타인이 자본주의의 적응 능력을 제고시키는 수단으로 제시했던 신용, 기업집중, 주식회사의 발전 등을 철저하게 분석하고, 이것들이 일시적으로는 적응 수단이 될 수도 있지만 궁극적으로는 자본주의의 내적 모순을 심화시키는 요인들이라고 반박했다(GW 1/1: 378-383). "자본주의의 무정부 상태를 치료하는 데 도움을 줄 수 있는 어떠한 약초도 자본주의사회의 쓰레기 더미에서는 성장할 수 없다."(GW 1/1: 240) 그리고 적응 수단들이 자본주의의 무정부성을 제거하지 못했는데도 공황이 지체되는 이유는 세계시장의 발전으로 설명했다.

한편 룩셈부르크는 자본주의의 적응 능력을 바탕으로 합법적 개량을 선언한 베른슈타인이 개량과 혁명을 기계적으로 분리하는 것을 비판했다. 개량과 혁명은 역사 발전에서 임의로 선택할 수 있는 것이 아니라고 지적하면서, 개량을 위한 투쟁을 노동자계급에게 혁명을 준비시키고 교육하고 조직하는 차원에서 큰 의미를 부여하고 있다. 그녀는 '개량이냐 혁명이냐'의 이분법적 관점이 아니라 '개량을 통해 혁명을' 열어간다는 인식이다.(GW 1/1: 427-428)

수정주의에 대한 룩셈부르크의 비판은 대단한 성과를 거두었고 그녀를 독일 사회민주당의 주요한 이론가로 떠오르게 했지만, 베른슈타인의 수정주의는 패배하지 않았다. 그들은 이론 문제를 제쳐두고 노동조합과 정치조직 등의 실천 영역에서는 오히려 세력을 확장해 갔으며, 독일사회민주당의 갈등은 점점 깊어지게 되었다. 그녀는 수정주의 논쟁을 치르면서 맑스주의의 '방법'을 주목하게 되는데, 바로 '이론'의 의미를 되새기는 계기가 되었다.

맑스와 라쌀레

룩셈부르크는 수정주의가 자본주의경제의 경험적 사실들에 기초해서 과학적 사회주의를 비판하는 것은 이론과 실천의 변증법적 통일과 이것에 바탕을 둔 사고방식을 이해하지 못했기 때문이라고 비판했다. 그녀는 변증법적 유물론이라는 보편적 관점을 획득하지 못한 채 경험적 사실만 가지고는 맑스 같은 천재도 과학적 사회주의를 창조할 수 없었을 것이라고 지적했다(GW 1/2: 138). "모든 역사적 현상은 그것 자체에서 또는 역사적 생성 과정에서 다른 것이 아닌 바로 그와 같은 것이 될 수밖에 없는 완전하고 유일한 과학적 정당성을 수반하게 된다."(GW 1/2: 141) 따라서 맑스주의의 본질은 물론 정당성도 맑스주의의 생성 과정에 있는 것이다. 바로 무산자계급의 해방을 지향하는 보편적 관점을 인식하고 획득하는 과정이 맑스주의에 정당성을 부여한다는 것이다.

이런 차원에서 룩셈부르크는 사회주의 이념과 노동자운동, 이론과 실천의 변증법적 통일을 제기했다. 프롤레타리아는 철학적 인식을 통해서, 그리고 철학은 프롤레타리아를 통해서 실현되며 서로를 규정하면서 인간 해방이 이룩될 수 있다는 변증법적 귀결이 그녀에게는 맑스주의의 영혼이며 방법의 특성이다.

따라서 그녀는 이론을 외면하고 실천만 주목하는 베른슈타인의 논리는 독일 사회민주당의 기회주의에게 이론적 바탕을 깔아 주는 것이라고 비판했다.

> 무엇보다도 이들의 외면적 특징은 무엇인가? 이론에 대한 적개심이다. 그리고 이것은 아주 당연한데, 왜냐하면 우리의 이론인 과학적 사회주의의 기본 원칙들은 실천적 활동에서 지향하는 목표뿐만 아니라 활용해야 할 투쟁 수단과 투쟁 방식 자체도 단호하게 한정한다. 따라서 그저 실천적 성공만을 추구하는 사람은 자연히 손을 자유롭게 하려는, 즉 우리의 실천을 이론에서 분리해 이론과는 독립적으로 만들려는 경향을 보인다.(GW 1/1: 441)

당연히 룩셈부르크는 맑스주의의 가면을 쓰고 기회주의를 이론적으로 정당화시킨 베른슈타인의 수정주의에 대항하려면 노동자계급이 이론적 논쟁에 적극적으로 개입해야 한다고 주장했다. 그녀는 『사회 개량이냐 혁명이냐?』의 서문에서 이렇게 말한다.

> 이론적 논쟁이 결국 지식분자의 일이라는 주장은 노동자계급에 대한 가장 저열한 모욕이며 악의에 찬 비방이다. 이미 라쌀레가 말했듯이, 과학과 노동자라는 사회의 대립적 극단이 하나로 통합될 때 비로소 두 가지는 모든 문화적 장래를 자신의 무쇠 팔로 질식시켜 버릴 것이다. 오늘날 노동자운동의 전체 힘은 이론적 인식에 근거한다.(GW 1/1: 371)

노동자계급이 과학적 사회주의의 이론으로 무장할 때 기회주의가 설 자리는 없어진다는 논리다. 만약 이론과 실천이 변증법적으로 통일되지 못하면 "노동자운동은 다시 확고한 이론적 나침판도 없이 실질적 경험이라는 넓은 바다로 밀려"나게 된다고 비판했다(GW 1/2: 157). 기회주의의 위험에 노출된다는 의미다.

『사회 개량이냐 혁명이냐?』에서 룩셈부르크는 이론과 실천의 문제에서 기회주의를 강하게 의식하면서 이론이 지식분자들의 전유물이 아니며 맑스의 이론을 노동자계급이 반드시 깨우쳐야 한다는 의미에서 이론과 실천의 변증법적 통일을 제기했다. 더구나 수정주의 논쟁은 맑스주의가 지식인에서 벗어나 노동자계급으로 확대되는 과정에서 빚어진 것이라면서, 베른슈타인의 비판이 이론과 실천의 유리에 바탕을 두고 있는 것으로 이해하고 노동자 대중의 이론적 각성을 멈출 수 없는 과제로 지적했다.

이론과 실천을 이렇게 이해하는 것은 『우리 스승들의 유고에서』를 통해 맑스와 라쌀레의 평가에도 반영되었다.

인간은 자신의 역사를 만들지만 자유자재로 만드는 것은 아니라고 맑스와 엥겔스는 말했다. 이것을 통해 그들은 한평생 유물론적 역사 서술을 옹호했다. 그러나 라쌀레는 인간은 자유자재로 만드는 것은 아니지만 스스로 역사를 만든다고 강조하여 일생의 과업으로 "개인의 결의"와 "위대한 행동"을 옹호했다.(GW 1/2: 155)

룩셈부르크는 맑스와 엥겔스를 역사적 유물론이나 이론적 계기의 선구자로 인식하는 한편 라쌀레를 "위대한 행동"으로 상징되는 실천적 계기의 선구자로 평가했다. 물론 독일사회민주당에서 맑스 및 엥겔스와 라쌀레를 일정 수준에서 대립적으로 평가하는 경향도 있었지만, 그녀는 이론과 실천의 변증법적 통일이라는 관점에서, 스승들이 역사 발전을 보는 시각에는 조금의 차이가 있지만 궁극적으로는 일치하는 것으로 평가했다.

여기서 주목할 점은 룩셈부르크의 라쌀레에 대한 평가다. 라쌀레는 "독일에서 맑스주의적 계급운동이 전혀 존재하지 않을 때, 즉 맑스주의적 사회주의 이론이 없는 곳에서 생산협동조합이나 공동체라는 구호를 가지고 맑스의 이론에 반대"했던 것이며 "오히려 그는 이러한 오류를 통해 맑스주의 이론의 길을 최초로 개척했다."(GW 1/2: 157) 그녀는 라쌀레의 실천 내용이 아니라 실천 행위 자체를 높게 평가했다. 라쌀레의 실천 자체가 의미를 지니기는 어렵지만, 부르주아 계몽주의의 공세를 극복하고 노동자운동의 지평을 열었던 것을 주목하는 것이다.

룩셈부르크는 라쌀레를 통해 이론 없는 실천을 경계했고, 다만 "위대한 행동"으로 맑스 이론의 정당성을 확인하는 데 기여한 것으로 평가했다. 이와 같이 수정주의 논쟁을 거치면서 얻어진 그녀의 '방법'이란 이론의 역할을 강조하는 한편 노동자계급의 이론적 각성을 통한 이론과 실천의 변증법적 통일을 주장하는 것이다. 하지만 제국주의가 팽창하자 그녀는 실천으로 강하게 기울게 되었다.

역사적 상대화

경제공황을 거치면서 자본축적을 위한 조건들이 새롭게 재편되었는데, 이러한 과정에서 자본주의적 생산은 역사적으로 진보했다. 1873년의 공황 이후 엄청난 불황에 빠진 자본주의는 자본을 빠르게 집중시키는 한편 자본수출을 통해 불황에서 탈출하려고 애를 썼다. 역사는 이것을 '제국주의의 탄생'으로 기록하고 있다. 경제공황이 자본주의에 붕괴를 가져다줄 것으로 기대했던 제2인터내셔널 맑스주의자들은 자본주의가 제국주의적 침탈을 통해 엄청난 불황을 탈출하려 만들어 놓은 자본주의의 변화를 주목하게 되었다.

그런데 독일사회민주당에서 지배적인 흐름은 역사 발전에 대한 해석을 변증법이 아니라 진화론에 의존하고 있었기 때문에, 제국주의에 대한 그들의 인식은 비과학적일 수밖에 없었다. 맑스주의자 가운데는, 생산력의 자유로운 발전이 사회주의를 예비하기 위한 조건이기 때문에 역사적 진보를 방해할 수는 없으며 오히려 제국주의를 촉진해야 한다는 주장도 있었다. 또한 카우츠키를 비롯한 당 지도부는 제국주의의 위협이 증대하는 데도 제국주의의 현실적 가능성을 부인하며 제국주의의 위협을 애써 외면하려고 했다.

카우츠키는 '맑스주의 사원의 교황'으로 불렸지만, 사회주의로의 객관적 필연성과 수동적 급진주의에서 벗어나지는 못했다. 그는 유물론과 진화론의 결합을 의도하다가 1885년 무렵에는 점차 다원주의에서 이탈했지만, '진화'의 논리에 뿌리를 내리고 사회 발전과 자연 진화의 명백한 경계를 보지 못했다(강철구: 29-30). 그의 비변증법적 역사 발전론은 제국주의에 대한 이해에서 한층 명확해진다. 카우츠키는 제국주의를 고도로 발달한 산업자본주의에서 나타나는 "특수한 정책"으로 이해했는데, 소수의 자본가들이 폭력적 팽창 방법을 동원하기도 하지만 다수의 자본가들, 특히 중공업자본가들에게는 이익이 되지 않기 때문에 그런 팽창은 중단될 수 있다는 것이다. 식민지를 확보하기 위해서는 국가의 개입이 늘어날 수밖에 없으며, 그렇게 되면 군비 지출이 증가하고, 이것은 투자 자본을 감소시키기 때문에 경제적 팽창을 저해한다는 것이다. 따라서 다수의 자본가는 제국주의적 폭력에 대해 반대하게 될 것이며, 자본주의 강대국들도 결국 제국주의를 포기하고 자유방임주의와 자유무역정책을 선택할 것이라는 논리다. 제국주의를 제국주의 세력들의 신성동맹인 초제국주의로 대체한 것이다.

이러한 독일사회민주당의 제국주의 인식에 대해 룩셈부르크는 '제국주의 정책론'을 비판하기 시작했다. 애초에 그녀는 식민지 분할이나 군국주의 국가들의 대립 등을 "세계정책Weltpolitik"으로 표현했으나, 1911년 독일과 프랑스가 대립했던 모로코 문제에 대한 글에서는 "제국주의Imperialismus"라고 표현했다. 룩셈부르크는 독일사회민주당이 제국의회 선거를 의식하면서 모로코 문제에 대해 방관적 자세로 일관하는 것을 비판하고 제국주의에 대한 분석에 몰입하게 되었다.

그녀는 제국주의를 깊이 이해하면서 열강들의 경제적 대립이 전쟁으로 치달을 정도로 긴박하다고 생각하고는, 제국주의를 "특수한 정책"으로 받아들이고 평화적 해결을 예견하는 카우츠키를 비롯한 독일사회민주당 지도부에 비판의 칼날을 세우게 되었다. 제국주의가 "정책"이 아니라 자본주의 모순에 따른 "필연"이며, 이것이 자본주의의 최후라고 주장했다. 룩셈부르크에게는 수정주의 논쟁 때처럼 자본주의가 자신의 내적 모순으로 파국을 맞을 수밖에 없다는 것이 과학적으로 증명되어야 사회주의의 필연성이 확인된다는 강한 신념이 있었다. 이러한 내용을 담은 것이 바로 『자본의 축적』이다.

룩셈부르크는 『사회 개량이냐 혁명이냐?』에서는 자본주의적 생산의 무정부성에서 자본주의의 붕괴가 필연적이라는 논리를 전개하여 수정주의를 비판했지만, 『자본의 축적』에서는 공황이 자본주의를 붕괴로 이끈다는 논리는 후퇴하고, 비자본주의 영역이 고갈되면서 세계시장에서 벌어지는 열강들의 각축전이 자본주의를 파국으로 몰아갈 것이라고 지적했다. 이러한 과정을 통해 그녀는 맑스의 『자본』과 대결을 벌여 논쟁을 불러일으키기도 했지만, 무엇보다도 제국주의 정책론과 전면적으로 맞섰다.

룩셈부르크는 자본주의적 생산에서 생산과 소비의 모순은 필연적이라 인식하고, 잉여가치의 실현 문제가 "자본주의적 생산을 하지 않는 사회 또는 영역에 의하여"(GW 5: 300) 해결된다고 파악했다. 언제나 자본주의는 비자본주의적 영역이 필요하다는 의미이며, 따라서 자본주의가 비자본주의 영역으로 팽창할 가능성이 사라지면 자본주의는 존재할 수 없을 것이라고 강조한 것이다. 이것을 역사적으로 논증하기 위해 그녀는 자본주의의 발전을 비자본주의적 영역에 대한 침투라는 관점에서 세 단계로 나누었다. 제1단계는 농노제 사회에서 태어났지만 곧 지역적 한계를 뛰어넘어 확장해 가는 자본의 자연경제와의 투쟁이며, 제2단계는 단순한 상품경제와의 투쟁이고, 제3단계는 세계시장에서 축적 조건의 나머지 영역을 둘러싼 자본의 각축전이다.

자본주의가 비자본주의적 영역으로 침투하면 할수록 자본주의는 더욱더 효과적인 전술을 구사하게 되는데, 이러한 과정에서 자본주의 영역에서 소비될 수 없는 상품을 팔기 위해 시장을 찾고 잉여가치를 실현하게 되지만, 자본주의적 생산의 모순도 함께 재생산하게 된다. 그리고 아직도 자연경제에 머문 영역에 최신의 자본주의적 생산방법을 이식하게 되는데, 비자본주의 영역에서 자본주의적 공업의 성장을 억누르려고 하지만 자본은 스스로 자기의 경쟁자를 만들어 내게 된다는 것이다. 더구나 종래의 자본주의 세력들은 서로 협력하면서 비자본주의 영역을 정복했지만, 지금은 남아 있는 비자본주의 영역을 탈취하거나 재분할하려고 서로 각축하기 시작했다. 바로 제국주의가 역사에 떠오르기 시작한 것이다.

"제국주의는 자본주의의 생명을 연장하는 방법이지만 객관적으로 보아 그것은 자본주의의 생명을 단축하는 가장 확실하고 신속한 방법이다."(GW 5: 391) 자본축적은 비자본주의적 영역을 요구하지만 축적 과정에서 비자본주의적 영역을 해체하고 자본주의로 전화시켜 자본을 축적할 수 있는 조건을 스스로 소진하기 때문에 자본주의는 파국을 맞을 수밖에 없다는 것이다.

자본주의는 놀라운 번식력을 갖는 최초의 경제체제다. 즉 세계 구석구석에 침투하면서 다른 모든 경제체제를 축출해 버리는 최초의 경제체제다. 하지만 자본주의 체제는 또한 자신을 위한 비옥한 토양을 제공할 다른 경제체제가 없다면 독자적으로 존속할 수 없는 최초의 경제체제이기도 하다. 이렇게 자본주의는 세계적 경제체제로 발전함과 동시에 세계적 경제체제가 될 수 없는 자신의 내적 모순 때문에 파멸해 가고 있다. 자본주의 체제는 그 자체가 하나의 역사적 모순이다. 자본축적 과정이란 모순을 해결하는 동시에 모순을 잉태하는 과정이다. 자본주의가 최첨단에 도달하게 되었을 때 이 자본축적의 모순은 사회주의 원리를 적용하지 않고는 도저히 해결될 수 없다. 자본축적을 목적으로 하지 않고 지구의 모든 생산력을 발전시켜 노동하는 인류의 필수적 욕구를 충족시키는 것을 목적으로 생산하기 때문에, 본질적으로 보편적이고 조화되는 경제체제인 사회주의만이 모순을 해결할 수 있다.(GW 5: 411)

룩셈부르크는 『자본의 축적』을 통해 제국주의가 "특수한 정책"이 아니라 자본주의 발전의 필연적 산물이며 자본주의의 최후 단계라는 것을 명확히 했다. 하지만 "맑스와 엥겔스의 과학적 후계자 가운데 가장 뛰어난 두뇌"(Frölich: 173)라는 그녀가 노동자계급의 투쟁을 독려하면서 자본주의의 역사적 법칙을 펼쳐 보였을 때, '혁명적 대기주의'에 빠진 카우츠키를 비롯한 독일사회민주당의 지도부와 멀어질 수밖에 없었다.

실천에서

1880년대 이후 대중정당으로 뿌리를 내린 독일사회민주당은 점차 선거주의에 빠져들게 되었으며, 당내에서는 정치 노선을 둘러싼 논쟁이 가열되기 시작했다. 이러한 과정에서 맑스와 라쌀레에 대한 평가가 새롭게 전개되었는데, 룩셈부르크를 비롯한 급진적 좌파는 행동하지 않는 당 지도부를 의식하면서 라쌀레의 실천을 주목하기 시작했다. 카우츠키를 비롯한 당 지도부는 라쌀레의 실천을 독일의 후진성과 결합시키면서 역사적 한계를 지적하고 맑스의 역할을 주목했다.

이러한 논쟁은 맑스주의가 대중화되는 과정에서 발생한 사상적 또는 정치적 갈등이나 모순으로 이해해야 하는데, 사상적으로는 맑스주의의 발전이란 무엇을 의미하는 것인지가 바탕에 깔려 있으며, 정치적으로는 당의 조직 문제, 부르주아 정당과의 선거 연합 문제, 제국주의에 대한 인식 문제 등이 쟁점으로 떠올랐다. 물론 사상 문제와 정치 문제는 일정 수준 긴장 관계에 있었으며 다양한 차원에서 논쟁이 전개되었다. 이러한 상황에서 룩셈부르크는 '방법'에 관한 글들을 발표했다.

여기서 주목할 것은 지적 협력 관계를 맺고 있던 룩셈부르크와 카우츠키가 결별하게 된 것이다. 그녀가 평등선거권을 위한 정치 파업을 선동하려고 할 때 카우츠키가 '대기 전략'으로 대응하면서 룩셈부르크를 비판한 것이 계기가 되었다. 그녀는 평등선거권을 쟁취하려는 대중투쟁을 고양하기 위해 "공화국"이라는 구호로 정치 파업을 선전했지만, 카우츠키는 당이 할 수 있는 유일한 것은 방어적 입장, 즉 싸움을 피하는 것이라고 주장하면서 독일사회민주당에 압도적 승리를 가져다주고 지배계급에게 파멸을 가져다줄 다음 선거 때까지 대기할 것을 주장했다.

카우츠키에 따르면, 의회주의만으로도 자본주의사회를 궁극적으로 전복할 수 있는 조건이 형성될 것이며 이러한 역사적 상황을 결정할 힘을 이미 독일사회민주당은 가지고 있다는 것이다. 혁명적 상황은 노동자계급의 강력한 투쟁이 아니라 투표로 이루어지는 통치 기구의 와해에서 유발된다는 것이 카우츠키의 논리였다. 룩셈부르크는 논쟁적 재능을 발휘하면서 카우츠키를 비판했는데, 한때는 레닌조차 카우츠키의 '대기 전략'을 옹호했지만 제1차 세계대전이 폭발한 이후 카우츠키가 혁명적 이행에서 이탈했다는 것을 깨달았다(Frölich: 210). 이러한 과정에서 룩셈부르크와 카우츠키만 결별한 것이 아니라 독일사회민주당도 세 그룹으로 뚜렷이 분열하게 되었다. 지배계급의 제국주의를 지지하게 된 개량주의자들, 전통을 유지한다지만 점점 베른슈타인의 논리로 기울게 된 카우츠키 등의 맑스주의 중도파, 그리고 룩셈부르크를 비롯한 급진좌파.

수정주의 논쟁에서 룩셈부르크는 맑스주의 방법의 중요성을 강조하고 변증법을 그 특성으로 인식했는데, 맑스주의가 이론과 실천의 변증법적 통일을 유도하는 것으로 파악하고 프롤레타리아가 이 변증법적 통일을 매개하는 계기로 이해했다. 따라서 그녀는 언제나 '실천'이 지니는 비중을 이해하고 있었지만, 수정주의에 대한 비판이라는 의미로 '이론'의 역할을 반복해서 강조했으며, 이론과 실천의 통일을 위해 노동자계급의 이론적 각성을 주장했다. 하지만 독일사회민주당이 체제 안의 정당으로 변화되면서 룩셈부르크의 방법은 '실천'으로 전화되었다.

그녀는 맑스의 30주기를 기념하는 글에서 "노동자계급은 누구보다도 맑스의 도움을 받았다"라고 하면서도 맑스에 대한 평가는 역사적 관점에서 이루어져야 한다고 지적했다. 그리고 맑스와 엥겔스의 과학적 사회주의에 이르기까지 사회주의 역사를 정리하면서, 과거에는 사회주의가 한 줌밖에 안 되는 천재들의 개인적 구상에 머물렀으며 도덕이나 이성이라는 추상적 이념에 근거를 두고 있었다고 비판했다. 하지만 맑스와 엥겔스는 자본주의의 운동 법칙 가운데서 착취와 억압의 원천을 찾아냈고 "모든 문화 세계가 몰락하지 않으려면 일정한 성숙 단계에서 자본의 지배가 붕괴하고 사회주의의 실현이 불가피해지는 고유한 필연성을 가지고 관철되는 자본주의 생산양식의 발전 법칙을 명확히 했다."(GW 3: 181) 이렇게 해서 사회주의는 과학의 토대에 서게 되었으며 역사적 필연성으로 나타나게 되었다는 것이다.

그러나 룩셈부르크는 독일사회민주당에서 벌어지는 맑스와 라쌀레의 평가에 대한 논쟁을 의식하면서 자기 나름의 논리를 전개했다.

> 맑스와 엥겔스가 인간은 자신의 역사를 만들지만 자유자재로 만드는 것은 아니라는 말로 감상적인 혁명가들에게 행동을 중단할 것

을 요구한 데 반해, 라쌀레는 독일의 노동자계급에게 정열적인 말로 인간은 자유자재로 만드는 것은 아니지만 스스로 역사를 만든다고 설명하여 충분한 주도권, 혁명적 에너지, 결의의 중요성을 선동했다.(GW 3: 182-183)

이러한 논리는 수정주의를 비판할 때와 유사하게 보이지만 미묘한 변화를 감지할 수 있다. 종래에는 이론과 실천, 맑스와 라쌀레의 일치를 강조하는 가운데 맑스를 높게 평가했던 것이다.

그녀는 맑스와 엥겔스, 라쌀레의 역사적 업적은 상호 분리할 수 없다고 지적하면서 이렇게 말한다.

> 과거 수십 년 사이에 우리의 전선은 끝없이 확대되었고 대열은 100배로 증가했으며 우리의 과업도 거대해졌다. 맑스가 1860년대의 영국을 근거로 연구하고 묘사했던 성숙한 자본주의는 오늘날처럼 세계를 둘러싼 자본의 지배나 제국주의적 무모함에 비교하면 마치 유년기같이 보인다. 그리고 자본주의 세계의 최후의 숨결인 부르주아 자유주의 ─ 그 노쇠한 손에서 라쌀레가 50년 전에 노동자계급의 이름으로 주도권을 빼앗았지만 ─ 는 오늘날의 부패한 시체와 비교하면 하나의 태양신처럼 보인다. 역사의 발전 과정은 과학적 사회주의의 스승들이 전개한 이론적, 정치적 교훈이 옳다는 것을 명백히 반증했다. 그리고 중무기에 의한 대량 학살이 반복되는 제국주의 현실에서 맑스의 『자본』에서 언급된 최종 논리가 점점 실현되는 시기가 다가오고 있다.(GW 3: 183)

여기서도 맑스의 이론과 라쌀레의 실천이라는 각각의 유산을 유기적으로 결합해야 한다고 지적하고 있다. 하지만 이론과 실천의 결합은 '실천에서' 이루어진다는 것인데, 룩셈부르크는 변화한 자본주의, 즉 제국주의에서 자본주의의 최후를 인식했고, 정치적으로는 부르주아 자유주의의 약화를 주목했다. 제국주의 현실에서 『자본』의 논리가 반증되었고 맑스가 옳았기 때문에 이제 남은 것은

'실천'이라는 것이 룩셈부르크의 논리다. 이 지점에서 라쌀레에 대해 새롭게 평가하는 것을 볼 수 있다.

룩셈부르크는 이론적으로는 혁명 노선을 고수하면서도 실천하지 않는 독일 사회민주당과 카우츠키의 '혁명적 대기주의'를 겨냥하면서 라쌀레의 실천하려는 불같은 열정을 높이 평가한 것이다. 그녀는 라쌀레가 건설했던 독일노동자총연맹 50주년을 기념하는 글에서 이렇게 썼다.

> 이 세계사적 순간을 새롭게 만든 것은 라쌀레의 대단한 결단과 민첩한 행동이었다. 그리고 독일 노동자계급은 맑스의 경고에 반하더라도 이 불멸의 운동을 수행하고 불같은 실천력을 발휘한 것에 대해 영원히 감사를 표하고 있다.(GW 3: 209)

수정주의 논쟁에서는 "오류를 통해서" 맑스의 길을 열었다고 평가되었던 라쌀레를 여기서는 "맑스의 경고에 반하더라도" "불같은 실천력을 발휘"하여 노동자계급을 독일노동자총연맹으로 조직해 낸 것을 적극적으로 평가했다. 라쌀레와 맑스의 상대적 관계에서 변화를 보이는 것이다.

하지만 룩셈부르크는 제국주의를 의식하면서 역사적 관점을 제시했다. 제국주의가 각축하는 현실에서 당 건설이나 의회 진출에 머무는 것은 수동적 태도이며 지배계급에 대한 직접적이고 전면적인 투쟁을 전개해야 한다는 것이다. 이러한 역사적 상대화의 논리는 계속되어 이렇게 말한다. "오늘날에는 어떠한 라쌀레도 없다. …… 우수한 개인이나 전위와 같은 지도자의 시대는 끝났다. 왜냐하면 오늘날에는 노동자 대중 스스로가 지도자이며 기수이고 돌격병이며 라쌀레이기 때문이다."(GW 3: 211)

노동자들이 라쌀레라는 것은 그들이 지금이야말로 '깨달은 노동자계급'이 되고 맑스와 라쌀레에 필적하는 힘을 자각해야 하는 시기가 도래했다는 것이다. 또한 노동자 대중이 스스로 라쌀레라는 것은 실천으로의 질적 도약이며, 룩셈부르크의 독자적 관점이라고 할 수 있다.

야만인가 문명인가?

독일사회민주당이 제국의회에서 전쟁에 찬성표를 던졌다. "프롤레타리아 조직의 보석"이며 "유럽 사회주의자들의 귀감"이었기에 "인터내셔널의 자랑"(GW 4: 55)이었던 당이 호전적 사회주의자들의 소굴로 전락한 것이다. 전 세계 좌파들을 놀라게 한 독일사회민주당의 '배신'은 민족주의의 승리와 인터내셔널의 붕괴를 의미했다. "전쟁이 발발하는 경우 자본주의적 계급 지배를 끝장내기 위해서 봉기"할 것이라고 결의했던 인터내셔널의 지도자들은 각자의 조국을 위한 애국의 길로 나섰다.

그토록 전쟁 반대를 외쳤던 독일사회민주당의 지도자들과 언론들도 하루가 멀다 하고 애국적 열정을 쏟아 내면서 독일 제국주의의 나팔수로 변신하고 있었다. 카우츠키는 현학적 논리로 사회주의의 치욕을 덮기 위해 땀을 흘렸다. 그는 이번 전쟁은 정상적 방법으로 일어나지 않았기 때문에 성격을 규명하는 것이 불가능하다고 주장했다. "원래 전쟁은 국가가 그들의 목적을 정해 놓고 선전포고를 하고 동원령을 내리는 것이다. 그러나 이번에는 전쟁하기 위해 동원령을 내린 것이 아니라 먼저 동원이 되었기 때문에 전쟁을 선포한 것이다. 그래서 전쟁의 결과가 나오기 전에는 목적이 무엇인지 결정할 수 없이 전쟁은 수행되고 있다."(Frölich: 248) 이어서 그는 인터내셔널의 해체를 언급했다. "인터내셔널은 전시에는 효과적 무기가 되지 못한다. 본질적으로 그것은 평화를 위한 도구다. 평화를 위한 투쟁은 두 가지 의미가 있는데, 전시에는 평화를 위한 투쟁, 평화 시기에는 계급투쟁이 있다." 이와 같이 사회주의자 스스로가 사회주의 이론을 내던져 버렸으며 노동자계급의 정치적 역할도 같은 길을 걷고 있었다.(Frölich: 248)

무거운 절망감에 사로잡혀 있던 룩셈부르크는 당이 붕괴하던 날 "스파르타쿠스"의 깃발을 올리고 반전 투쟁을 전개하기 시작했다. 그리고 『인터내셔널Die Internationale』이라는 대중지를 발간했는데, 검열과 탄압을 피하려고 주로 공인된 정당의 전쟁 정책을 비판하는 형식을 취했다. 그녀는 여기에 「인터내셔널의 재건」이라는 글을 발표했다.

룩셈부르크는 무엇보다도 독일사회민주당이 정치적으로 파산하여 인터내셔널이 붕괴된 사실을 비판했다.

> 1914년 8월 4일 독일사회민주당은 정치적으로 파산하고 동시에 사회주의 인터내셔널은 붕괴했다. …… 이러한 인터내셔널의 붕괴는 그 어떤 역사에서도 예를 찾아볼 수 없다. …… 사회주의인가 제국주의인가? 이 양자택일이야말로 과거 십 년간 노동자당의 정치노선을 집약하는 것이다.(GW 4: 20)

그동안 사회주의와 제국주의의 양자택일을 놓고 수많은 노력을 기울인 결과 사회민주주의라는 정치적 방향을 잡았으나, 막상 현실에서 사회민주주의는 한 번 싸워 보지도 못하고 제국주의에 밀려난 것이다.

그녀의 칼끝은 카우츠키를 겨냥했다. 카우츠키가 인터내셔널은 전시의 무기가 되지 못한다고 선언하여 인터내셔널을 파멸시켰다는 것이다. '평화 시기에는 계급투쟁이 각 국가 안에서 무엇보다도 중요하고 국제적으로는 연대성을 지녀야 하지만 전시에는 국내에서 계급들의 공동 협조가 무엇보다 중요하며 다른 나라의 노동자들과는 투쟁해야 한다'라는 카우츠키의 표현에 따르면 『공산주의 선언』의 세계사적 호소가 다음과 같이 바뀌어야 한다는 것이다. '만국의 노동자여 평화 시기에는 단결하라! 그러나 전시에는 서로 목을 물어뜯어라!' 지금은 '모든 러시아인은 쏘아 죽이고 모든 프랑스인은 밟아 버려라!'라고 외치다가 전쟁이 끝나면 우리 이제 부둥켜안고 세계의 노동자들이여 함께 입 맞추자! 인터내셔널은 원래 평화 시기의 무기이지 전시에는 쓸모없는 것이었다'고 말하는 꼴이라는 것이다.(GW 4: 25)

룩셈부르크는 인터내셔널을 재건하자고 했다. 전쟁이 끝난 이후 인터내셔널을 계급투쟁 조직으로 건설해야 한다는 생각은 부질없는 짓이며, 전쟁을 수행하고 있는 과정이라도 계급투쟁에 확고하게 바탕을 둔 인터내셔널이 재건되어야 한다는 것이다.

> 8월 4일의 붕괴에는 다음과 같은 엄청난 역사적 교훈이 있다. 평화를 보장하는 유일한 길이며 전쟁을 막기 위한 유일한 방파제는 지배계급이 선언하는 충성심과 교묘하게 조작된 법규 및 이상주의적 꿈이 아니라, 확고하게 노동자계급의 정책을 추구하려는 정열적 의지와 제국주의의 폭풍우를 뚫고 전진하는 충성스럽게 고양된 국제 노동자계급의 연대성이다. 이것은 양자택일을 요구한다. 베트만-홀베크냐 리프크네히트냐? 제국주의냐 아니면 맑스가 정립한 사회주의냐? (GW 4: 30-31)

그녀는 이 글 끝에서 다시 한 번 독일사회민주당이 근본적으로 패배한 원인을 분석하고 인터내셔널의 부활에 대한 자신의 의지를 표현했다.

> 맑스에게는 날카로운 역사 분석가, 대단한 혁명가, 사상가, 행동하는 사람 들이 불가분의 관계를 맺고 있듯이, 맑스주의는 사회과학으로서 근대 노동자운동의 역사에서 최초로 이론적 인식과 프롤레타리아의 혁명적 행동을 결합하는데, 이를 통해 인식과 행동이 상호 의존하며 풍부해질 것이다. 이 두 가지는 동등하게 맑스주의의 가장 깊은 본질을 이루는 것이며, 서로 분리된다면 그것은 맑스주의를 비참하고 익살스러운 모습으로 바꾸어 버릴 것이다. 독일사회민주당은 반세기 동안 맑스주의의 이론적 인식에 관해서 가장 풍부한 과실을 수확하고 그 영양분으로 강력한 몸을 갖게 되었다. 독일사회민주당은 사회과학자의 예리한 분석으로 예언된 거대한 역사적 시련에 직면하여 노동자계급 운동의 두 가지 요소의 역사를 이해할 뿐 그 역사를 창출하는 정열적 의지가 완전히 결여 되었다는 것을 반증했다. 독일사회민주당은 모범적인 지적 수준과 조직력에도 불구하고 역사적 사건의 소용돌이에서 키가 유실된 난파선처럼 제국주의라는 풍랑에 밀려 사회주의라는 구원의 섬을 향해 안전한 항해를 하지 못했다. …… 이것은 자본주의의 지배에서 인류의 해방을 곤란하게 하고 지연시킨 일차적인 세계사적 붕괴다. …… 그

러나 인터내셔널은 반드시 부활할 것이다. 프롤레타리아의 이해관계에 부합하는 평화는 이룩될 것이며, 이것은 프롤레타리아의 냉철한 자기비판과 자신의 정치권력에 대한 자각을 통해서만 가능하다. 이러한 프롤레타리아의 정치권력의 길은 평화로 가는 길이며 인터내셔널 부활의 길인 것이다.(GW 4: 31-32)

맑스주의의 본질이 이론과 실천의 변증법적 관계에 있다는 것은 룩셈부르크가 종래부터 주장한 바다. 하지만 사회민주당의 이론적 인식이 어느 시기까지 커다란 성과를 거두었다면, 그것은 이론이 과학으로서 어느 부분까지는 독자적으로 전개될 수 있었음을 뜻한다. 그런데 이러한 이론이 실천에 의해 검증되지 않고 단순히 사실을 해석하는 데 그친다면, 이론은 결국 사회민주당의 현상만 긍정하는 보수적 역할에 머물게 된다. 따라서 지배적 맑스주의의 명확한 결함을 실천의 결여에서 찾은 그녀는 '행동하라! 실천하라!'라고 외칠 수밖에 없었다. 따라서 룩셈부르크는 사회제국주의Sozialimperialismus로 전락한 독일사회민주당의 지도자들을 비판하면서 프롤레타리아를 통해 맑스주의의 방법을 찾게 되었다. 그녀는 프롤레타리아에게 자기비판을 요구하면서 평화와 인터내셔널의 부활을 기대했다.

역사 발전의 주체

룩셈부르크는 독일사회민주당이 제국주의 전쟁에 굴복하고 인터내셔널이 패배한 현실에서 프롤레타리아의 혁명적 실천이라는 깃발을 올렸다. 그녀는 『사회민주당의 위기』에서 독일사회민주당의 '민족 방위 전쟁론'을 비판하고 제국주의 전쟁으로서의 전쟁의 필연성을 논증하면서 프롤레타리아를 역사 발전의 주체로 재인식했다.

그녀는 사회주의가 패배하게 된 원인을 분석하여 그것을 부활시키고자 했는데, 무엇보다도 프롤레타리아의 "자기비판"을 제기하고, 이것을 통해 프롤레타리아를 실천으로 전진시킨 것이다. 제국주의 전쟁과 독일사회민주당 붕괴는 카우츠키 혼자만의 책임이 아니라 프롤레타리아의 책임이기도 하다는 논리다. 프롤레타리아에게는 "역사적 경험이 그들의 유일한 스승이며, 자기해방의 길은 끝없는 고난과 무수한 잘못에서 스스로 교훈을 얻을 수 있는가에 달려 있다. 가차 없는 자기비판, 사물의 근본을 추구하는 자기비판은 노동자운동의 생명의 원천이요 생명의 불이다."(GW 4: 53)

이렇게 프롤레타리아의 자기비판을 강조하는 것은 "프롤레타리아의 실천 그 자체가 역사를 공동으로 규정하는 부분"이기 때문이다. "사회주의는 인간의 사회적 행위의 의식적 정신, 계획적 사고 또한 그것과 같이 자유로운 의지를 가져오는 것을 목적으로 하고 역사에 따라 사명을 부여할 수 있었다."(GW 4: 61) 따라서 역사를 규정하는 프롤레타리아의 실천이 사회주의와 깊게 연관되기 때문에 당연히 역사의 구성 요소로 이해하는 것이다. 그리고 역사의 규정 부분인 실천이 없는 경우 "부르주아사회는 사회주의로의 이행인가 야만으로의 역행인가라는 딜레마에 빠지게 된다." 세계대전이야말로 야만으로의 역행이라는 것이다.

그녀는 세계대전을 지난 수십 년의 역사가 집약된 것으로 이해하고, 전쟁이 폭발하게 된 직접적 이유를 두 가지 들고 있다. 하나는 자본주의국가가 형성되는 과정에서 일어난 프랑스와 독일의 전쟁(1870-1871)이고, 다른 하나는 맑스가 이미 예언한 제국주의의 발전이다. 이렇게 그녀는 자본주의 발전에 따른 정치적 사건들과 제국주의 발전으로 나타난 자본주의의 특성이 세계대전을 유발한 것으로 이해했다.

룩셈부르크는 이러한 논리의 연장선에서 제국주의를 규정했다. 제국주의의 발전은 유럽 국가들이 19세기 말에 엄청난 불황을 겪으면서 "세계의 비자본주의적 국가 및 영역으로 팽창을 기도하고 각축하면서 시작되었다."(GW 4: 77) 『자본의 축적』에서 전개했듯이 자본주의가 비자본주의적 영역의 획득 경쟁으로 발전하는 것은 자본주의의 일반적 발전 경향에서 유래하는 것이며, 열강들 사이의

격한 대립이 전쟁의 발발 가능성을 잉태한 것이다.

제국주의 등장의 원인으로 인식한 다른 한 가지는 세계대전을 현실화시킨 독일 제국주의의 등장이다. 독일 제국주의가 세계시장의 재분할을 지향하는 것으로 규정한 것은 자본의 일반적 성격에 따른 것이지만, 특히 독일 제국주의는 자본축적의 독자적 형태인 카르텔과 금융 집중을 통해 국가권력을 지배함으로써 한층 강력하고 제한 없는 팽창 능력을 지닌 국가로 변화되었다. 룩셈부르크는 독일 제국주의가 모든 국가의 대립을 첨예화시키게 된 것은 자본의 지배 아래 들어온 국가권력을 통해 한층 팽창하게 된 자본의 특성과 이미 분할이 끝난 세계시장에서 독일 제국주의가 재분할을 요구한 것 때문이라고 지적했다.(GW 4: 78)

이렇게 그녀는 『사회민주당의 위기』를 통해 독일 제국주의의 급속한 등장을 역사적으로 확인하고, 그에 따라 세계 재분할의 각축전을 분석하여, 독일과 영국을 대립의 중심축으로 한 제국주의 전쟁의 필연성을 지적하려고 했다. 세계대전의 본질적 원인과 내적 관계를 분석한 결과는 이렇다. 첫째, 세계대전은 독일 사회민주당의 주장처럼 '민족 방위 전쟁'이 아니라 독일 제국주의의 세계정책 때문에 목적의식적으로 수행된 전쟁이다. 둘째, 세계대전은 1914년에 시작된 것이 아니라 지난 십 년 이래 모든 현상의 강력한 역사적 복합물이다.

> 제국주의는 어느 한 나라 또는 몇몇 나라의 제작물이 아니라 자본의 세계적 발전에 따른 산물이며, 본질에서 단일한 국제적 현상이고 불가분한 전체이며, 그 전체는 총체적 상호 관계를 통해서만 규명될 수 있으며, 어느 국가 하나가 여기서 빠져나갈 수는 없다.(GW 4: 137)

세계대전이 제국주의 전쟁이라는 것이고, 제국주의 전쟁은 몇몇 국가들의 정책적 의지가 아니라 자본주의의 역사적 관계에서 규정된다는 것이다. 이렇게 보면 프롤레타리아는 전략을 수립할 때 개별 국가에서 주관적 정책에 의지할 것이 아니라 역사 인식에 바탕을 두고 세계정책을 총체적으로 인식하여 대응해야 한다. 따라서 세계대전을 독일과 영국의 국가 대립으로 인식하고 민족 방위 전쟁론을 제기한 독일사회민주당은 오류라는 것이다. 그녀에게 제국주의의 세계 지배는 일시적인 역사적 필연이지만, 프롤레타리아와 인터내셔널이 제국주의적 세계 지배를 전복하는 것 또한 역사적 필연이었다. 따라서 국제 프롤레타리아는 단결하여 일어나라고 외친 것이다.

특히 그녀는 혁명 활동을 위해 「국제 사회민주당의 과업에 관한 지도 지침」을 구체적 행동 강령으로 제시하면서 프롤레타리아의 실천을 선동했다.

> 자본주의 정치질서의 최고 발전 단계이며 최후의 국면인 제국주의는 국제 프롤레타리아의 공통된 적이다. 국제 프롤레타리아가 제국주의에 대항하는 투쟁은 국내에서 정치권력을 장악하기 위한 투쟁이며, 그와 동시에 사회주의와 자본주의의 결정적 충돌을 가져올 수밖에 없다. 사회주의의 최종 목적은 국제 프롤레타리아가 대동단결하여 제국주의에 반대하고, "전쟁을 반대하는 전쟁"의 구호 아래 최후까지 자기를 희생할 수 있는 정신과 열정을 바쳐 투쟁할 때 비로소 달성될 것이다.(GW 4: 45)

룩셈부르크는 프롤레타리아의 실천으로 역사를 전망했다.

살아 있는 현실

맑스주의 역사에서 룩셈부르크의 '방법'은 일찍부터 주목의 대상이었다. 그녀의 맑스주의 '방법'은 역사적으로 상대화되어 나타나는데, 이론과 실천을 현실 인식 또는 당면 과제와 유기적으로 결합했다. 그녀는 언제나 '실천'을 중심으로 사고했지만, 이론과 실천의 관계를 창조적으로 바라보고 구체적 현실을 통해서 결합했다.

룩셈부르크의 방법적 특성을 이론과 실천으로 보면 수정주의 논쟁에서는 이론을 강조하고, 제국주의가 팽창하면서는 실천을 강조했으나, 세계대전이 일어나자 그녀는 프롤레타리아의 실천을 통해 미래를 전망했다. 이와 더불어 독일사회민주당의 역사를 세운 맑스와 라쌀레에 대한 평가도 각각의 과정에서 역사적으로 상대화되고 있는데, 맑스에서 라쌀레로 변했다가, 세계대전을 계기로 맑스와 라쌀레를 넘어서는 프롤레타리아를 주목했다.

우리 사회는 룩셈부르크에 대해 제대로 된 평가의 기회를 얻지 못했다. 그녀의 이론과 실천을 자체로 이해하고 평가하기보다는 특정한 이데올로기를 정당화시키려는 의도된 전쟁에 그녀를 '조연'으로 출전시켰다. 이런 일은 레닌주의는 물론 사회민주주의나 심지어는 부르주아 이데올로그들도 서슴없이 감행했다. 다만 역사적 사회주의가 붕괴한 이후 룩셈부르크는 때 아닌 '르네상스'를 맞이한 것처럼 보인다.

이러한 흐름은 무엇보다도 반反레닌주의적 흐름을 반영한 것처럼 보이는데, 레닌과 그녀의 논리에 대한 평가는 차치하더라도 이론과 실천, 맑스와 라쌀레, 맑스주의의 위기 등에 대한 룩셈부르크의 대응은 우리의 인식 지평을 넓혀 줄 수 있을 것이다.

물론 우리의 맑스주의 지형은 이론과 실천 모두 빈곤하고 초라하다. 하지만 그녀의 방법에 따르면, 우리의 현실에 대한 깊은 통찰이 우선 과제이며, 이러한 인식을 바탕으로 역사를 풍성하게 만들 수 있는 이론과 실천을 만들어 가야 할 것이다. 이론은 지식인의 몫이고 실천은 활동가의 몫이라는 식으로 이론과 실천이 유리되고 있는 현실의 장벽을 넘어야 하며, 우리의 사회 발전을 담지 못한 이론과 실천 역시 경계해야 할 것이다. 우리를 맑스주의로 인도하는 것은 맑스도 아니고 혁명도 아닌 우리 앞에 놓인 생생한 현실일 뿐이다.

룩셈부르크는 역사의 발전을 머릿속으로만 설계하거나 또는 손끝으로만 가리킨 것이 아니라 구체적 현실로 사고하고 행동했다. 이러한 과정에서 그녀는 부당하게 기계적 유물론자 또는 정반대로 주의주의자라는 평가를 받기도 했지만, '무오류의 권위'에 굴복하지 않고 노동자계급에 대한 끝없는 애정과 깊은 신뢰를 바탕으로 맑스주의 역사에 우뚝 서 있는 것이다. 그녀의 맑스주의 방법의 한가운데는 언제나 프롤레타리아가 있었다.

인간은 자신의 의지에 따라 역사를 만드는 것은 아니다. 그렇지만 인간은 역사를 만든다. 프롤레타리아의 주체적 행동은 사회 발전의 정도에 의존한다. 그러나 사회 발전은 프롤레타리아와 동떨어진 채 일어나는 것이 아니다. 프롤레타리아는 사회 발전의 산물이자 결과인 동시에 그것의 동력이며 원인이다.(GW 4: 61)

참고 문헌

강철구, 『독일사회민주당의 이념투쟁과 개혁주의(1890-1914)』, 서울대학교 박사 학위 논문, 1988년.
R. 룩셈부르크, 김경미·송병헌 옮김, 『사회개혁이냐 혁명이냐』, 책세상, 2002년.
이갑영, 「로자 룩셈부르크의 자본주의론」, 『경제학의 역사와 사상』, 제4호, 한국경제학사학회, 2001년.
_____, 「로자 룩셈부르크의 볼셰비키 비판」, 『비교경제연구』, 제8권 제2호, 한국비교경제학회, 2001회.

E. Bernstein, Die Voraussetzungen des Sozialismus und die Aufgaben der Sozialdemokratie, Stuttgart, 1899.
P. Frölich. Rosa Luxenburg-Gedanke und Tat, Frankfurt/M, 1967.
H. Grebing, Geschichte der deutschen Arbeiterbewegung, München, 1981.
Rosa Luxemburg, Parteitag der Sozialdemokratie 1898 in Stuttgart, GW1/1, 236-241.
_____, Soztaleform oder Revolution?, GW 1/2, 367-466.
_____, Aus dem Nachlaß unserer Meister, GW 1/2, 148-158.

_____, Stillstand und Fortschritt im Marxismus, GW 1/2, 363-368.

_____, Karl Marx, GW 3, 178-184.

_____, Nach 50 Jahren, GW 3, 208-211.

_____, Der Wiederaufbau der Internationale, GW 4, 20-32.

_____, Die Krise der Sozialdemokratie, GW 4, 43-164.

_____, Die Akkumulation des Kapitals, GW 5, 5-411.

_____, Die Akkumulation des Kapitals order Was die Epigonen aus der Marxschen
Theorie gemacht haben Eine Antikritik, GW 5, 415-523.

제3장
한국에서 로자 룩셈부르크의 수용과 『자본의 축적』

장시복/ 목포대학교 경제학과

1. 머리말

"책들은 자신의 운명을 가지고 있다."* 라틴어 문법학자이자 작가였던 테렌티아누스 마우루스Terntianus Maurus가 한 말이다. 그런데 로자 룩셈부르크는 『자본의 축적Die Akkumulation des Kapitals』을 비판한 사람들을 반박하며 내놓은 「비판에 대한 반비판: 『자본의 축적』 또는 아류들이 맑스 이론으로 무엇을 만들었는가?」(이하 「비판에 대한 반비판」)에서 이 말을 첫 문장으로 썼다. 지금 시점에서 보면, 이 말은 그의 파란만장한 생애를 압축해 보여 주는 것이며, 출간 이후 『자본의 축적』이 겪어야 했던 운명을 예언하는 듯이 보인다.

룩셈부르크는 1871년 5월 3일 폴란드에서 태어났다. 스위스 취리히에서 폴란드의 산업 발전을 분석한 박사 학위논문을 썼으며, 1898년 독일 사회민주당 슈

---

* 완전한 문장은 "pro captu lectoris habent fata sua libelli"다. 우리말로 옮기면, "독자가 어떻게 읽는가에 따라 책은 운명을 달리한다."

투트가르트 전당대회에서 공식 등장해, 사회민주주의와 공산주의 운동의 지도자로 활약했다. 혁명가로서 그는 에두아르트 베른슈타인의 수정주의를 반박했고, 사민당의 우경화에 맞서려 칼 리프크네히트와 스파르타쿠스연맹을 결성해 전쟁에 반대하고 국제 사회주의 운동에 몸 바쳤다. 그의 삶을 더 연극같이 만든 사건은 1919년 1월 15일에 일어났다. 이날 밤 그는 의용군에 체포돼, 총의 개머리판으로 머리를 강타 당한 뒤 사살되어, 국경 수비 운하 속으로 던져지는 비극적인 최후를 맞았다.[*]

룩셈부르크의 생애가 비극적이었듯이, 그가 쓴 『자본의 축적』의 운명도 순탄치 않았다. 사민당 정통파는 이 책을 맑스주의의 창시자인 맑스와 자신들에 대한 도전으로 인식했다. 이 책이 나왔을 당시, 사민당 주류 이론가들은 맑스의 이론에는 오류가 없으며 이 이론을 독일의 현실에 적용하면 된다는 완강한 교조주의의 태도를 보였다. 나아가 사민당이 우경화하고 전쟁에 찬동하는 상황에서, 이에 반대하던 룩셈부르크에 대한 공격은 이론 차원을 넘어 정치 공세의 성격을 띠었다.

그런데 이런 비극적 운명만으로 룩셈부르크 사상의 진면목을 온전히 이해하기는 어렵다. 더욱이 그의 대표 저작인 『자본의 축적』이 2013년에서야 한국어로 번역된 사정을 감안한다면,[**] 우리가 그의 사상을 제대로 다루고 정확하게 평가하고 있다고 말하기는 어렵다.[***] 이런 문제의식에서 이 글은 한국에서 룩셈부르크의 수용의 역사를 다루고, 그의 대표 저작인 『자본의 축적』의 핵심 내용과 이 책을 둘러싼 주요 논쟁을 소개한다. 이 글이 그의 사상을 온전하게 다루었다고 할 수

---

[*] 룩셈부르크의 생애는 Gallo(2000)를 보라.
[**] 『자본의 축적』은 일본에서는 1928년에 번역되었고 1934년 다른 번역본이 출판되었다. 영미권에서는 1951년에 번역본이 출간되었다. 독일어 원전을 판본으로 한 『자본의 축적』의 한국어 번역본은 저작이 나온 지 100년 만에 나온 것이다.
[***] 이 말에는 한 가지 예외를 두어야 할 것이다. 한국에서 룩셈부르크를 깊이 있게 다룬 이갑영 교수의 연구가 있기 때문이다. 그는 1991년 『로자 룩셈부르크의 자본축적이론』이라는 박사 학위논문을 쓴 뒤, 꾸준히 룩셈부르크를 다룬 연구를 내놓았다. 그의 노력으로 우리는 룩셈부르크 사상의 진면목을 체계를 갖춰 이해할 수 있게 되었다. 이갑영 교수의 연구 성과는 이 글의 끝에 부록으로 제시한 "로자 룩셈부르크 관련 주요 국내 문헌"을 보라.

는 없지만, 이 글은 그의 사상을 이해하려는 사람들에게 하나의 길라잡이 노릇을 할 수 있을 것이다.

2. 한국에서 로자 룩셈부르크의 수용

오늘날 한국에서는 룩셈부르크를 '비운의 사회주의 여성 혁명가' 정도로 알고 있는 사람이 많다. 그렇지만 일제강점기 이후 격변의 한국 역사에서 그의 사상이 어떻게 받아들여졌는지를 살펴보면, 그가 한국에 끼친 영향을 이해할 수 있으며, 그 수용이 한국의 시대 과제와 밀접한 관련이 있음을 알 수 있다.

1) 일제강점기

문헌상 한국에서 룩셈부르크를 언제부터 다루었는지를 정확하게 알 수는 없다. 그렇지만 찾을 수 있는 문헌상 가장 먼저 룩셈부르크를 다루고 있는 것은 1924년 4월 1일 『개벽』 제46호에 실린 「칼 리북네히트와 로샤 룩셈뿌르그를 追想함, 第7週紀念祭를 마즈면서」라는 기사다.* 이 기사는 리프크네히트와 룩셈부르크의 삶을 상세하게 소개하고 이들의 제국주의에 맞선 투쟁과 국제주의 노선에 경의를 표하며, 일제강점기 청년들이 이들의 정신을 기려야 한다고 강조했다.**

---

* 룩셈부르크가 1919년에 죽은 사실로 볼 때, 1924년이 "제7주기념제"라는 표현은 이상하다. 그리고 1925년 『동아일보』 기사는 그해의 추모식을 여섯 번째 것으로 기록했다. 이로 미루어 볼 때, 이 표현은 이 기사를 쓴 기자의 오해로 보인다.

** 기사의 핵심 내용은 이렇다. "獨逸共産主義의 깃대인 칼·리북네히트와 로사·룩셈부르그는 '無産者에게는 조국이 업다. 無産者의 조국은 오즉 國際社會主義運動이 잇슬 뿐이라'고 부르지즈며 '전쟁에 대한 전쟁'을 일흐키게 되엿습니다. 그리하야 칼과 로사는 마참내 싸대만 政府의 毒刃에 그 최후를 鮮血로 씀게 되니 때는 1919년 1월 15일— …… 讀者諸君! 이제 나로 하야금 이 兩個의 國際主義의 거대한 기념탑을 위하야, '第三인터내슌날의 最善의 대표자'를 위하야 용감하고 强烈한 反軍國主義的 정신과 國際社會主義運動으로 일관된 그들의 피 칠

또한 1925년에는 리프크네히트와 룩셈부르크를 기리는 강연회가 열렸다. 1925년 1월 13일 자 『동아일보』는 "신흥청년동맹新興靑年同盟에서 칼 리프크네히트와 룩셈부르크의 '순직' 6주기를 맞아 1925년 1월 15일 경운동 천도교당에서 강연회를 가진다"라고 보도했다.* 그 뒤에도 추모 행사는 이어졌으나, 일제는 행사를 금지했다.**

이 기사 내용으로 볼 때, 룩셈부르크는 한국 공산주의 운동에서 주요 인물로 기억되었던 듯하다. 예를 들어 『중외일보』는 1928년 1월 15일부터 18일까지 송정순이 쓴 「로자를 추억함」이라는 연재 기사를 냈다. 또한 1929년 1월 15일, 중국한인청년동맹 상해지부 집행위원회에서는 리프크네히트와 룩셈부르크의 순난 기념일에 「선전문」을 발표하기도 했다.***

한편, 1920년대부터 한국에 맑스주의가 본격 수용되면서 룩셈부르크를 다룬 학문 논의가 있었다. 대표적으로 박문규는 1929년 자신의 법문학부 졸업 논문으로 『資本蓄積理論小考』를 썼다.**** 이 논문에서 그는 룩셈부르크의 자본축적 이론과 니콜라이 부하린의 이론을 중심으로 당대 모순의 근원인 자본주의와 제국주의를 분석하며, 당시 조선 문제를 이해하는 데 필요한 전제 조건을 탐구했다(이수일, 1996).

한 歷史를 諸君압헤 展開케 하라."

* 이 강연회에서는 박헌영의 '반군국주의운동과 청년', 김찬의 '국제청년운동과 칼 리프크네히트', 김은곡의 '로자를 추도함', 박순직의 '스파르타쿠스단과 독일혁명', 이병립의 '칼, 로자의 순직 실보實報', 민태흥의 '1월 15일'등의 강연이 있었다.

** 1928년 1월 15일 자 『중외일보』는 "「칼」, 「로자」의 순절 기념 금지, 신흥청년위원에서 기념을 토의하다가 금지, 금 십오일이 순절 기념"이라는 기사를 냈다.

*** 선전문의 주요 내용은 이렇다. "1월 15일은 세계 혁명청년의 선구자로서, 또 반제국주의 운동의 우수한 창시자이며, 독일 무산대중의 진정한 지도자인 칼 리프크네히트와 룩셈부르크의 殉難 기념일이다. 그들이 횡포한 카이젤의 전제 정치하에서 어떻게 용감하게 싸웠는가? 우리들은 그의 이론과 행동을 표본으로 하자."(국사편찬위원회 한국사데이터베이스)

**** 박문규는 1906년에 태어나 1930년 경성제국대학 법과를 졸업했다. 대학 재학 중 독서회인 '경제연구회'에 참가해 맑스주의 관계 서적을 탐독했으며, 그 뒤 당시 식민지의 사회경제 구조를 과학에 근거를 두고 분석하려 했다. 1948년 월북한 뒤 초대 내각의 농림상이 되었으며, 최고인민회의 상임위원화 서기장을 맡았다. 주요 저작으로는 『朝鮮土地問題論考』(1946년)가 있다.

또한 백남운은 룩셈부르크의 과소소비 이론을 비판했다. 그는 1930년대 전반 대공황기의 제국주의는 '일반적 위기' 단계에 접어들었다고 파악하며, 자본의 유기적 구성의 고도화에 따른 자본축적의 불균등 이론, 과잉생산 이론에 근거를 두고 공황을 분석한다. 이에 따라 그는 공황의 원인을 소비 부족에서 찾는 '과소소비 이론'을 부정한다. 그러면서 그는 "룩셈부르크의 경제학을 생산, 교환, 분배, 소비를 평면화한 '사원론四元論'이라 하여 생산 중심의 일원론적인 맑스주의와 구분"한다(방기중, 1992: 188).[*]

일제강점기의 룩셈부르크의 사상은 일본 제국주의를 타파하기 위한 방편으로 당대의 자본주의와 제국주의에 대한 이론적 · 실천적 분석 차원에서 수용되었다. 또한 1930년대 세계대공황을 겪으며 세계자본주의의 모순을 직시하고 이를 한국의 상황을 타파하는 데 활용하는 과정에서 그의 논의를 검토했다. 그러나 당시 그를 다룬 분석은 지엽적인 수준에 머물러 있었다고 평가할 수 있다.

2) 1980년대 민주화 투쟁 시기

지엽적인 수준이었지만 일제강점기의 룩셈부르크 수용은 해방과 좌우 대립, 한국전쟁과 군사독재 정권의 등장으로 더 이상 진전을 보지 못했다. 그나마 1952년 조안 로빈슨Joan Robinson의 『케인스 경제이론의 일반화』라는 책에서 룩셈부르크의 이론을 소개했으며, 1964년 이헌구 · 김성근이 편역한 책에서 룩셈부르크의 생애가 다루어졌을 뿐이다.

1980년대 들어 민주화의 요구가 분출하며 반독재 투쟁이 강화되고, 급기야 1987년 6월항쟁이 일어나자 룩셈부르크의 사상은 적극 수용되었다. 당시의 수용은 크게 세 영역에서 이루어졌다. 첫째 영역은 그의 생애나 인물평을 소개하

---

[*] 이와 관련해 1935년 6월 13~23일에 『동아일보』에 실린 「'뉴딸'의 전망」에서 백남운은 뉴딜의 본질을 분석하며 과소소비 이론을 이렇게 비판했다. "'뉴딸'의 경제이론의 기초는 '소비부족설'이다. …… 이것을 요약하면 자본가의 소유생산물을 직접생산자인 근로대중에게 소비시키기 위하야 '신배분'을 기도하는 것이니 '뉴딸'은 실로 '소비'와 '분배'의 '혼형종'으로 순수한 자본주의의 '생산성'을 교정한다는 것은 완전한 기만이다"(백남운, 1935: 262).

는 것이었다. 『바람과 불꽃의 여자들』(1985년), 『영원한 여성 로자 룩셈부르크』 (1986년)가 대표적이다. 대체로 이 책들은 그의 생애를 연대순으로 정리하고 '비운의 여성 혁명가'로서 그를 부각시키는 데 중점을 두었다.

둘째 영역은 룩셈부르크의 '정치'투쟁을 강조하는 것이다. 이와 관련된 글들은 그의 정치사상을 소개하며 당시의 시대 과제인 민주화 투쟁에 필요한 실천적 함의를 끌어내려고 했다. 『로자 룩셈부르크의 사상과 실천』(1984년)*, 『대중운동 세미나』(1985년), 『사회주의와 민족주의』(1989년) 등의 저작과 사민당 내 투쟁과 관련한 박호성의 논문(1983), 정치사상을 평가한 전석용의 논문(1987)이 대표적이다.

셋째 영역은 룩셈부르크의 경제 이론을 분석한 연구다. 1983년 『신동아』에는 『자본의 축적』을 소개하는 글이 보도되었고, 외국학자들의 책을 번역한 것이지만 클리프(Cliff, 1959)는 룩셈부르크의 확대재생산표식을, 브루어(Brewer, 1980)는 제국주의 이론을 다루었다. 또한 한센(Hansen, 1985)은 룩셈부르크의 자동 붕괴 이론을 비판했다. 그 밖에 연구 논문도 출간되었다. 예를 들어 김삼수(1982)는 룩셈부르크의 재생산표식을 로빈슨 것과 비교한 논문을 발표했고, 김수행 (1990)은 과소소비 이론을 비판한 논문을 발표했다. 또한 학위 논문도 나와서 최은혜(1987)는 룩셈부르크의 제국주의를 분석한 석사 학위논문을 제출했다.

1980년대 룩셈부르크의 수용은 그의 생애를 소개하고 제국주의와 사민당 주류에 맞서 투쟁을 전개한 혁명가로서 그를 조명하며, 이를 1980년대 한국의 상황에 실천적으로 적용하는 데 초점을 두었다. 그러나 그의 이론을 검토하기는 했지만, 전체적으로 논의를 소개하고 비판하는 수준에 머물렀다.

---

* 이 책은 룩셈부르크를 다룬 최초의 체계를 갖춘 연구로, 그를 다룬 맑스주의 연구로는 가장 우수하다는 평가를 받았다(이갑영, 1993: 22).

3) 1990년대 이후 로자 룩셈부르크 사상의 수용 확대

1990년대 이후에도 룩셈부르크의 수용은 더욱 확대되었고 연구도 점차 심화되었다. 룩셈부르크의 생애에 중점을 둔 저작들은 1990년대 들어 단행본으로 출판되었다. 예를 들어 히르슈(Hirsch, 1969), 갈로(Gallo, 2000)은 룩셈부르크의 생애와 사상을 조명했고, 이를 통해 단편적으로 알려졌던 그의 생애를 풍부하게 이해할 수 있게 되었다.

무엇보다도 1990년대 이후 룩셈부르크의 수용에서 중요한 점은 그의 원전이 번역되었다는 점이다. 1989년 그가 러시아혁명을 평가한 『러시아혁명』이 출간된 뒤, 1995년에는 『대중파업론』, 2002년에는 베른슈타인의 수정주의를 비판한 『사회 개혁이냐 혁명이냐』가 번역되었다. 그리고 급기야 2013년에는 그의 대표 저작인 『자본의 축적』이 번역되기에 이르렀다.

학계에서도 룩셈부르크를 다룬 연구가 여럿 나왔다. 1991년, 이갑영은 『로자 룩셈부르크의 자본축적이론』으로 박사 학위를 받았고, 그 뒤 그의 정치사상과 경제사상을 다룬 여러 논문을 제출했다. 또한 룩셈부르크의 정치철학, 민주주의와 사회주의 문제, 민족문제, 혁명적 실천, 러시아혁명에 대한 평가, 평의회 운동 등을 다룬 다양한 논문이 나왔다. 그의 경제사상과 관련해서도 제국주의 이론, 자본축적 이론, 확대재생산표식의 문제점, 공황에 대한 인식, 과소소비 이론과 관련한 심도 있는 논의가 이루어졌다.

1990년대 이후 룩셈부르크의 연구는 1980년대와 비교할 수 없을 정도로 확대·심화했다. 그의 생애를 다룬 글이 여전히 많았지만, 그의 사상 전반을 여러 각도에서 조망해볼 수 있는 연구들이 나왔다. 게다가 그의 주요 저작이 번역되면서, 그의 사상을 깊이 연구할 수 있는 토대를 닦았다. 특히 그의 대표 저작인 『자본의 축적』의 한국어 번역본 발간은 한국에서 룩셈부르크 수용과 관련해 역사에 남을 일로 기록할 만하다.

3. 『자본의 축적』은 무엇을 말하려 하는가

1) 『자본의 축적』의 구성과 목적

『자본의 축적』은 방대한 분량이지만 구성은 간결하다. 이 책의 제1부는 맑스의 재생산표식의 의의를 정리하면서 이 표식이 부닥친 어려움을 드러낸다. 제2부에서는 "문제의 역사적 서술"이라는 제목을 달고 재생산을 두고 벌어진 세 차례의 논쟁, 곧 ① 시스몽디-맬서스와 세-리카도-매컬럭의 논쟁, ② 로트베르투스와 혼 키르히만의 논쟁, ③ 스투베르-불가코프-투간바라놉스키와 보론초프-니콜라이온의 논쟁을 검토한다. 마지막 제3부에서는 맑스의 확대재생산표식을 수정해 축적의 '역사적' 조건들을 밝히고, 자본축적은 자본주의와 비자본주의의 관계 속에서만 진행될 수밖에 없다고 강조하며, 제국주의와 군국주의의 문제를 해명한다.*

룩셈부르크는 맑스의 이론을 제국주의 이론과 결합해 제국주의에 맞서는 투쟁에 필요한 지침을 마련하려 『자본의 축적』을 썼다고 밝혔다. 이에 대해 그는 이렇게 말한다.

> 제국주의의 경제적 뿌리를 특별히 자본축적의 법칙들로부터 추론하고 이러한 법칙들과 일치시켜 설명하는 것은 의심의 여지가 없다. 왜냐하면 제국주의 일반은 통례적인 경험에 의하면 축적의 특수한 방식이기 때문이다. 하지만 『자본』 제2권에서 맑스가 전제한, 자본주의 생산이 유일하며 전 인구는 단지 자본가와 임금 노동자로 구성되는 사회를 무비판적으로 고수한다면 이것이 어떻게 가능한가? (Luxemburg, 1921: 799)

룩셈부르크는 이 책에서 자본축적의 경향을 분석하며 제국주의 이론을 구성

---

* 한국어 번역본에는 룩셈부르크의 주장을 훨씬 명쾌하게 정리한 「비판에 대한 반비판」을 추가로 실었다.

하려는 의도를 드러냈다. 이를 위해 그는 『자본』 제2권의 확대재생산표식을 다룬 맑스의 논의를 비판하고 수정해 이를 당대의 제국주의의 뿌리와 결합하려 했다(Luxemburg, 1913: 9).

2) 로자 룩셈부르크의 맑스의 확대재생산표식 수정

(1) 맑스의 확대재생산표식

룩셈부르크는 『자본』 제2권 제3편 "사회적 총자본의 재생산과 유통"에서 맑스가 다룬 확대재생산표식을 비판한다. 그런데 그의 비판을 이해하려면 먼저 맑스의 확대재생산표식을 살펴볼 필요가 있다.

맑스는 확대재생산표식을 이용해 자본주의의 총생산과정을 I부문(생산 부문)과 II부문(소비 부문)으로 나누고, 전년도에 생산한 총생산물이 어떻게 팔리고 소비되어야만 확대재생산이 가능한가를 분석한다. 이를 위해 그는 이런 가정을 도입한다. ① I부문과 II부문의 잉여가치 절반이 축적된다. ② I부문과 II부문 모두에서 불변자본과 가변자본의 비율은 5:1이다. ③ I부문과 II부문 모두에서 착취율은 100퍼센트로 유지된다(Marx, 1978). 맑스는 이런 가정들을 한 뒤 하나의 수치 예를 제시한다.[*]

I 부문(생산 부문) $5,000c\,\mathrm{I} + 1,000v\,\mathrm{I} + 1,000s\,\mathrm{I} = 7,000$

II 부문(소비 부문) $1,430c\,\mathrm{II} + 285v\,\mathrm{II} + 285s\,\mathrm{II} = 2,000$

이 표식에서 자본화의 조건은 이렇다. ① I 부문에서 불변자본과 가변자본의 비율은 5:1이므로 $s\,\mathrm{I}$에서 6분의 5인 $c\,\mathrm{I}$이 불변자본에, $s\,\mathrm{I}$에서 6분의 1인 $v\,\mathrm{I}$

---

[*] 맑스는 『자본』 제2권 제3편에서 두 개의 확대재생산표식을 제시한다. 이 가운데 룩셈부르크가 두 번째 확대재생산표식을 수정했으므로 이 글에서도 두 번째 예를 중심으로 논의를 전개한다.

이 가변자본에 추가된다. ② v I 은 똑같은 금액을 s II에서 끌어내며, II부문은 그 것으로 불변자본의 요소들을 사서 c II에 추가한다. c II가 83만큼 늘면 v II가 83의 5분의 1인 17만큼 늘어난다. 이렇게 되면 다음의 표식을 얻을 수 있다.

I 부문(생산 부문) $(5{,}000c\,I +417s\,I)c\,I +(1{,}000v\,I +83s\,I)v\,I$

II 부문(소비 부문) $(1{,}500c\,II + 83s\,II)c\,II + (299v\,II +17s\,II)v\,II$

착취율을 100퍼센트로 가정했으므로, I 부문의 잉여가치는 $1{,}083\,v\,I$ 이고 II 부문의 잉여가치는 $316s\,II$가 된다. 그러면 둘째 해에는 이렇게 확대재생산이 일어난다.

I 부문(생산 부문) $5{,}417c\,I +1{,}083v\,I +1{,}083s\,I =7{,}583$

II 부문(소비 부문) $1{,}583c\,II + 316v\,II + 316s\,II =2{,}215$

맑스의 확대재생산표식은 해리스(Harris, 1972: 505)가 적절하게 지적하듯이, "자본주의에서 상이한 생산 부문 간의 상호 의존이라는 문제와 생산된 총 가치를 여러 계급 사이에 분배하는 문제에 초점을 맞추면서 …… 경제 전체를 지배하고 있는 구조적 관계"를 보여 준다. 더욱이 확대재생산표식은 현실 자본주의의 구체적 성장 조건이나 제약 요인이 아니라 추상 수준이 높은 모형으로서 사회의 재생산과정을 증명하려는 시도로 평가할 수 있다(정운영, 1993: 186).

그런데 맑스의 확대재생산표식은 불완전한 것이다. II부문의 자본축적률과 자본팽창률, 두 부문의 성장률에서 1차 연도와 2차 연도에서 숫자의 차이가 나타나는 점에서 알 수 있듯이, 확대재생산표식에서 제시된 수치는 정확하지 않다. 이로 인해 맑스의 확대재생산표식을 수정하려는 논의가 일어났으며 이를 둘러싼 여러 논쟁과 비판이 벌어질 수밖에 없었다(김수행, 2008: 59-60).

(2) 로자 룩셈부르크의 맑스 비판

맑스의 확대재생산표식에 대한 룩셈부르크의 '일반적' 비판은 1차 연도와 2차 연도 사이의 확대재생산에서 늘어난 잉여가치는 누구에 의해 소비될 수 있는가에 초점을 맞춘다. 이에 대해 룩셈부르크는 이렇게 주장한다.

> 어려움은 아래와 같다. 즉, 잉여가치의 한 부분이 축적을 위해 자본가들에 의해 소비되지 않고 생산의 확대를 위해 자본으로 추가되어야 한다는 것이다. 이제 문제는 자본가가 소비하지 않고 노동자도 자신들의 소비를 각 생산 주기의 가변자본 액수로 완전히 충족했기 때문에 더 적게 소비할 수 있다면 이러한 추가된 생산물의 구매자가 어디에 있는가? 축적된 잉여가치의 수요는 어디에 있는가, 또는 맑스가 표현한 것처럼, 축적된 잉여가치를 지불하기 위한 화폐는 어디서 나오는가? (Luxemburg, 1913: 189)

룩셈부르크의 비판에서 핵심은 맑스의 확대재생산표식에서는 새롭게 생산한 잉여가치를 자본화하기 위해 필요한 실현의 문제가 풀릴 수 없다는 것이다. 따라서 문제의 조건은 확대재생산에 따라 추가로 생산한 상품을 수요할 사람을 필요로 하지만 "누가 자본가들에게 최종적으로 이윤의 가장 중요한 부분이 빛나는 황금으로 되는 것을 도와주기 위해 이 상품을 자본가들에게서 구매하는가?"가 된다(Luxemburg, 1921: 787).

이 구매자와 관련해 먼저 생각해볼 수 있는 대상은 노동자들이다. "이 마지막 상품 부분을 사회적 상품 더미로부터 구매하는 것이 노동자일 수 있을까? 하지만 노동자들은 자본가들이 준 임금 말고는 구매 수단을 가지고 있지 않으며, 받은 임금의 범위에서 사회적 총생산물의 일정한 부분을 취할 수 있다." 그렇다면 자본가들은? "자본가들이 노동자들로부터 짜낸 잉여가치 자체를 남김없이 탕진한다면 축적은 일어날 수 없을 것이다"(Luxemburg, 1921: 787-788).

마지막으로 맑스가 '제3의 계급'이라 부른 공무원, 군인, 성직자, 예술가 등이 있을 수 있다. 그러나 이들의 구매 수단의 "일부는 자본가계급의 주머니에서, 그리고 일부는 간접 세금 제도를 통해 노동자의 임금에서 얻는다는 것을 알 수 있다. 따라서 경제적으로 이 계층은 총자본에는 특별한 소비자 집단으로 분류되지 않는다"(Luxemburg, 1921: 790).

결국 룩셈부르크에 따르면, 맑스는 축적 과정을 자본가와 노동자만으로 이루어진 자본주의 생산양식을 가정해 설명하려 했기 때문에 추가된 잉여가치의 실현은 그의 확대재생산표식 내에서는 풀 수 없으며 자본주의 이외의 영역에서 새로운 구매자를 찾아야 한다는 것이다(Luxemburg, 1913: 539).

그런데 이런 일반적 비판, 바꿔 말해 추가적으로 새롭게 형성된 잉여가치를 실현하기가 곤란하다고 지적하는 논의를 확장해, 룩셈부르크는 맑스의 확대재생산표식을 수정하고 자신의 확대재생산표식을 구성한다. 그는 맑스가 확대재생산표식을 구성하며 세웠던 가정 가운데 두 부문의 자본축적률 50퍼센트는 유지한다. 그러나 그는 맑스가 노동 생산성 향상을 고려하지 않았다고 비판하며, 자본의 유기적 구성 고도화를 가정해 1차 연도의 6분의 1에서 7분의 1, 8분의 1, 9분의 1로 점차 유기적 구성을 높인다. 또한 잉여가치율도 매년 높여 1차 연도의 100퍼센트에서 101퍼센트, 103퍼센트, 106퍼센트로 올린다. 이런 가정을 바탕으로 그가 구성한 확대재생산표식은 〈표 1〉과 같다.

〈표 1〉 룩셈부르크의 확대재생산표식

		총공급	총수요	부족(−)/과잉(+)
1차 연도	$5,000c$ I $+1,000v$ I $+1,000s$ I $=7,000$ $1,430c$ II $+ 285v$ II $+ 285s$ II $=2,000$	−	−	−
2차 연도	$5,429c$ I $+1,071v$ I $+1,083s$ I $=7,583$ $1,571c$ II $+ 309v$ II $+ 316s$ II $=2,196$	7,000 2,000	7,017 1,983	−17 +17
3차 연도	$5,903c$ I $+1,139v$ I $+1,173s$ I $=8,215$ $1,680c$ II $+ 325v$ II $+ 342s$ II $=2,347$	7,583 2,215	7,629 2,169	−46 +46
4차 연도	$6,425c$ I $+1,204v$ I $+1,271s$ I $=8.900$ $1,790c$ II $+ 339v$ II $+ 371s$ II $=2,499$	8,215 2,399	8,303 2,311	−88 +88

* 출처: 김수행(2008: 61).

문제는 룩셈부르크의 확대재생산표식에서는 I부문에서 2차 연도에 17, 3차 연도에 46, 4차 연도에 88에 달하는 생산수단의 부족이 발생하는 동시에 II부문에서는 2차 연도에 17, 3차 연도에 45, 4차 연도에 88에 달하는 소비수단의 잉여가 발생한다는 것이다. 간략하게 말하자면 I부문에서는 공급 부족이, II부문에서는 공급과잉이 발생하는 것이다.

룩셈부르크는 I부문에서의 공급 부족은 I부문 자본가들이 자신들의 잉여가치를 더 많이 자본화한다고 가정하면 해결될 수 있지만, 이 경우 II부문에서는 공급과잉이 더 많아지게 된다고 주장한다. 이런 점에서 그는 맑스의 확대재생산표식을 수정한 자신의 확대재생산표식에서도 자본주의 내에서 생산과 소비의 불균형이 나타나며, 이 불균형에 따른 과잉은 자본주의 내에서 해결할 수 없다고 결론 내렸다.

(3) 비자본주의 외부 시장과 제국주의 문제

그렇다면 이 상황에서 II부문의 과잉된 상품은 어떻게 실현될 수 있을까? 한가지 방법은 II부문 자본가들이 이를 모두 소비하는 것인데, 이는 단순재생산으로 되돌아가는 것을 뜻하기 때문에 불가능하다. 다른 방법은 이 과잉이 팔릴 수 없다고 선언하는 것이지만 이도 타당한 것은 아니다.

결국 룩셈부르크는 이 과잉이 자본주의 이외에서 판매처를 찾아야 한다고 주장한다. 바꿔 말해 그는 맑스의 확대재생산표식의 모순, 특히 확대재생산에 따라 추가된 잉여가치의 실현의 문제를 지적하고, 이를 해결하는 방법으로 자본주의의 외부 시장인 비자본주의 영역의 필요성을 제기한다.[*]

룩셈부르크가 말하는 비자본주의 영역의 외부 시장은 "자본주의 상품을 흡수

---

[*] "명확하게 해야 할 것은 최소한 자본화되는 잉여가치와 자본주의적 상품 더미 가운데 잉여가치에 일치하는 부분이 자본주의 영역 내부에서 실현될 수 있다는 것이 불가능하며, 무조건 자본주의 영역 외부, 즉 비자본주의적으로 생산하는 사회 계층이나 사회형태에서 구매자를 찾아야만 한다는 사실이다"(Luxemburg, 1913: 583).

하고 자본주의에 생산수단 요소와 노동력을 제공하는 비자본주의적인 사회적 환경이다"(Luxemburg, 1913: 595). 여기서 비자본주의사회 환경은 전자본주의적 생산의 사회형태나 구성체 또는 국가를 뜻한다. 예를 들어 비자본주의 외부 시장은 단순상품생산을 하고 있는 수많은 수공업과 농업, 원시공동체 사회에서부터 봉건적 형태를 띤 사회다.*

룩셈부르크는 비자본주의사회를 설정하는 것은 맑스의 방법론과도 같다고 주장한다. 맑스는 세계시장이 자본주의 탄생기부터 자본축적에 중요한 기능을 해 왔다는 점을 강조한다. 자본은 더 많은 잉여가치를 얻으려는 경향이 있으며, 이를 위해 더 많은 교환 지점을 창출하려 한다. 따라서 자본이라는 개념 자체에는 세계시장을 창조하려는 경향이 내재되어 있는 것이다. 이런 맑스의 주장을 인용하며, 룩셈부르크는 자본주의적 생산과 비자본주의 환경의 경제의 상호 교류 속에서 확대재생산표식에서 제기한 추가적인 잉여가치가 실현될 수 있다고 주장한 것이다. 그는 이를 이렇게 설명한다.

> 자본주의적 생산과 비자본주의 환경은 처음부터 교환 관계가 발달할 수밖에 없었다. 이러한 교환 관계에서 자본은 지속적인 자본화를 목적으로 잉여가치를 빛나는 황금으로 실현하기 위한 가능성을 찾고, 생산의 확대에 필요한 다양한 상품을 조달하며, 마지막으로 앞의 비자본주의적 생산 형태들을 파괴함으로써 항상 새로운 무산계급화된 노동력을 추가로 획득한다.(Luxemburg, 1921: 795)

나아가 비자본주의 영역의 존재는 룩셈부르크의 제국주의 이론에서 핵심적인 기능을 한다. 룩셈부르크는 제국주의를 "아직도 비자본주의적 환경을 가진 세계의 나머지를 독차지하려고 경쟁하는 자본축적 과정의 정치적 표현"이라고

---

* 여기서 주목해야 할 점은 비자본주의 영역이 국민국가와 영토적으로 일치하지는 않는다는 것이다. 예를 들어 독일에서 농업은 비자본주의 영역으로 파악할 수 있는 것이다.

정의한다(Luxemburg, 1913: 732).* 이 정의에 따르면, 잉여생산물의 판매와 잉여가치의 자본화의 가능성을 찾고 있는 자본주의국가들은 비자본주의 문명을 자본주의 문명으로 전환하려 노력하며, 자본의 비자본주의 영역으로의 팽창은 비자본주의 세계에 대한 공격적인 대응뿐 아니라 경쟁하고 있는 자본주의국가들 사이의 적대성에서 힘과 폭력을 증가시킨다(Luxemburg, 1913: 732). 이에 따라 제국주의 국가의 식민지에 대한 수탈이 강화되고 식민지를 둘러싼 제국주의 국가들 사이의 투쟁이 격화하며 군국주의 경향이 강화된다.

그런데 룩셈부르크는 이런 논리를 극단으로 밀어붙여 자본주의의 자동 붕괴 이론을 도출한다. 자본축적이 모든 비자본주의 생산 형태를 희생으로 확장한다면, 전 인류가 실제로 단지 자본가와 임금 노동자로만 이루어져 축적이 불가능해지는 순간이 도래할 수밖에 없다는 것이다(Luxemburg, 1921: 797). 이렇게 되면 자본주의는 발전의 최종 목적지로 향하게 되며 자본주의의 최후 단계는 대재앙의 시기로 기록될 것이다(Luxemburg, 1913: 737).

4. 『자본의 축적』을 둘러싼 주요 쟁점들

『자본의 축적』은 발간 당시 맑스와 엥겔스 이후 맑스주의 역사에서 가장 중요한 책이라는 극찬을 받기도 했지만**, 사민당 정통파 대부분에게서는 혹독한 평가를 받았다. 룩셈부르크가 스스로 말했듯이, "사회민주주의 언론에 종사하는 일단의 비판가들은 내 책이 시작부터 완벽하게 잘못되었다고 선언"했는데, "이와 같은 운명은 내가 기억하는 한, 당의 문건이 존재하고부터는 누구에게도 주어지

---

* 『자본의 축적』에서 룩셈부르크는 자본주의가 비자본주의사회와 맺는 관계와 제국주의 팽창을 다룬 역사 분석을 자세하게 서술한다. 이에 따르면 자본주의는 자연경제에 대한 투쟁, 상품 경제와의 투쟁, 그리고 세계 차원에서 남은 축적 조건을 둘러싼 자본의 경쟁으로 발전했다.

** 프란츠 메링은 "로자 룩셈부르크의 『자본의 축적』은 맑스와 엥겔스가 글쓰기를 중단한 이후 지금까지 출간된 사회주의를 다룬 가장 중요한 책"(Gallo, 2000: 372에서 재인용)이라고 극찬했다.

지 않았다"(Luxemburg, 1921: 771-772).

당대의 비판을 반박하며 로자 룩셈부르크는 「비판에 대한 반비판」이라는 글로 자신의 주장을 더 명료하게 내놓았다. 그렇지만 그는 사후에 발간된 이 글만으로 비판가들의 입을 막을 수는 없었다. 이후로도 룩셈부르크의 논의에 대한 비판은 이어졌으며, 이 비판은 대체로 세 가지 측면에서 살펴볼 수 있다.

1) 로자 룩셈부르크의 확대재생산표식을 둘러싼 쟁점

룩셈부르크는 자신의 확대재생산표식이 맑스의 이론을 가장 충실하게 반영한 것이라 믿었다. 이와 달리 맑스주의자들은 그의 수정은 불필요하거나 틀린 것이라 비판했다.[*]

먼저 방법론과 관련해 제기되는 문제는 룩셈부르크가 '개별 자본'과 '사회적 총자본'을 구분한 방식이다. 룩셈부르크는 맑스의 논의를 검토하면서 『자본』 제1권의 개별 자본을 다룬 분석에서는 자본가와 노동자로만 이루어진 사회를 가정하는 것은 타당하다고 전제한다. 그는 그렇지만 "자본주의 발전의 실제적인 역사적 과정을 설명하는" 『자본』 제2권의 사회적 총자본을 다룬 분석에서는 "역사적 현실의 모든 조건을 무시하면서 자본축적을 파악하는 것은 불가능하다"라고 주장한다(Luxemburg, 1921: 800).

이 주장에서 알 수 있듯이, 룩셈부르크는 『자본』 제1권은 개별 자본을 다룬 분석으로 보고 제2권과 제3권에서야 비로소 사회관계 속에서 자본을 고찰했다고 인식한다. 또한 그는 맑스의 개별 자본을 다룬 분석은 추상 수준이 높은 모형이지만 사회적 총자본을 다룬 분석은 '역사' 현실과 관련된다고 이해한다.

그런데 로스돌스키(Rosdolsky, 1977: 114)가 지적하듯이, 맑스는 『자본』 제1

---

[*] 당시의 비판가들, 특히 오토 바우어는 룩셈부르크의 주장과는 달리, 비자본주의 영역을 상정하지 않고 자본주의가 자본가계급과 노동자계급으로만 구성되더라도 확대재생산의 문제가 해결될 수 있음을 자신이 구성한 확대재생산표식으로 입증하려 했다(Howard and King, 1989: 115-120). 룩셈부르크는 「비판에 대한 반비판」에서 바우어의 논의를 조목조목 반박했다.

권에서도 개별 자본과 총자본의 범주를 대조시키고 있으며, 오히려 주요 차이는 "『자본』 제1권과 제2권은 '자본 일반'에 대한 분석에서 벗어나지 않은 반면, 제3권은 이러한 한계를 넘어서서 '다수의 자본'과 이들 상호 관계에 대한 분석과 '실재성 속에서의' 자본에 대한 분석으로 이행하고 있다"는 점이다. 따라서 그에 따르면, 룩셈부르크는 '개별 자본'과 '자본 일반'을 구분하지 못하고 '자본 일반'을 '사회적 총자본'으로 환원하는 오류를 범했다.

게다가 맑스의 확대재생산표식을 다룬 분석은 그 자체로 추상적인 기본 형태만을 묘사하려 했다는 점에서 룩셈부르크가 확대재생산표식을 자본주의의 역사적 실제로 파악하는 것은 문제가 있다. 바꿔 말해 룩셈부르크는 "'순수한 자본주의'라는 추상이 맑스의 방법론에서 수행하는 기능을 오해"해 "방법론적 가설을 자본주의의 현실로 치환하는 방법론적 오류를 범한 것이다"(Rosdolsky, 1977: 116-117; 박성수, 1991).

또 다른 비판으로는 룩셈부르크가 자신의 확대재생산표식을 구성하면서도 단순재생산을 계속 가정했다는 지적이 있다.* 스위지(Sweezy, 1942: 287)가 지적하듯이, 룩셈부르크는 노동자들의 소비가 잉여가치를 조금도 실현시키지 못한다는 가정에 의문을 가지지 않았다. 그러나 이 가정은 "노동자들의 소비도 단순재생산에서처럼 언제나 고정불변의 상태로 유지돼야 한다는 의미를 가진다." 그렇지만 축적은 가변자본의 증가를 수반하며, 노동자가 증가한 가변자본을 지출하면 그 가변자본은 잉여가치 가운데 소비재라는 물리적 형태를 취하고 있는 부분의 일부를 실현시킬 수 있다.

또한 Ⅰ부문이 축적을 이끈다는 다음과 같은 룩셈부르크의 주장도 비판을 받았다. "축적은 Ⅰ부문에서 시작되며, Ⅱ부문은 단지 Ⅰ부문의 운동을 뒤따른다. 더 나아가 축적의 범위는 오로지 Ⅰ부문에서 결정된다."(Luxemburg, 1913: 150)

---

* 이 지적은 부하린에서 나온 것이다. 그는 룩셈부르크를 비판한 책 『제국주의와 자본의 축적』(1924년)에서 이렇게 말한다. "논리적 증명을 할 때 그 시작 지점에서 확대재생산을 배제한다면 그 끝 지점에서 확대재생산을 사라지게 만드는 것은 당연하다. 이것은 단순한 논리적 오류의 단순재생산에 해당하는 문제일 뿐이다."(Sweezy, 1942: 288에서 재인용)

그리고 그 이유와 관련해 룩셈부르크는 자본주의적 생산이 인간의 필요와 욕구를 충족시키는 것을 목적으로 하지 않기 때문에 자본주의에서는 II부문이 아니라 I부문이 선도적인 노릇을 수행한다고 주장한다.

그렇지만, 김수행(2008: 65)이 적절하게 지적하듯이, 자본주의적 생산이 인간의 필요 욕구를 충족하는 데 있지 않다는 말은 자본주의적 생산이 소비재의 생산에 부차적인 관심을 가진다는 것이 아니라 자본주의적 생산의 추진 동기가 이윤 획득에 있다는 점을 강조한 것이다. 따라서 룩셈부르크의 주장은 I부문이 선도적인가 II부문이 선도적인가를 해명하는 데는 별다른 도움이 되지 못한다.[*]

무엇보다도 룩셈부르크의 확대재생산표식과 관련해 가장 중요한 비판은 자본축적의 동력이 소비 수요에서 나와야 한다는 전제와 관련된다(Clarke, 1994: 77). 그의 확대재생산표식에서도 드러나듯이, 확대재생산은 비자본주의 영역에서 이루어지는 과잉된 상품의 소비로 가능해진다. 그러나 이 생각은 자본축적의 동력을 이윤으로 보는 맑스의 생각과 완전히 다른 것이다.[**]

2) 비자본주의 영역 설정의 문제

두 번째 쟁점은 룩셈부르크가 맑스의 확대재생산표식에서는 해결될 수 없는 추가적인 잉여가치의 실현을 외부 시장인 비자본주의 영역과 관련지은 것이다. 그는 비자본주의 영역을 자본-임노동의 자본주의 관계와는 구분되는 전자본주의사회형태로 본다.

그런데 문제는 자본주의 영역과 비자본주의 영역의 교환과 관련해 발생한다. 이와 관련해 브루어(Brewer, 1980: 86-87)는 확대재생산으로 새롭게 추가된 잉여가치가 자본주의 체제 내에서 교환될 수 없다면 비자본주의 영역에서 획득되어

---

[*] 나아가 김수행(2008: 65)은 I부문의 선도성을 비판하는 로빈슨(Robinson, 1965), 로스돌스키(Rosdolsky, 1977), 블리니(Bleaney, 1976)를 언급하며 맑스의 재생산표식에서 I부문과 II부문은 완전히 중립적이라는 점을 강조한다.
[**] 룩셈부르크의 과소소비 이론에 대한 비판은 김수행(2006)을 보라.

야 한다는 점을 인정한다. 그러나 그는 이렇게 룩셈부르크를 비판한다. "비자본제 지역에 용광로, 기계 공구, 철광석, 컴퓨터 등을 판매하는 사람이 있거나, 부하린이 역설적으로 제의한 대로 자본가가 우선 이러한 상품을 비자본제 지역의 구매자에게 팔고 나서 다시 그것을 구입해야 한다. 이 둘 다 명백히 불합리하다."

게다가 문제는 룩셈부르크가 비자본주의 영역의 생산자와 교환되어야 하는 부분이 잉여가치 중에서도 재투자될 부분이라고 주장하는 점이다. 이에 대해 스위지는 이렇게 말한다.

> 비자본주의 소비자들에게 상품을 파는 것은 동시에 그들로부터 무언가를 사지 않고는 가능하지 않다. 적어도 자본주의 순환 과정에서는 잉여가치가 그런 식으로 처분될 수 없으며, 기껏해야 잉여가치의 형태가 바뀔 수 있을 뿐이다. 비자본주의 환경으로부터 '수입'되는 상품은 누가 사게 되는가? 이를 원리상의 문제로 보면, '수출'되는 상품에 대한 수요가 없다면 '수입'되는 상품에 대한 수요도 마찬가지로 없을 것이다. 이런 맥락에서 '자본주의' 소비자들과 '비자본주의' 소비자들을 구별하는 것 자체가 타당하지 않다. …… 그것은 자본주의의 붕괴가 다가오고 있음을 증명하는 데 그치지 않고 자본주의 자체가 불가능함을 증명하게 된다.(Sweezy, 1942: 288-289)

이처럼 자본주의와 비자본주의 영역의 교환에서 발생하는 문제점을 지적한 것 외에도, 룩셈부르크는 비자본주의 영역을 설정하기는 하지만 자본주의 영역과의 차이점이나 이 영역 내부의 상호작용에 대한 해명은 충분하지 않았다는 점도 주목된다. 브루어(Brewer, 1980: 91)가 지적하듯이, 룩셈부르크가 제시한 비자본주의 영역은 지역적 자급자족과 직접 소비를 위한 생산 체계인 '자연경제'의 범주로 채워져 있으며, 이런 사회에서는 자본주의의 교역을 어렵게 만드는 저항이 존재하는데도 룩셈부르크는 이를 너무 쉽게 다루고 있는 것이다.

결국 오늘날의 관점에서 보면 룩셈부르크의 비자본주의 영역은 자본의 발전

과정이 저개발 국가의 존재 조건 및 발전 조건과 아주 밀접하게 관계가 있음을 인식했다는 점에서는 의미가 있지만(박대원, 2002: 37), 그의 논리에서 비자본주의 영역은 잉여가치를 실현하는 공간으로서 의미를 갖기 어려우며 이 영역에 대한 더욱 정밀한 분석이 먼저 이루어져야 한다고 할 수 있다.

3) 제국주의 이론을 둘러싼 논쟁

룩셈부르크의 제국주의 이론과 관련해 살펴봐야 할 중요한 문제는 당시 다른 맑스주의자들의 제국주의 이론과의 차별성이다. 사실 룩셈부르크가 『자본의 축적』을 집필한 이면에는 사민당 정통파들의 제국주의 이론에 대한 비판이라는 목적이 있다.* 특히 그의 제국주의 이론은 베른슈타인의 수정주의에 대한 비판과 칼 카우츠키의 초제국주의 이론에서 보이듯 안정된 국제질서를 다룬 사민당의 제국주의 분석에 대한 반론이라는 정치 대응의 과정에서 점차 완성되었다 (Howard and King, 1989: 106-107).

룩셈부르크의 제국주의 이론은 무엇보다도 수정주의에 대한 비판에서 출발한다. 1896년 베른슈타인은 수정주의의 필요성을 강조한다. 그는 중간계층의 증대에 따른 국내 시장의 성장과 제국주의의 팽창에 따른 해외 시장의 개척, 카르텔의 성장, 신용 팽창의 결과로 시장의 무정부성이 제거되면서 자본주의는 안정될 것이라고 주장했다(Clarke, 1994: 46).

이와는 달리, 룩셈부르크는 카르텔과 신용으로 공황이 늦춰질 수는 있지만 이는 오히려 공황을 더 심화시킬 것이라며 베른슈타인의 주장을 반박했다. 그러면

---

* 당시 상황을 스위지(Sweezy, 1942: 290-291)는 이렇게 평가한다. "독일의 사회주의 운동은 그 즈음에 혁명에 대한 공포가 수정주의자들의 특징일 뿐만 아니라 '정통파'의 특징이기도 한 상태였다. [먼 미래에 일어날 – 인용자] 혁명이 목표가 되다 보니 더할 나위 없이 역설적이게도 자본주의의 오래 지속되는 힘을 보증할 수 있는 이론이 필요해졌다. 그러므로 모든 붕괴 이론은 격퇴돼야 했고, 단순히 하나의 경제체제로만 간주되게 된 자본주의는 무한한 팽창 능력을 갖고 있음이 인정돼야 했다. …… 로자 룩셈부르크의 입장과는 정반대되는 것이었다. 그러니 그가 위험하고 무책임한 여성으로 간주된 것도 그리 놀랄 일이 아니다."

서 그는 베른슈타인이 자본주의 안정화 수단으로 간주한 신용과 카르텔로 인해 "언젠가 세계시장이 거의 전역에 형성되고 더 이상 돌발적인 확장을 통해 확대될 수 없다면 조만간 생산력과 교환 한계 사이의 갈등이 시작될 것이고 계속 반복되면서 더 날카롭고 광란적으로 될 것"이라고 주장한다(Luxemburg, 1913: 34).

베른슈타인의 수정주의를 비판하면서 제시된 룩셈부르크의 제국주의 이론은 『자본의 축적』에서 더 정교해졌다. 이 과정에서 그는 『사회 혁명이냐 개량이냐』에서 제시했던 공황, 카르텔, 신용 등의 분석을 제외하고 맑스의 확대재생산표식에서 바로 제국주의의 필연성을 도출한다(이갑영, 1993).

룩셈부르크에 따르면, 제국주의의 팽창과 군국주의는 자본의 재생산 조건, 특히 잉여가치의 실현을 위한 중요한 수단이다. 또한 자본주의가 비자본주의 구성체와의 상호작용 덕분에 계속 팽창하게 되면 이들 구성체를 차지하기 위한 사냥은 격화된다. 그 결과 "자본의 세계로의 팽창에 열려 있는 비자본주의 지역이 좁아지면 좁아질수록 이 축적 영역을 둘러싼 자본은 경쟁은 더 격렬"해지고, 제국주의 국가들 사이의 대립은 불가피하며, 이는 "일련의 경제적, 정치적 재앙인 세계적 차원의 공황, 전쟁 그리고 혁명"을 야기하게 된다(Luxemburg, 1921: 796-797).

룩셈부르크가 자본축적에서 제국주의를 직접 도출한 것은 당대의 제국주의 이론과 구별되는 가장 큰 차이점이다. 이 차이는 레닌(Lenin, 1917: 121)이 '독점' 분석을 매개로 제국주의 이론을 구성한 것과 비교해 보면 잘 드러난다. 레닌은 자본주의 발전의 일정 단계에서 자유경쟁은 생산의 집적과 집중으로 인해 독점으로 대체되었으며 "제국주의는 자본주의 일반이 가진 근본적 특징의 발전이자 그 직접적 연속으로 등장"하지만, "자본주의는 오직 특정한, 그리고 매우 높은 발전 단계에서만 자본주의적 제국주의가 될 수 있다. …… 경제적으로 볼 때 이 과정에서 중요한 것은 자본주의적 자유경쟁이 자본주의적 독점에 의해 대체된다는 사실"이라고 주장했다.

이 주장에서 나타나듯이, 레닌의 제국주의 이론은 '독점' 분석을 출발점으로

하는 반면 룩셈부르크의 제국주의 이론에서 독점은 어떤 기능도 하지 못한다. 나아가 레닌의 분석에서는 자본수출, 무역정책, 관세, 금융자본 등에 대한 분석이 제국주의 이론과 결합되지만, 룩셈부르크의 제국주의 이론에서는 이 개념이 큰 비중을 차지하지 못한다.[*] 이 점에서 룩셈부르크의 제국주의 이론은 "제국주의 현상을 맑스의 『자본』의 추상 수준에서 설명할 수 있음을 보여 준다"(정성진, 2006: 106).

그렇지만 룩셈부르크의 제국주의 이론은 자본축적에서 제국주의 이론을 무매개로 도출한 것이라는 비판에서 자유로울 수 없다. 바꿔 말해 박성수(1991: 250, 254)가 지적하듯이 "'재생산표식→제국주의'라는 서술은 방법적으로 중간 고리를 뛰어넘음으로써 추상에서 구체로의 상승 운동이 아니라 추상과 구체적 현실의 직접적 대조라는 형태를 취하게 된다." 그러나 이러한 방법은 수정주의에 투쟁하려는 의도에서 나온 것으로 "'표식=자본주의의 무제한적 발전'이라는 논쟁 대상에 대해 '표식=자본주의의 불가능성(자동 붕괴)'이라는 무매개의 대안을 위치시키는 오류로 귀결되었다."

5. 결론: 『자본의 축적』의 현재성

지금까지 살펴본 주요 논쟁들은 룩셈부르크 이론의 문제점을 여러 가지 측면에서 지적함으로써 그의 이론의 오류를 보여 준다는 점에서 중요하다. 무엇보다도 이 오류들 가운데 그가 수정한 확대재생산표식이 안고 있는 한계로 인해 그가 『자본의 축적』을 집필한 주된 목적이라고 할 수 있는 『자본』의 논의에서 직접적으로 제국주의 이론을 도출하려는 시도는 성공하지 못했다고 할 수 있다.

---

[*] 『자본의 축적』 제30장과 제31장에서 룩셈부르크는 국제 차관과 보호관세를 다루지만, 이 논의에서 국제 차관과 보호무역은 잉여가치의 자본화와 실현 사이에 나타나는 불일치를 보여 주는 전형적인 역사적 모순을 반영한 예로 취급된다(GW 5: 688, 741).

그렇지만 『자본의 축적』은 이론과 실천의 통일 속에서 이론을 발전시킨 룩셈부르크의 삶을 투영하고 있다는 점에서 큰 의의를 가진다(Lukács, 1970: 116). 비록 『자본의 축적』에는 많은 오류가 있지만, 이 책을 통해 당대의 현실에 이론적, 실천적으로 개입하려 했던 룩셈부르크의 투쟁은 높이 평가할 필요가 있는 것이다.

　『자본의 축적』은 당대의 사민당 정통파와 정치투쟁을 벌이면서 집필된 것이다. 그리고 『자본의 축적』은 맑스의 확대재생산표식을 대범하게 수정해 이 표식이 갖고 있는 의미를 되살려내려 했으며 이를 당대의 자본주의의 상황을 해명하는 데 적용하려 했다. 바꿔 말해 룩셈부르크는 당대의 이론가들에게 죽어 있는 자본으로 남아 있던 『자본』 제2권과 제3권을 부활시켰으며, 문자, 표, 그리고 도식만 배우고 맑스의 정신은 배우지 못한 이 이론가들의 도그마를 깨드리려 했다(Luxemburg, 1921: 822).

　나아가 오늘날 신자유주의 세계화로 상징되는 자본의 초국적 운동이 안고 있는 문제를 고려할 때, 룩셈부르크가 자신만의 독특한 방식으로 자본의 범세계성, 곧 자본주의가 세계시장을 전제로 한다는 점을 강조하고, 세계적 규모의 자본 운동을 분석하며, 이를 국제 사회주의 운동의 확대와 연관 지으려했다는 점은 눈여겨봐야 할 것이다.

　따라서 레닌이 룩셈부르크를 추모하며 말한 것은 여전히 중요한 뜻을 가진다. 곧 수많은 오류에도 룩셈부르크는 "혁명의 독수리"인 것이다. 독수리는 닭처럼 낮게 날 수 있지만 닭은 독수리처럼 높게 날 수 없는 법이다. 『자본의 축적』에서 배워야 할 점은 맑스주의 발전의 역사에서 나타난 이 독수리가 당대의 현실과 부딪치면서 해결하고자 했던 과제다. 이것이야말로 오늘날 우리가 처해 있는 자본주의의 현실을 분석하고 변혁하는 과정에서 『자본의 축적』을 읽음으로써 얻을 수 있는 영감의 원천일 것이다.

참고 문헌

김삼수. 1982, 「두 여류경제학자의 『재생산표식』, 로자 · 룩셈부르그와 죤 · 로빈슨」, 『정경논총』 11권, 숙명여대 정경대학.

김수행. 1990, 「로자 룩셈부르크의 과소소비설에 관하여」, 『경제논집』 29권 4호, 서울대 경제연구소.

_____ , 2006, 『자본주의 경제의 위기와 공황』, 서울대출판부.

_____ , 2008, 「로자 룩셈부르크가 작성한 확대재생산표식의 문제점」, 『마르크스주의연구』 5권 4호, 경상대 사회과학연구원.

박대원. 2002, 『경제위기론의 역사적 논쟁』, 문원출판.

박성수. 1991, 「로자 룩셈부르크와 루돌프 힐퍼딩의 제국주의론에 대한 방법론적 검토」, 『시대와 철학』 2권 1호, 한국철학사상연구회.

박호성. 1983, 「독일 사회민주당의 수정주의 연구: 사회민주당의 기구한 궤적과 베른슈타인, 로자 룩셈부르크의 이론투쟁, 그리고 독일노동당의 좌초"」, 『역사비평』 6호, 역사문제연구소.

백남운. 1935, 「'뉴띨의 전망'」, 『동아일보』 6월 13일-15일. (하일식 옮김. 1991, 『백남운 전집 4』, 이론과실천사).

방기중. 1992, 『한국 근현대 사상사 연구』, 역사비평사.

이갑영. 1993, 『로자 룩셈부르크의 재인식을 위하여』, 한울.

이수일. 1996, 「일제하 朴文圭의 現實認識과 經濟思想 研究」, 『역사문제연구』 1호, 역사문제연구소.

전석용. 1987, 「로자 룩셈부르크의 政治思想」, 『논문집』 6권 2호, 대전대.

정성진. 2006, 『마르크스와 트로츠키』, 한울.

정운영. 1993, 『노동가치이론 연구』, 까치.

최은혜. 1987, 『잉여가치 실현의 문제를 중심으로 한 로자 룩셈부르크의 제국주의론 고찰』, 서강대 정치외교학과 석사 학위논문.

Bleaney, M. 1976, Underconsumption Theories: A History and Critical Analysis. Lawrence & Wishart.

Brewer, A. 1980, Marxist Theories of Imperialism: A Critical Survey. Routledge & Kegan Pau.

Cliff. T. 1959, "Rosa Luxemburg", International Socialism, Nos. 2/3.

Clarke, S. 1994, Marx's Theory of Crisis. Palgrave Macmillan. (장시복 옮김. 2013, 『마르크스의 공황이론』, 한울.)

Gallo, M. 2000, Une Femme Rebelle: Vie et mort de Rosa Luxemburg. Librairie Arthème Fayard.

Hansen, F. 1985, Breakdown of Capitalism: A History of the Idea in Western Marxism, 1883-1983, Routledge Kegan & Paul. (임덕순 옮김. 1989, 『자본주의 붕괴 논쟁』, 과학과 사상.)

Harrison, D. 1972, "On Marx's Scheme of Reproduction and Accumulation", Journal of Political Economy, Vol. 80, No. 3.

Haward, M. and King, J. 1989, A History of Marxian Economics. Vol. 1. Macmillan.

Hirsh, H. 1969, Roza Luxemburg. Rowohlt Taschenbuch Verlag. (박미애 옮김. 1997, 『로자 룩셈부르크』, 한길사.)

Lenin, V. I. 1917, Imperialism: The Highest Stage of Capitalism. Lenin's Selected Works Vol. 22, Progress Publishers. (남상일 옮김, 『제국주의론』, 백산서당, 1988.)

Lukács, G. 1970, Geschichte und Klassenbewußtsein. Darmstudt und Neuwied. (박정호·조만영 옮김. 1993, 『역사와 계급의식』, 거름.)

Luxemburg, R. 1908, Sozialreform oder Revolution? Dietz. (김경미 · 송병헌 옮김. 2002, 『사회개혁이냐 혁명이냐』, 책세상.)

_____ , 1913, Die Akkumulation des Kapitals. Dietz. (황선길 옮김. 2013, 『자본의 축적』, 지식을만드는지식.)

_____ , 1921, "Die Akkumulation des Kapitals oder Was die Epigonen aus der Marxschen Theorie gemacht haben. Eine Antikritik". Franke. (황선길 옮김. 2013, 「비판에 대한 반비판, 『자본의 축적』 또는 아류들이 마르크스 이론으로 무엇을 만들었는가?」, 『자본의 축적』, 지식을만드는지식.)

Marx, K. 1978, Capital II. Penguin Books. (김수행 옮김. 2004, 『자본론』 2권, 비봉출판사.)

Robinson, J. 1965, "Introduction", in Schwarzschild, A. (tr.), 2003, The Accumulation of Capital. Routledge & Kegan Paul.

Rosdolsky, R. 1977, The Making of Marx's 'Capital', Vol. I, Pluto Press.

Sweezy, P. 1942, The Theory of Capitalist Development. Monthly Review Press. (이주명 옮김. 2009, 『자본주의 발전의 이론』, 필맥.)

『개벽』 46호, 1924년 4월 1일.

『동아일보』, 1925년 1월 13일.

『중외일보』, 1928년 1월 15일/1928년 1월15-18일.

국사편찬위원회 한국사데이터베이스, http://db.history.go.kr.

[부록] 로자 룩셈부르크 관련 주요 국내 문헌

국내 저작

- 1980년대 이전

로빈손 지음, 조기준 옮김. 1952, 「로자 룩셈부르그」, 『케인즈 經濟理論의 一般化』, 일조각.

이헌구 · 김성근 편역. 1964, 「로자 룩셈부르크」, 『이십세기의 인물』, 박우사.

- 1980년대

신동아 편집부. 1983, 「로자 룩셈부르크의 『資本의 蓄積』」, 『資本主義와 社會主義』, 동아일보사.

孝橋正一 지음, 편집부 옮김. 1983, 『로자 룩셈부르크: 생애 · 사상 · 편지』, 여래.

프란츠 외 지음, 홍윤기 · 김미형 옮김. 1984, 「로자 룩셈부르크의 정치이론」, 『정치이론과 이데올로기 입문 2』, 돌베개.

브루어 지음, 염홍철 옮김. 1984, 「로자 룩셈부르크」, 『제국주의와 신제국주의』, 사계절.

후크 등 지음, 권인태 옮김. 1984, 「로자 룩셈부르크」, 『정통이냐 이단이냐: 카우츠키에서 마르쿠제까지』, 지양사.

프룈리히 지음, 최민영 옮김. 1984, 『로자 룩셈부르크의 사상과 실천』, 석탑.

거름신서편집부 엮음. 1985, 「대중스트라이크와 대중관」, 『대중운동 세미나』, 거름.

루카치 지음, 박정호 · 조만영 옮김. 1986, 「맑스주의자로서의 로자 룩셈부르크」, 『역사와 계급의식』, 거름.

멀래니 지음, 장정순 옮김. 1986, 「로자 룩셈부르크」, 『여성과 혁명운동』, 두레.

편집부 편. 1986, 『영원한 여성: 로자 룩셈부르크』, 지양사.

김수행 지음. 1989, 「로자 룩셈부르크의 과소소비설」, 『(21세기) 정치경제학』, 새날.

룩셈부르크 지음, 박영옥 옮김. 1989, 『러시아 혁명』, 두레.

레닌 외 지음, 강형민 옮김. 1989, 「공상가 칼 맑스와 실제적인 로자 룩셈부르크」, 『맑스-레닌주의 민족운동론』, 벼리.

박호성 지음. 1989, 「비타협적 국제주의자로서의 로자 룩셈부르크」, 『사회주의와 민족주의』, 까치.

클리프 지음, 조효래 옮김. 1989, 『로자 사상의 이해』, 신평론.

한센 지음, 임덕순 옮김. 1989, 「로자 룩셈부르크의 자동붕괴론 비판」, 『자본주의 붕괴 논쟁』, 과학과 사상.

라이트 편집, 박순식 옮김. 1989, 「로자 룩셈부르크의 자본주의적 제국주의」, 『제국주의란 무엇인가』, 까치.

- 1990년대

이갑영 지음. 1993, 『로자 룩셈부르크의 재인식을 위하여』, 한울.

뭉크 지음, 이원태 옮김. 1993, 「Rosa Luxemburg와 '좌익' 공산주의자들」, 『사회주의 혁명과 민족주의』, 민글.

원태석 지음. 1993, 「러시아 혁명비판」, 『휴머니즘과 양식』, 미리내.

몰리뉴 지음, 이진한 옮김. 1993, 「로자 룩셈부르크의 대안」, 『마르크스주의와 당』, 책갈피.

클리프 지음, 조효래 옮김. 1993, 『로자 룩셈부르크』, 책갈피(재출간).

박호성 지음. 1994, 「왜 다시 로자 룩셈부르크인가」, 『노동운동과 민족운동』, 역사비평사.

룩셈부르크 지음, 최규진 옮김. 1995, 『대중파업론』, 풀무질.

히르슈 지음, 박미애 옮김. 1997, 『로자 룩셈부르크』, 한길사.

한국철학사상연구회 지음. 1995, 「로자 룩셈부르크의 수정주의에 대한 비판」, 『현대 사회와 마르크스주의 철학』, 동녘.

강봉식 외 지음. 1999, 「로자 룩셈부르크」, 『국제정치의 논리』, 범한.

임지현 지음. 1999, 「로자 룩셈부르크와 민족 문제」, 『민족주의는 반역이다: 신화와 허무의 민족주의 담론을 넘어서』, 소나무.

루카치 지음, 박정호 · 조만영 옮김. 1999, 「마르크스주의자로서의 로자 룩셈부르크」, 『역사와 계급의식』, 거름.

송병헌 지음. 2000, 「로자 룩셈부르크의 마르크스주의」, 『현대 사회주의 이론 연구』, 오름.

박장환 지음. 2000. 「로자 룩셈부르크, 『자본주의 축적』」, 『경제사상사의 이해』, 학문사.

- 2000년대 이후

룩셈부르크 지음, 오영희 옮김. 2001, 『자유로운 영혼 로자 룩셈부르크』, 예담.

이병철 엮음. 2001, 「미완의 혁명가, 로자 룩셈부르크」, 『참 아름다운 도전』, 명상.

이진경 지음. 2001, 『로자 룩셈부르크의 탈근대적 정치철학』, 문화과학사.

프뢸리히 지음, 최민영 · 정민 옮김. 2001, 『로자 룩셈부르크 생애와 사상』, 책갈피(재출간).

룩셈부르크 지음, 김경미 · 송병헌 옮김. 2002, 『사회개혁이냐 혁명이냐』, 책세상.

룩셈부르크 지음, 편집부 옮김. 2002, 『룩셈부르크주의』, 풀무질.

자이데만 지음, 주정립 옮김. 2002, 『나는 지배받지 않는다: 어느 여성 혁명가의 사랑과 투쟁』, 푸른나무.

갈로 지음, 임헌 옮김. 2002, 『로자 룩셈부르크 평전』, 푸른숲.

로스돌스키 지음, 양희석 옮김. 2003, 「마르크스의 재생산 표식에 대한 로자 룩셈부르크의 비판에 관한 방법론적 논평」, 『마르크스의 자본론의 형성』 1권, 백의.

코와코프스키 지음, 변상출 옮김. 2007, 「로자 룩셈부르크와 혁명적 좌파」, 『마르크스주의 주요 흐름』, 유로.

이갑영. 2009, 「대중의 '전위화'와 로자 룩셈부르크」, 『맑스주의와 정치』, 문화과학사.

홍훈 외 지음. 2009, 「시장을 찾아 끝없이 떠날 수밖에 없는 자본의 여정 - 로자 룩셈부르크, 『자본축적론』」, 『경제의 교양을 읽는다』, 더난.

아렌트 지음, 홍원표 옮김. 2010, 「로자 룩셈부르크: 1871-1919」, 『어두운 시대의 사람들』, 인간사랑.

이화경 지음. 2011, 「나는 소망한다, 내게 금지된 혁명을: 로자 룩셈부르크, 『사회 개혁이냐 혁명이냐』」, 『버지니아 울프와 밤을 새다』, 웅진지식하우스.

최성일. 2011, 「로자 룩셈부르크」, 『책으로 만나는 사상가들 1-2』, 한국출판마케팅연구소.

룩셈부르크 지음, 황선길 옮김. 2013, 『자본의 축적』 1-2권, 지식을만드는지식.

국내 논문

- 1980년대

김학준. 1981, 「로자 룸셈버그의 정치사상, 러시아혁명 속에서의 그녀의 이론가적 지위와 관련하여」, 『중소연구』 통권 11 · 12, 한양대 중소연구소.

김삼수. 1982, 「두 여류경제학자의 『재생산표식』, 로자 · 룩셈부르그와 존 · 로빈슨」, 『정경논총』 11권, 숙명여대 정경대학.

박호성. 1983, 「독일 사회민주당의 수정주의 연구: 사회민주당의 기구한 궤적과 베른슈타인, 로자 룩셈부르크의 이론투쟁, 그리고 독일노동당의 좌초」, 『역사비평』 6호, 역사문제연구소.

전석용. 1987, 「로자 룩셈부르크의 政治思想」, 『논문집』 6권 2호, 대전대.

김광수. 1989, 「Rosa Luxemburg의 생애와 사상」, 『사회과학』 19, 숭실대.

김수행. 1990, 「로자 룩셈부르크의 過少消費說에 관하여」, 『경제논집』 29권 4호, 서울대 경제연구소.

- 1990년대
박성수. 1991, 「로자 룩셈부르크와 루돌프 힐퍼딩의 제국주의론에 대한 방법론적 검토」, 『시대와 철학』 2권 1호, 한국철학사상연구회.
이갑영. 1991, 「Rosa Luxemburg 資本蓄積理論에 관한 논쟁」, 『산업논총』 2권, 인천대 산업연구소.
김성민. 1993, 「로자 룩셈부르크의 정치철학을 통해 본 마르크스주의」, 『시대와 철학』 4권 1호, 한국철학사상연구회.
이진경. 1995, 「로자 룩셈부르크의 '탈근대적 Ex-modern' 정치철학」, 『문화과학』 7호, 문화과학사.
이갑영. 1996, 「로자 룩셈부르크의 유산」, 『동향과 전망』 32호, 한국사회과학연구소.
최영태. 1996, 「사회주의에서의 자유의 문제: 카우츠키, 베른슈타인, 룩셈부르크를 중심으로」, 『서양사론』 50호, 한국서양사학회.
임지현. 1998, 「로자 룩셈부르크와 민족문제」, 『역사비평』 통권 42호, 역사비평사.

- 2000년대 이후
이갑영. 2001, 「로자 룩셈부르크의 볼셰비키 비판」, 『비교경제연구』 8권 2호. 비교경제학회.
이갑영. 2001, 「로자 룩셈부르크의 자본주의론」, 『경제학의 역사와 사상』 4호, 나남.
임지현. 2001, 「포스트 맑스주의로 로자 룩셈부르크 읽기」, 『역사비평』 57호, 역사비평사.
이갑영. 2002, 「로자 룩셈부르크의 국제주의」, 『한국동서경제연구』 13집 2권, 한국동서경제학회.
주정립. 2002, 「로자 룩셈부르크의 현재성 임지현의 '로자 읽기' 비판」, 『역사비평』 60호, 역사비평사.
최순영. 2002, 「로자 룩셈부르크」, 『진보평론』 12호.
이병욱. 2004, 「'붉은 엠마'와 '피의 로자'에 대한 분석적 논평」, 『정신분석』 15권 제2호, 한국정신분석학회.
김경미. 2005, 「로자 룩셈부르크의 민주주의적 사회주의에 대한 일고찰」, 『한·독사회과학논총』 15집 1호, 한독사회과학학회.
김수행. 2008, 「로자 룩셈부르크가 작성한 확대재생산표식의 문제점」, 『마르크스주의

연구」 5권 4호, 경상대 사회과학연구원.

이동기. 2008, 「11월 혁명기 로자 룩셈부르크의 혁명적 실천」, 『마르크스주의연구』 5권 4호, 경상대 사회과학연구원.

이갑영. 2008, 「로자 룩셈부르크의 『러시아혁명에 대하여』 재인식」, 『사회과학연구』 16집 1호, 서강대 사회과학연구소.

주정립. 2008, 「로자 룩셈부르크와 민주주의 문제」, 『마르크스주의연구』 5권 4호, 경상대 사회과학연구원.

이갑영. 2009, 「로자 룩셈부르크의 자발성과 평의회운동」, 『동향과 전망』 77호, 한국사회과학연구소.

이갑영. 2010, 「로자 룩셈부르크의 공황인식 변화」, 『비교경제연구』 17권 2호, 한국비교경제학회.

이상헌. 2011, 「로자 룩셈부르크의 자본축적론에 관한 재고찰」, 『마르크스주의연구』 8권 4호, 경상대 사회과학연구원.

임지현. 2011, 「포스트 맑스주의의로 로자 룩셈부르크 읽기」, 『역사비평』 57호, 역사비평사.

조현수. 2013, 「로자 룩셈부르크의 정치이론에 관한 소고」, 『인문사회과학연구』 38집, 호남대 인문사회과학연구소.

〈학위논문〉

- 석사 학위논문

홍헌표. 1990, 『로자룩셈부르크의 민족주의관 연구』, 서울대 외교학과 석사 학위논문.

서교. 1987, 『R. Luxemburg의 마르크시즘에 關한 硏究: 주관적 과정과 객관적 과정의 관계를 중심으로』, 서울대 정치학과 석사 학위논문.

최은혜. 1987, 『잉여가치 실현의 문제를 중심으로 한 로자 룩셈부르크의 제국주의론 고찰"』, 서강대 정치외교학과 석사 학위논문.

황진성. 1991, 『독일 사회민주주의의 사회주의 이행론에 관한 일 연구: 베른슈타인과 카우츠키, 로자 룩셈부르크를 중심으로』, 서울대 사회학과 석사 학위논문.

차문석. 1994, 『로자 룩셈부르크의 자발성이론에 관한 하나의 해석』, 성균관대 정치외교학과 석사 학위논문.

장지은. 2013, 『과소소비론의 정치적 함의』, 성균관대 정치외교학과 석사 학위논문.

– 박사 학위논문

이갑영. 1991, 『로자 룩셈부르크의 資本蓄積理論』, 숭실대 경제학과 박사 학위논문.

〈기타〉

영화: 마가레테 폰 트로타 감독. 1986, 『로자 룩셈부르크』.

다큐: ZDF 방송. 2010, 『로자 룩셈부르크와 자유』.

제2편

세계자본/ 세계혁명

"자본주의는 놀라운 번식력을 갖는 최초의 경제체제다. 즉 세계 구석구석에 침투하면서 다른 모든 경제체제를 축출해 버리는 최초의 경제체제다. 하지만 자본주의 체제는 또한 자신을 위한 비옥한 토양을 제공할 다른 경제체제가 없다면 독자적으로 존속할 수 없는 최초의 경제체제이기도 하다. 이렇게 자본주의는 세계적 경제체제로 발전함과 동시에 세계적 경제체제가 될 수 없는 자신의 내적 모순 때문에 파멸해 가고 있다. 자본주의 체제는 그 자체가 하나의 역사적 모순이다." (『자본의 축적』)

제4장 국민경제인가 세계경제인가?

국민경제의 부정

맑스주의 역사에서 룩셈부르크는 독자적 지위를 차지하고 있다. 레닌에 의해 "혁명의 독수리"(LCW 33: 210)로 평가되지만, 볼셰비키를 비판하면서 노동자계급의 창조적 주도권에 의한 제한 없는 민주주의를 완고하게 지켰다. 한편 사회주의를 윤리적 수준에서 바라보는 수정주의를 근본에서 비판하고 맑스주의의 과학성을 수호하면서 이념적 원칙인 국제주의를 비타협적으로 고수하고 이론과 실천에 담아내고 있다.

하지만 그녀는 자본주의가 자동 붕괴하기만 기다리는 기계적 유물론자나 경제주의자 또는 정반대로 대중의 자발성에 혁명을 맡겨 버린 주의주의자라는 평가를 받고 있다. 룩셈부르크에 대한 복잡한 스펙트럼은 그녀를 레닌주의에 상대화시킨 스탈린주의의 영향이 크다(松岡利道: 17-18). '성공한 레닌'을 화면에 비추면서 걸맞은 장식으로(?) '실패한 로자'를 부당하게 출연시키는 것이다.

룩셈부르크는 사회주의의 필연성을 자본주의에서 찾았다. 왜냐하면 그녀에게 자본주의는 "봉건사회를 과거로, 사회주의를 미래로 하는 역사적 현상"(GW

1/1: 415)이기 때문이다. 따라서 자본주의에 대한 과학적 분석을 평생 멈추지 않고 수행했다.

이렇게 자본주의를 분석한 책으로 네 권의 저서가 있다. 수정주의 논쟁에서 쓴 『폴란드의 산업 발전』과 『사회 개량이냐 혁명이냐?』, 그리고 제국주의에 반대하는 투쟁에서 쓴 『자본의 축적』과 『국민경제학 입문』으로 구분할 수 있다.

룩셈부르크의 자본주의에 대한 논의는 『폴란드의 산업 발전』에서 제기하는 국민경제학의 부정으로부터 출발했는데, 자본주의를 체계적으로 분석하게 된 계기는 폴란드 독립 문제에 대한 논쟁 때문이었다. 맑스와 엥겔스는 노동자운동에 대해서는 국제주의 원칙을 주장하면서도 민족자결을 구체적 현실과 결합하려고 애썼으나(MECW 20: 196-201), 룩셈부르크는 국제주의와 민족자결을 대립적 관계로 보았다. 왜냐하면 그녀는 자본 운동이 국경과 민족을 가로질러 유일한 생산양식을 만들어가는 직선적이고 연속적인 경향을 주목했기 때문이다. 룩셈부르크는 자본주의의 전면화라는 객관적 세계를 반영하는 프롤레타리아국제주의를 비타협적으로 고수했다.

따라서 맑스와 엥겔스가 유럽 혁명의 전제 조건으로 승인하고 지지했던 폴란드 독립은 그녀에게는 부질없는 짓이었고 가능하지도 않았다(GW 1/1: 32). 러시아, 프로이센, 오스트리아가 분할 점령한 폴란드 각각의 지역은 이미 점령국의 자본주의적 생산에 통합된 것이다. 따라서 분할된 세 지역 사이의 경제적 유대가 약할 뿐만 아니라 정치적 이해관계도 다를 수밖에 없다고 생각했다.

> 우리는 경제생활에서 발생하는 사회적 결과를 전체적으로 인식하지 않으면 한 나라의 정치적 과제나 역사적 운명을 밝힐 수 없다. 사회의 물질적 발전으로 정치적 발전의 핵심을 추출한다는 관점에서, 폴란드의 경제생활과 방향에 기초해야 폴란드 문제를 해결할 수 있다.(GW 1/1: 115)

이러한 차원에서 룩셈부르크는 폴란드의 역사와 자본주의 발전에 유의하면서 맑스와 엥겔스의 '폴란드 독립' 주장을 비판하고 독자적 대안을 제시했다.

> 폴란드 독립을 쟁취하기 위해 폴란드 프롤레타리아는 유럽의 가장
> 강대한 세 나라의 손아귀에서 벗어나야 할 뿐만 아니라 부르주아지
> 의 물질적 조건을 극복할 힘도 가져야 한다.(GW 1/1: 21)

그녀에게 폴란드 독립은 폴란드의 노동자운동, 그것도 국제적 연대로 뒷받침된 폴란드의 프롤레타리아를 통해서만 가능한 것이다(G. D. H. Cole: 501-502).

이러한 룩셈부르크의 비타협적 국제주의는 폴란드 사회주의 운동은 물론 맑스주의 역사에서도 논란의 대상이 될 정도로 잘 알려진 일이다. 자본주의의 전면화를 주목하면서 국제주의를 옹호하는 그녀에게 국민경제란 의미를 갖기 어려운 단위이며, 국민경제학은 당연히 쓸데없는 학문으로 추락한다. 이러한 룩셈부르크의 논리는 『폴란드의 산업 발전』을 통해서 한층 정교해졌다. 그녀는 러시아와 폴란드의 경제가 유기적으로 결합된 것을 강조하면서 자본주의의 내적 법칙을 주목한다.

> 멀리 떨어진 곳을 물질적으로 상호 연결하고 경제적 의존관계를
> 강화하면서 결국 모든 세계를 견고한 생산 체계로 전화시키는 것
> 은 자본주의 생산양식의 내적 법칙이다. 이러한 경향은 동일 국가
> 안에서, 그리고 같은 정치 및 관세 영역에서 가장 강하게 작용한
> 다.(GW 1/1: 209)

따라서 긴밀한 경제적 이해관계가 궁극적으로는 민족이라는 경계를 뛰어넘을 것으로 생각한 것이다.

그런데 룩셈부르크는 『폴란드의 산업 발전』에서 국민국가라는 공간을 넘어서 이루어지는 자본 운동과 경제적 이해관계를 강조하고 있지만, 국민경제에 대한 부정적 논리를 체계적으로 정리하지는 못했다. 왜냐하면 여기서 국민경제의 부정은 그 자체를 주목하며 도달한 것이 아니라 폴란드가 이미 '전형적 자본주

의국가'라는 것을 반증하여, 폴란드 독립을 외치는 폴란드사회당의 사회애국주의를 비판하려는 의도에서 이루어졌기 때문이다. 따라서 룩셈부르크는 맑스의 『자본』에 입각해서 폴란드 경제가 보여 주는 자본주의의 일반적 발전 지표를 분석하고, 폴란드의 공업과 러시아의 시장이 유기적으로 결합되는 것을 강조하면서, 폴란드 독립이라는 '낡은 구호'를 배격하고 혁명적 국제주의를 강화하려고 했다.

룩셈부르크는 1898-1899년에 「경제사회정책 전망」을 연속적으로 발표하면서(GW 1/1: 278-294, 308-317, 326-347, 352-360) 세계경제의 변화에 대한 폭넓은 인식을 보여 주었다. 자본주의 세계에서 영국의 지위가 하락하는 반면 독일과 미국이 세계시장의 패권을 장악하려고 도전하는 현실에 주목한 것이다.

> 영국은 세계시장을 지배하는 데 반세기 이상이 필요했다. 독일은 공업화를 시작한 지 사반세기가 지난 오늘날 주요한 수출국이 되었다. 그리고 미국에서는 모든 변화가 10년 안에 벌어지고 있다. 대공업의 발생, 수입 억제, 국내시장의 공급과잉, 공업의 카르텔화와 해외시장의 정복이 연속해서 일어났다.(GW 1/1: 314)

그녀는 「경제사회정책 전망」을 통해서 자본주의적 생산이 세계를 지배하게 되었다는 사실과 그에 따라 첨예해진 경쟁과 기술혁신을 주목했다. 이러한 자본주의의 발전에 대한 인식으로 국민경제에 대한 룩셈부르크의 부정적 인식은 점점 강화되었다.

자본주의와 비자본주의

룩셈부르크는 독일사회민주당이 설립한 당 학교에서 맑스 경제학을 강의하면서 1907년부터 1916년까지 장기간에 걸쳐 『국민경제학 입문』을 준비했다. "국민경제학이란 무엇인가?"로 시작하는 『국민경제학 입문』은 경제사, 상품생산, 임금노동, 자본주의 발전 경향을 담고 있다. 그녀는 국민경제를 부정하는 연장선에서 국민경제학이 자본주의 생산양식과 불가분의 관계에 있다는 것을 지적했다. 가장 먼저 역사학파의 국민경제학에 대한 논리를 비판한다. "국민경제학이란 한 나라 국민의 생산, 교환, 분배, 소비 그리고 재생산을 설명하는 과학인데, 현실에서 국민경제학의 전제인 국민경제가 자립적으로 존재하는지 의심이 간다."(GW 5: 535) 룩셈부르크에 따르면, 자본주의 세계에서 대외무역의 질과 양을 실증적으로 분석하면 이제 개별적 국민경제 사이의 경계선은 의미가 없으며 "개별 국가들은 하나의 커다란 전체에서 단지 유기적 부분으로만 존재한다." (GW 5: 546)

자본주의의 발전이 국민경제의 경계선을 무너뜨리는 현실에서 룩셈부르크는 국민경제학의 한계를 분명히 지적했다. 국민경제학을 자본주의에 한정시키는 것이다.

> 만약 국민경제학이 자본주의 생산양식의 특수한 법칙을 과학적으로 일단 표현하게 되면, 그것의 존재와 기능은 명백히 이 생산양식의 존재와 결부되어 있으므로 이 생산양식이 존재하지 않게 된다면 토대를 잃어버리는 것이다. 다시 말하면 과학으로서 국민경제학은 자본주의의 무정부적인 경제가 노동하는 사회 전체에 의해 의식적으로 조직 관리되는 계획적 경제 질서에 자리를 양보하자마자 그 역할은 끝나 버린다.(GW 5: 587)

그녀에게 국민경제학이란 '자본주의의 해부학'이기 때문에 자본주의 생산양식을 넘는 과학이 아니다.

더구나 자본주의 세계에서도 국민경제는 자립적으로 존립하는 것이 아니라 세계적 차원에서 유기적으로 결합되어 나타난다는 것이 룩셈부르크의 논리다. "자본주의적 생산은 모든 나라로 확산하여 가는데, 그리하여 단순히 모든 나라를 같은 종류의 경제적 형태로 변화시킬 뿐만 아니라 모든 나라를 결합하여 커다란 자본주의적 세계경제로 단일화하고 있다."(GW 5: 773) 따라서 그녀는 "국민경제학에서 근본적인 개념은 부르주아의 이해관계를 위한 학문적 기만"(GW 5: 563)이라고 선언하게 되었다.

국민경제에 대한 이러한 부정적 평가는 『자본의 축적』에서 한층 강화되어 나타난다. 『자본의 축적』은 재생산 문제, 축적의 역사적 조건, 제국주의의 인식 등으로 구성되어 있다. 룩셈부르크에 의하면, 맑스가 제기한 확대재생산의 두 부문 모델에 기초하여 자본가와 노동자만으로 구성되는 경제가 성장함에 따라 부문의 불균형이 자본주의 운동 자체로부터 필연적으로 발생한다. 그녀의 표식 (GW 5: 287)은 맑스의 재생산표식을 고려하여 양 부문에 같은 축적률(50%), 유기적 구성의 고도화(5:1, 6:1, 7:1로 증가), 잉여가치율의 상승을 설정한다. 다만 제1년도 II부문은 맑스의 가설에 따라 285의 절반 이상인 184가 축적된다.

〈표식 1〉

제1년도; I 부문 : 5,000C + 1,000V + 1,000M = 7,000
          II 부문 : 1,430C + 285V + 285M = 2,000

제2년도; I 부문 : 5,428 4/7C + 1,071 3/7V + 1,083M = 7,583
          II 부문 : 1,587 5/7C + 311 2/7V + 316M = 2,215

제3년도; I 부문 : 5,903C + 1,139V + 1,173M = 8,215
          II 부문 : 1,726C + 331V + 342M = 2,399

제4년도; I 부문 : 6,424C + 1,205V + 1,271M = 8,900
          II 부문 : 1,879C + 350V + 371M = 2,600

이러한 룩셈부르크의 표식에 의하면 Ⅰ부문에서는 매년 생산수단의 공급 부족이 생기는데, 제2년도에는 16, 제3년도에는 45, 제4년도에는 88이 발생하며, 그에 상응해서 Ⅱ부문에서는 매년 공급과잉의 규모가 16, 45, 88로 확대되는 것이다. 따라서 자본가들은 잉여가치의 실현을 위해서 Ⅰ부문과 Ⅱ부문이 아닌 판로를 모색하게 되는데, 룩셈부르크에 의하면 그곳은 바로 비자본주의적 영역이라는 것이다.

> 자본주의는 놀라운 번식력을 갖는 최초의 경제체제다. 즉 세계 구석구석에 침투하면서 다른 모든 경제체제를 축출해 버리는 최초의 경제체제다. 하지만 자본주의 체제는 또한 자신을 위한 비옥한 토양을 제공할 다른 경제체제가 없다면 독자적으로 존속할 수 없는 최초의 경제체제이기도 하다.(GW 5: 411)

자본주의가 발전하면서 내부적 팽창의 잠재적 원천들이 고갈되면 제국주의적 팽창만이 자본주의의 생존을 연장하는 수단이라는 지적이다. 이러한 논리는 『자본의 축적』 발표 이후 상당한 비판을 받았으며 국제적 논란을 불러일으켰는데, 1913~1915년 재생산표식 논쟁, 1922~1928년 「코민테른 강령」에 관한 제국주의 논쟁, 그리고 1929~1931년 자본주의 붕괴의 과학적 근거에 대한 논쟁으로 발전했다. 그러나 룩셈부르크는 재생산표식을 통해 제국주의 분석을 의도했으나, 확대재생산을 논의하면서 단순재생산의 전제를 그대로 적용했다는 약점을 가지고 있다. 자본축적은 가변자본의 증대를 포함하는데 추가된 가변자본이 노동자에 의해 소비되어 소비재 형태를 보이는 잉여가치 일부를 실현하게 되는 것을 간과한 것이다.

그런데 룩셈부르크는 『자본의 축적』을 통해 자본주의 영역과 비자본주의 영역의 관계를 파악하고, 이제는 국민경제를 단순히 부정하는 것이 아니라 그 '해체'로 나아간다. 『국민경제학 입문』에서는 국민경제가 세계 단위에서 자본주의적 유기체의 구성 부문이었으나, 『자본의 축적』은 자본주의적 유기체에서 내부 시장(자본주의적 영역)과 외부 시장(비자본주의적 영역)을 분리하고 있다. 물론 국민경제 단위에 대한 부정적 사고는 계승되고 있다. 하지만 『국민경제학 입문』에서 나타나는 개별적 국민국가가 유기체의 한 부분이라는 지적은 국민경제의 자립성을 부정하면서도 다른 부분과의 관계는 불명확하게 설명했다면, 『자본의 축적』은 자본주의적 유기체의 구성 요소로서 내부 시장과 외부 시장을 고려하여 국민경제가 유기체의 한 부분이라는 사고를 넘어 국민경제의 해체와 세계경제의 유일성을 드러내고 있다.

가장 뛰어난 비판

룩셈부르크는 『사회 개량이냐 혁명이냐?』에서 맑스주의를 수정하려는 베른슈타인을 비판하고 자본주의 붕괴론을 전개했다. 그리고 『자본의 축적』을 통해서는 제국주의를 정책적 차원에서 바라보는 카우츠키를 비판했다. 그녀는 수정주의와 제국주의 정책론을 비판하기 위해, 제국주의의 필연성을 논증하면서 자본주의의 붕괴를 바라보게 된 것이다. 따라서 자본주의가 발전함에 따라 오히려 무정부성이 증가하고 생산과정의 사회화가 진전되며 노동자들의 계급의식이 성숙하여 사회주의를 위한 과학적 근거가 마련되는 것을 증명하려고 했다. 이것을 그녀는 자본주의를 막다른 단계로 몰아넣는 무정부성에서 찾은 것이다.(GW 5: 375-376)

그녀는 자본주의경제의 모순을 맑스의 방법에 따라 자본주의 발전과 운동 법칙의 유기적 관계에서 파악했는데, 이는 베른슈타인과 논쟁하면서 한층 체계화되었다. 베른슈타인은 자본주의사회에 대한 경험적 분석을 통해 자본주의의 적응 능력과 모순 완화를 높이 평가하고 자본주의의 전반적 붕괴를 부정한다. 그리고 계급 양극화와 궁핍화론도 파기했다. "세계시장이 공간적으로 확대되고, 생산 부문들의 불비례가 조절되고, 신용 제도가 탄력적이고, 산업 카르텔이 발달하고", "프롤레타리아의 생활이 개선되고, 중간계급이 증가하여" "궁핍화론도 일반적으로 포기"되었기 때문이다(Bernstein: 52, 70, 148).

맑스주의를 비판하는 베른슈타인은 경제와 관련된 '사소한 도발'을 넘어 철학적 토대인 변증법과 유물론의 부정으로 발전했다. 필연성Notwendigkeit과 결정성Determiniertheit을 혼동한(필연성이란 객관적 법칙성과 주관적 의지의 합성물인 데 반해, 결정성이란 주관적 의지와 상관없이 이루어지는 자연 과학적 합법칙성을 의미한다) 그는 변증법을 "폭력의 창조적 힘에 대한 기적의 신앙"으로 이해하고 (Bernstein: 35-36), 모순 관계가 아니라 협력과 조화에서 사회 발전의 동력을 마련했다. 변증법을 경험주의로 대체한 베른슈타인이 유물론을 부정하는 것은 당연하다. 그는 맑스주의를 기계적 유물론으로 해석하고 "유물론자는 신만 갖지 못한 칼뱅주의자"라 비판하고 관념론에 빠져들었다. 베른슈타인은 자신의 사회주의에 칸트의 '윤리'를 적용하여 "윤리적 사회주의"로 정의했다.

"나는 사실상 사회주의의 승리를 '경제적 내적 필연성'에 달린 것으로 간주하지 않고 오히려 사회주의에 순수한 유물론적 토대를 제공하는 것은 불가능할 뿐만 아니라 필요하지도 않다."(Bernstein: 178) 따라서 사회주의는 베른슈타인을 통해 역사적 필연에서 윤리적 욕구로 전화되었으며 "사회의 사회주의로의 성장, 진입"이 현실로 나타나기 때문에 독일사회민주당은 "낡은 수사에서 벗어나 민주사회주의 개량 정당으로서 진정한 모습을 보여 주기 위해 용기"를 가지라고 충고했다(Bernstein: 165).

이러한 베른슈타인의 논리는 맑스주의 역사에서 가장 어렵고 장기적인 곤란을 일으켰던 수정주의 논쟁을 불러일으켰다. 수정주의에 대한 비판은 제2인터내셔널 차원으로 전개되었지만, 베른슈타인이 스스로 고백하듯이 "룩셈부르크의 반박은 나에게 반대하는 글 가운데 가장 뛰어난 것"(Bernstein: 178)이다. 그녀는 베른슈타인이 자본주의를 총체적으로 분석하지 못하고 속류 경제학의 관점, 즉 개별 자본가의 입장에서 평가한 것으로 보았다(이갑영 (2): 200). 그러나 룩셈부르크에게 "자본주의의 무정부 상태를 치료하는 데 도움을 줄 수 있는 어떠한 약초도 자본주의사회의 쓰레기 더미 속에서는 성장할 수 없다."(GW 1/1: 240) 베른슈타인이 제기한 신용 제도를 생산의 확대 경향과 제한된 소비 능력 사이의 모순을 극대화하는 공황의 매개물로 파악하며, 카르텔이나 트러스트도 일반적 생산 형태로 정착되기 어려워서 적응 수단이 될 수 없다고 지적하는 것이다. 카르텔이나 신용도 결국은 자본주의경제의 무정부성을 확대하고 내적 모순을 성숙시키는 일정한 발전 단계로서만 나타난다는 것이다.

오히려 룩셈부르크는 베른슈타인의 적응 수단들이 세계시장을 완성하고 막다른 단계를 촉진하는 것으로 이해했다. "이와 같이 세계시장의 완성과 막다른 단계를 접근시켜 세계시장을 급속히 완성하며 또한 조만간 막다른 단계에 이르게 하는 유효한 것이 있다면, 그것이야말로 베른슈타인이 자본주의의 적응 수단이라고 의지하는 현상, 즉 신용 제도와 기업집중이다."(GW 1/1: 386)

베른슈타인은 자본주의 발전을 토대로 사회경제적 변화에 주목했다. 그리고 이런 변화와 『자본』 사이에는 일정한 괴리가 있다는 것을 발견하고 『자본』의 수정에 이른 것이다. 그런데 룩셈부르크는 붕괴론을 옹호하기 위해 세계시장을 도입한다. 자본주의적 생산의 무정부성은 기업집중뿐만 아니라 식민지와 군국주의, 관세정책 등을 통해 세계시장으로 확대되어 간다. 베른슈타인이 국민국가 단위에서 사회경제적 변화를 주목하고 붕괴론을 비판했다면, 룩셈부르크는 세계시장을 도입하여 붕괴론을 옹호한 것이다.

그런데 이후의 자본주의 역사는 자본주의적 생산의 모순을 세계적 단위로 배치한 룩셈부르크의 논리가 옳았음을 증명하고는 있으나, 베른슈타인이 제기했던 자본주의의 적응은 룩셈부르크의 비판이 무색할 정도로 평가받고 있다. 물론 베른슈타인의 지적대로 자본주의의 모순이 해결된 것은 아니지만 사회적, 경제적 변화가 나타난 것은 사실이다.

세계혁명

룩셈부르크는 자본주의가 자신의 내적 모순으로 파국을 맞을 수밖에 없다는 것이 과학적으로 증명되어야 사회주의는 실현될 것이라고 생각했다(Frölich: 186). 이러한 차원에서 자본주의적 생산의 역사적, 객관적 한계를 폭로하고 제국주의의 경제적 의미를 분석하는 작업이 『자본의 축적』에서 이루어졌다. 그녀는 자본주의경제에서 생산과 소비가 모순을 일으키는 것은 필연적이라 인식하고, '잉여가치는 어떻게 실현되는가?'라는 물음에 "자본주의적 생산을 하지 않는 사회 또는 영역에 의하여 실현"(GW 5: 300)된다고 주장한다. 자본축적을 위해서는 비자본주의적 영역의 존재가 필요하다는 것이다.

따라서 그녀는 제국주의를 중심부 자본주의 사이의 "나머지 영역을 둘러싼 각축전"으로 해석하면서 자본주의의 파국을 상정했다. 왜냐하면 자본축적은 비자본주의적 영역을 요구하지만, 축적 과정에서 비자본주의적 영역을 해체하고 자본주의로 전화시켜 자본축적의 필수 조건을 스스로 소진하게 되는 모순이 내포되어 있기 때문이다. "제국주의는 자본주의의 생명을 연장하는 방법이지만 객관적으로 보아 그것은 자본주의의 생명을 단축하는 가장 확실하고 신속한 방법이다."(GW 5: 391) 그러므로 "자본주의는 세계적 경제체제로 발전함과 동시에 세계적 경제체제가 될 수 없는 자신의 내적 모순 때문에 파멸해 가고 있다."(GW 5: 411)

이러한 논리를 통해서 룩셈부르크는 홉슨J. A Hobson이나 레닌과 차별되는 자본주의에 대한 깊은 통찰을 보여 주고 있다. 바로 본원적 축적을 자본주의의 내재적 성격으로 파악하여 제국주의적 정복과 파괴를 분석하고, "군국주의를 자본주의의 절대적 구성 부문"으로 제기한 것이다(GW 5: 316-319, 398-399). 그녀에게 자본주의는 역사적으로 비자본주의사회의 한가운데서 생성되고 발전한 것이다. 따라서 자본 관계의 공간적 팽창은 자본축적의 불가피한 조건이기 때문에 정복, 폭력, 사기와 무역을 통한 제국주의의 "자연경제"에 대한 파괴는 바로 맑스의 본원적 축적의 연장선에 있다. 맑스는 본원적 축적을 "자본의 창세기"로만 주목했으나, 룩셈부르크에게 이것은 자본축적의 내재적 특성으로 나타난다.

> 그런데도 강력한 자본은 근대 식민정책을 통해 오늘날까지도 훨씬 더 큰 규모로 같은 임무를 수행한다. …… 원주민의 원시적 결사체 는 그들의 사회조직과 존재의 물적 토대에 대한 가장 강력한 보호 막이기 때문에 자본은 자신의 발전을 저해하는 모든 비자본주의적 사회 단위의 조직적 파괴와 절멸을 위한 계획을 세움으로써 시작한 다. 이리하여 우리는 본원적 축적 단계를 지나왔다. 이러한 과정은 아직도 계속되고 있다. …… 하나의 역사 과정으로 파악되는 자본 축적은 발생기에는 물론 오늘에 이르기까지도 폭력을 영구적 무기 로 사용한다.(GW 5: 318-319)

자본주의경제의 불균형은 비자본주의적 영역에 대한 한 번의 정복으로 치유 될 수 없기에 자본주의는 끊임없이 영토를 확장한다. 따라서 룩셈부르크에게 비 자본주의적 영역에 대한 제국주의적 지배와 사회경제구조의 파괴라는 본원적 축 적의 확대는 자본주의의 영구적 특성으로 자리 잡고 있다. 이러한 논리는 자본 운동이 세계화되는 현실에서 자본주의에 대한 깊은 통찰력을 제공한다. 전후에 자본주의 세계경제가 괄목할 만큼 변화되었음에도 중심부에 묶여 있는 주변부의 전통적 멍에는 그대로 남아 있다. 오히려 세계화가 진전되면서 주변부는 초국적 자본의 공세 속에서 구조적 배제를 우려하는 것이 현실이다.

룩셈부르크는 '살아 있는 모순덩어리'인 자본주의는 자본축적의 모순으로 붕 괴하기 때문에 필연적으로 사회주의가 도래한다고 보았다. "자본주의 체제는 그 자체가 하나의 역사적 모순이다. 자본축적 과정이란 모순을 해결하는 동시에 잉 태하는 과정이다. 자본주의가 최첨단에 도달하게 되었을 때 이 자본축적의 모순 은 사회주의 원리를 적용하지 않고는 도저히 해결될 수 없다."(GW 5: 411)

그렇다면 룩셈부르크는 자본주의의 자동 붕괴만을 염원하는 객관주의자인 가? 자본주의는 객관적, 역사적 한계를 내재하고 있기에 빠져나갈 수 없는 막다른 골목으로 치닫는다고 생각하는 그녀는 '한계'와 '막다른 골목'을 명확하게 논증하려고 애썼다. 왜냐하면 "자본주의경제가 어떤 장애도 없어서 생산력이 무한히 발전할 수 있다면 …… 사회주의의 객관적, 역사적 필연성을 지탱하는 기초는 소멸"(GW 5: 276-277)되기 때문이다. 그런데 이러한 논리에 근거해서 룩셈부르크를 경제주의나 객관주의로 비판하는 때도 있으나, 『자본의 축적』 서문에서 밝히고 있듯이 자본주의의 '한계'와 '막다른 골목'은 자본주의의 역사성에 대한 제국주의적 논증이며 자본축적의 모순을 제국주의에서 확인하는 것이다.

따라서 그녀는 자본주의 붕괴를 확신했지만 자동 붕괴를 주장하지는 않았다. 룩셈부르크는 기계적 유물론자가 아니라 역사 발전에서 주관과 객관의 변증법을 끊임없이 강조했다.

> 인간은 자신의 의지에 따라 역사를 만드는 것은 아니다. 그렇지만 인간은 역사를 만든다. 프롤레타리아의 주체적 행동은 사회 발전의 정도에 의존한다. 그러나 사회 발전은 프롤레타리아와 동떨어진 채 일어나는 것이 아니다. 프롤레타리아는 사회 발전의 산물이자 결과인 동시에 그것의 동력이고 원인이다.(GW 4: 61)

룩셈부르크에게 사회주의는 하늘에서 떨어지는 운명이 아니다.

한편 그녀는 객관주의와는 정반대로 주의주의자라는 비판도 받았다. 1905년 러시아혁명에서 대중의 자발성Spontaneität을 주목한 이후다. 룩셈부르크가 노동자 대중의 자발성이 폭발하기를 기다리며 역사 발전의 필연성에 빠져서 노동자들의 의식적이고 조직적인 혁명운동을 높이 평가하지 않는다는 것이다. 특히 의식성을 강조한 레닌과 대비하여 룩셈부르크의 논리는 전위의 역할을 제거한 주의주의로 낙인이 찍혔다. 그러나 그녀에게 자발성은 대중의 건강한 혁명적 본능과 날카로운 지성의 표현이다. 계급투쟁의 총체로서 대규모 파업은 계급투쟁이 최고위원회의 명령과 계획에 따르는 공허한 정치 행동이 아니라 혁명의 모든 영역과 결합하는 도식화할 수 없는 '살아 있는 생명체'라는 것이다.

따라서 정치적 영역에서의 무기인 자발성과 자본주의 자동 붕괴를 연결하여 평가하는 것은 잘못이다. 물론 그녀가 『자본의 축적』에서 노동자계급의 조직이나 계급의식, 생산의 사회화에 대해서 소홀하면서 자본주의 붕괴를 전망한 것은 문제의 여지가 있다. 그리고 계급사회인 자본주의에서 '계급감정과 계급의식'이 담긴 자발성을 강조한 것이 '혁명적 대기주의'에 함몰된 당 지도부를 겨냥한 것이었다 해도, 의식적 지도를 소홀히 평가한 것은 사실이다.

이와 같이 룩셈부르크는 객관주의자 또는 주의주의자라는 상반된 평가를 받으면서도 자신의 자본주의론에 따라 세계혁명을 주장했다. 왜냐하면 자본주의의 세계적 팽창을 주목하면서 일국적 자본주의의 의미를 부정하기 때문이다. 세계경제를 하나의 유기체로 평가하고, 자본주의의 무정부성을 세계 단위에서 조명하여, 노동자들의 국제 연대를 제기했다. 노동은 자본이 발전하는 만큼만 발전하기 때문이다. 이러한 논리는 볼셰비키혁명에 대한 평가에도 반영된다. 볼셰비키혁명의 부정적 모습은 바로 혁명을 뒷받침해 주지 못한 세계 노동자, 특히 독일 노동자들에게 책임이 있다는 것이다. 룩셈부르크는 자본이 세계를 하나로 통일했다고 평가하기 때문에 국제주의 원칙을 지키면서 세계혁명을 전망했다.

제국주의 각축전

룩셈부르크에게 자본주의에 대한 자신의 논리를 한층 강화해 준 것은 바로 1914년의 세계대전이다. 그녀는 『자본의 축적』의 연장에서, 자본주의의 일반적 발전 경향에 나타나는 비자본주의적 영역에 대한 각축전을 전쟁의 원인으로 파악하고, 독일의 발전을 전쟁의 현실적 계기로 파악했다. 이러한 논리는 『사회민주당의 위기』에도 반영되고 있다. 여기서 그녀는 제국주의 전쟁에 대한 필연성을 논증하고 이것을 토대로 노동자들의 임무를 다룬다.

세계대전은 유럽의 중심부가 "세계의 비자본주의적 국가 및 영역으로 팽창을 기도하고 각축하면서 시작되었다."(GW 4: 77) 1880년대 중국이나 북아프리카 등 세계 각지에서 벌어졌던 중심부 자본주의의 노골적인 각축전이 세계대전을 숙성시켰다. 룩셈부르크는 『자본의 축적』의 논리에 기초해서 자본주의가 비자본주의적 영역 침탈 경쟁으로 발전한 것을 자본주의의 일반적 발전 경향으로 인식한다. 그리고 세계대전을 현실화시킨 요인으로는 자본주의의 블록화를 유발한 것, 바로 독일 제국주의의 등장을 주목했다. 자본은 자신의 활동 무대로 세계를 상정하기 때문에, 독일 제국주의는 세계시장의 재분할을 요구했으며 이것이 세계대전으로 발전한 것이다.

룩셈부르크는 이러한 군국주의가 비자본주의적 영역에 대한 쟁탈전의 무기가 되는 것은 물론 자본 운동에 활력을 불어넣는 것으로 보고 있다. 후기 자본주의의 특수한 경제적 특징을 항구적 군비 지출로 바라보는 만델도 그녀의 논리를 긍정적으로 평가했다. 룩셈부르크에게 "군국주의는 축적의 모든 역사적 국면에 동반하여 나타남으로써 자본의 역사에서 매우 뚜렷한 기능을 수행한다."(Mandel: 282) 군비 지출에 대한 룩셈부르크의 표식은 앞에서 〈표식 1〉에서 보았던 맑스의 표식으로 시작된다. 국가가 간접세로 100을 떼어내서 군사비로 지출한 것이 Ⅲ부문이다.

〈표식 2〉

Ⅰ부문 : $5,000C + 1,000V + 1,000M = 7,000$

Ⅱ부문: $1,430C + 285V + 285M = 2,000$

총생산 : $6,430C + 1,285V + 1,285M = 9,000$

Ⅲ부문 : $71.5C + 14.25V + 14.25M = 100$

이렇게 되면 노동자들의 소비는 감소할 수밖에 없으므로 Ⅱ부문이 축소되고 이어서 I부문도 축소된다.

〈표식 3〉

I부문 :　4,949C ＋ 989.75V ＋ 989.75M = 6,928.5
II부문 : 1,358.5C ＋ 270.75V ＋ 270.75M =　1,900
총생산 : 6,307.5C ＋ 1,260.5V ＋ 1,260.5M = 8,828.5

　　그런데 군비 지출로 I부문의 소비재 수요가 감소되고 II부문도 축소되기 때문에 총생산이 9,000에서 8,828.5로 감소하여 노동자뿐만 아니라 자본가들도 똑같은 피해자라고 해석하면 곤란하다. 노동자로부터 거두어들인 세금이 노동과 자본 어느 쪽에도 속하지 않은 새로운 구매력으로 무기 제조에 사용된다면, 자본에는 잉여가치를 창출하고 실현할 수 있는 새로운 계기를 제공하기 때문이다. "간접적 징세를 기초로 군국주의는 실제로 두 가지 방법으로 가능하다. 노동자 계급의 정상적 생활수준을 낮춤으로써 자본이 자본주의적 지배기관인 상비군을 유지하도록 보장하며 또한 더욱 많은 축적을 위한 매력적인 분야를 제공한다."(GW 5: 406-408)

　　이러한 군국주의에 대항하기 위해 룩셈부르크는 세계 노동자들의 연대를 제기했다. 왜냐하면 그녀에게 제국주의는 세계를 하나로 묶는 자본 운동이기 때문이다.

> 　　제국주의는 어느 한 나라 또는 몇몇 나라의 제작물이 아니라 자본의 세계적 발전에 따른 산물이며, 본질에서 단일한 국제적 현상이고 불가분 전체이며, 그 전체는 총제적 상호 관계를 통해서만 규명될 수 있으며, 어느 한 국가도 전체에서 빠져나갈 수는 없다.(GW 4: 137)

그녀는 세계대전으로 제국주의의 치열한 각축이 폭로되었으며, 제국주의적 팽창으로 세계가 하나로 연결되어 이행을 위한 하나의 역사 과정이 명백해졌다고 생각했다. 따라서 룩셈부르크에게 제국주의의 세계 지배는 역사의 일시적 배반이지만, 국제 프롤레타리아의 인터내셔널에 의한 제국주의의 전복은 역사적 필연이다. 따라서 그녀는 세계대전으로 무기력하게 무너진 제2인터내셔널보다도 훨씬 높은 차원에서 국제적 통일성과 규율을 확보한 인터내셔널의 부활을 외친다. "우리 모두가 역사의 법칙을 따른다면 사회주의적 질서가 실현될 수 있는 것은 오직 국제적으로만 가능하다."(GW 4: 365)

이와 같이 룩셈부르크는 자본주의에 대한 분석을 통해서 '세계경제'를 사회경제적으로 유일하게 의미 있는 단위로 제시했다. 따라서 노동자들도 국제적 결합으로 새로운 사회를 전망해야 한다. 이러한 논리는 그녀의 이론적 전선이 수정주의 비판에서 제국주의 반대 투쟁으로 변화되면서 체계화된 것이다. 룩셈부르크는 국민경제를 부정하고 세계시장의 무정부성을 주목하면서 수정주의를 비판했으나, 『자본의 축적』 이후에는 제국주의를 세계를 하나의 유기체로 만드는 자본 운동으로 해석하여 세계경제가 완성된 것으로 평가했다. 이러한 자본주의에 대한 인식을 바탕으로 노동자 국제주의를 인터내셔널에서 확인하고 있다.

이러한 과정에서 룩셈부르크는 첫째, 자본주의를 분석하면서 자본 운동과 국민국가의 상호 관련을 과소평가하여 세계경제 유일론을 제기했고, 둘째, 『자본의 축적』에서 자본주의 생산양식의 역사성을 분석하면서 자본주의의 모순을 유통영역, 그것도 판로의 문제로 제기했으며, 셋째, 노동자들의 반反자본주의 운동에서 자발성에 의존하는 등 맑스주의 역사에서 '오류의 모범'으로 평가되고 있다. 특히 자본주의가 자동 붕괴되기만을 기다리는 낭만주의자라는 비판도 제기되었다.

물론 룩셈부르크는 자본주의의 붕괴를 사회주의의 선행조건으로 수용했다. 그러나 이것은 자본주의의 자동 붕괴가 사회주의의 '자동 승인'이라는 의미가 아니다.

자본주의 질서의 폐지, 사회주의 질서의 실현 …… 이 역사적 과
업은 위로부터 즉흥적으로 내려오는 몇 마디의 공약으로 달성되
는 것이 아니고, 도시와 농촌에서 신음하는 대중의 의식적 행동에
서 출발하여 일반 대중의 지칠 줄 모르는 이상과 고도로 성숙된 지
성에 의해 폭풍우를 뚫고 안전하게 항구에 정박할 때 가능한 것이
다.(GW 4: 397)

사회주의자로서 룩셈부르크가 자본주의를 과학적으로 분석하려 한 것은 필
수적인 일이었겠지만 현실적인 목적도 있었다. 그것은 바로 자본주의 붕괴를 부
정하는 베른슈타인과 제국주의를 정책적 차원에서 바라보는 카우츠키를 겨냥한
것이다. 이러한 차원에서 보면 그녀의 논리는 일정 수준의 비약에도 불구하고
맑스주의 역사에서 커다란 의미를 지닌다.

특히 자본 운동의 세계화로 압축되는 현실에서 세계경제를 기본단위로 자본
주의를 조명한 룩셈부르크의 통찰력은 적극적으로 평가되어야 한다. 그녀의 분
석에서 우리는 세계화에 따른 국민 경제의 지위나 자본축적의 폭력성, 초국적
자본의 각축, 축적의 세계화와 위기의 세계화, 저항의 세계화 등에 대한 선구적
결론을 볼 수 있다. 이 지점에 룩셈부르크의 자본주의에 대한 분석이 의미가 있
는 것이다.

참고 문헌

이갑영 (1), 『로자 룩셈부르크의 재인식을 위하여』, 한울, 1993년.
이갑영 (2), 「로자 룩셈부르크의 유산」, 『동향과 전망』, 통권 제32호, 1996년.

松岡利道, 『ロザルクセンブルク ― 方法 · 資本主義 · 戰爭』, 新評論, 1988年.

E. Bernstein, Die Voraussetzungen des Sozialismus und die Aufgaben der Sozialdemokratie, Stuttgart, 1899.

G. D. H. Cole, Chap.XII, Poland-Rosa Luxemburg, A History of Socialist Thought Vol.III, Part I : The Second International 1889-1914, London, 1957.

F. Engels, Marx and the Neue Rheinische Zeitung (1848-49), MECW 26.

P. Frölich, Rosa Luxemburg - Gedanke und Tat, Frankfrut/M, 1967.

V. I. Lenin, Notes of a Publicist, LCW 33.

Rosa Luxemburg, Neue Strömungen in der polnischen sozialistischen Bewegung in Deutschland und österreich, GW 1/1, 14-36.

_____ , Die industrielle Entwicklung Polens", GW 1/1, 115-216.

_____ , Parteitag der Sozialdemokratie 1898 in Stuttgart, GW 1/1, 236-241.

_____ , Wirtschaftliche und sozialpolitische Rundschau, GW 1/1, 278-294, 308-317, 326-347, 352-360.

_____ , Sozialreform oder Revolution?, GW 1/1, 367-466.

_____ , Entwurf zu den Junius-Thesen, GW 4, 43-48.

_____ , Die Krise der Sozialdemokratie, GW 4, 51-164.

_____ , Brennende Zeitfragen, GW 4, 275-290.

_____ , Zur russischen Revolution, GW 4, 332-365.

_____ , Der Anfang, GW 4, 397-400.

_____ , Die Akkumulation des Kapitals, GW 5, 5-411.

_____ , Die Akkumulation des Kapitals - Eine Antikritik, GW 5, 413-523.

_____ , Einführung in die Nationalökonomie, GW 5, 524-778.

E. Mandel, Late Capitalism, The Gresham Press, 1972.

K. Marx & F. Engels, Manifesto of the Communist Party, MECW 6.

K. Marx, Speech at the Polish Meeting, MECW 20.

_____ , Capital I, MECW 34.

제5장 붕괴에서 숙명으로

자본주의 붕괴론

자본주의의 고유한 현상으로 알려진 공황에 대해 맑스는 "과잉 자본과 과잉 노동이 공존하는 상태"라고 했지만 일관된 논리를 구축하지는 못했다. 이후 공황이론은 '자본 과잉론'과 '상품 과잉론'으로 전개되었는데, 제2인터내셔널의 맑스주의자 룩셈부르크는 상품 과잉론, 그 가운데서도 '과소소비론'을 주장한 것으로 알려져 있다. 특히 그녀는 『자본의 축적』에서 자본주의적 생산의 객관적 한계를 경제적으로 논증하여 과소소비론을 체계화했으나, 한편으로는 자본주의가 자동 붕괴할 것이라고 확신한 기계적 유물론자로 평가되면서 끊임없는 비판에 시달려 왔다.

그런데 자본주의가 노동자계급의 의식적 개입 없이도 자체의 모순에 의해 붕괴할 것이라고 믿었다면 다른 기계적 유물론자들처럼 '그날이 올 때까지' 의회를 기웃거리거나 노동조합에 기대면 될 텐데, 룩셈부르크는 끊임없이 정치투쟁을 이끌었고 노동자계급의 자발성도 주목했다. 물론 그녀가 쓴 자본주의에 대한 저작들[*]에 나타난 논리와 노동자계급의 자발성이 어떤 연관을 맺고 있는지 분석하는 것은 그녀의 맑스주의를 이해하는 데 중요한 과제가 될 것이다.[**]

이 지점에서 주목해야 할 것은 제2인터내셔널 맑스주의자들이 범한 오류인데, 바로 자본주의 붕괴론을 광범하게 받아들이고 있었다는 점이다. 한센[F. R. Hansen]에 따르면 제2인터내셔널에 나타난 자본주의 붕괴론[***]의 특성은 이렇다. 첫째, 자본주의는 어느 시기가 되면 사회의 지배적 생산양식으로 존재할 수 없다. 둘째, 자본주의의 종언이 혁명적 세력의 적극적 공세와 자본주의경제에 내재된 고유한 제반 모순의 폭발로 일어난다.(한센: 20)

자본주의 붕괴론자들은 맑스의 자본주의 발전 이론을 심각하게 오해하여, 자본주의가 파국적 공황으로 자동적으로 붕괴하고 자본주의가 무너진 잿더미 위에서 사회주의사회가 만들어질 것이라고 주장했다. 이들은 주기적 공황을 자본주의가 붕괴로 가는 과정으로 이해하고 자본축적의 불가능성을 시장 부족과 과소소비에서 찾았는데, 시장 확대가 한계에 이르면 자본주의가 붕괴에 돌입할 것이라고 주장했다.

이렇게 자본주의 붕괴론은 자본주의의 몰락과 사회주의로의 이행을 경제적 요인으로만 설명하거나, 계급투쟁이라는 요인을 도입하더라도 그것을 경제적 요인으로 환원시키는 경향이 있었다. 이러한 인식은 공황론과도 일정 수준 연관을 지니고 있는데, 자본축적의 불가능성을 시장 부족에서 찾는 것이다. 따라서 독일의 사회주의 세력들도 과소소비론을 받아들여 자본주의의 붕괴를 믿는 정통파와 이것을 부정하는 수정주의자들로 나뉘어 격렬하게 대립하게 되었다.

---

[*] 룩셈부르크에게는 『폴란드의 산업 발전』, 『사회 개량이냐 혁명이냐?』, 『자본의 축적』, 『국민경제학 입문』 같은 주요한 경제학 저술이 있다.

[**] 콜에 따르면, 맑스주의 역사에서 룩셈부르크가 이론적으로 이바지한 것은 사회주의와 민족주의의 관계를 맑스주의적으로 해석한 것, 대규모 파업과 관련된 당의 역할을 밝힌 것, 『자본의 축적』을 통해 맑스주의 경제 이론을 발전시킨 것을 들 수 있다(Cole: 501).

[***] "자본주의 붕괴론은 사회혁명론과 구별된다. 자본주의 붕괴론은 자본주의의 와해가 인간의 직접적인 의지나 간섭과는 관계없이 다른 힘으로 일어난다는 것을 보여 준다. 이것과는 대조적으로 계급투쟁과 혁명 이론은 일반적으로 사회의 급격한 변화는 주체적인 인간의 노력이 경제적, 사회적 변화를 낳는 것이라고 한다."

수정주의 논쟁에서 맑스주의 정통파를 옹호하면서 제2인터내셔널 무대에 등장한 룩셈부르크는 베른슈타인을 비판하여 자본주의 붕괴론을 재구축했고, 이후에 『자본의 축적』을 통해 제국주의의 필연성을 논증하고 맑스의 『자본』에 담긴 재생산표식을 비판하면서 과소소비론을 체계적으로 구축했다. 특히 '축적될 잉여가치'에 대한 수요 문제를 제기하면서 자본주의적 생산의 객관적 한계를 논증하려고 했다.

이러한 과정에서 룩셈부르크는 자본주의가 노동자계급의 의식적 개입 없이도 자동 붕괴할 것이라는 기계적 유물론에 빠져 버렸다는 비판을 받았다. 볼셰비키와 맞서면서 스파르타쿠스연맹을 이끌었던 룩셈부르크는 정녕 기계적 유물론자라는 낙인을 지울 수 없는 것일까? 어찌 보면 룩셈부르크를 둘러싼 상투적 문제 제기일 수 있지만, 논리의 전개상 맑스주의자로서 룩셈부르크를 평가하는 핵심적 지점이다. 그것은 자본주의 붕괴론과 관련된 문제이고, 공황에 대한 인식과 관련된 문제이며, 『자본』에 대한 평가와 관련된 문제다.

따라서 룩셈부르크는 공황을 어떻게 인식했고 그 인식이 어떻게 변화되었는지 밝혀야 할 것이다. 특히 그녀가 기계적 유물론자로 평가받는 것을 고려하면서, 자본주의 붕괴와 관련하여 공황에 대한 그녀의 인식이 어떻게 변화되었는지 주목할 필요가 있다. 이러한 과정에서 룩셈부르크를 휘감고 있는 자본주의 붕괴론자라는 혐의가 벗겨질 수 있을지 모르지만, 무엇보다도 자본주의 붕괴론의 '완결판'이라고 비판받는 『자본의 축적』에서조차 그녀는 자본주의가 자동으로 붕괴하는 모습을 보기는 어려울 것이라고 주장하면서 붕괴하기 이전에 국제 노동자계급이 혁명적으로 진출할 것이라고 예상했다(GW 5: 411). 그녀는 사회주의사회가 크리스마스 선물처럼 어느 날 갑자기 다가오지 않는다고 굳게 믿었고(GW 4: 362), 그만큼 목적의식적 실천이 요구된다는 것을 잘 알고 있었다.

1870년대 독일의 사회주의자들 사이에는 자본주의가 곧 무너질 것이라는 믿음이 널리 퍼져 있었다. 베벨과 베른슈타인은 이러한 '낙관주의자들'의 두 거봉이었다(Peter: 185). 1873년과 1890년 공황의 후폭풍으로 들이닥친 엄청난 불황이 이것을 현실로 보여 주었다는 것이다. 독일사회민주당이 1891년에 채택한 「에어푸르트 강령」역시 이러한 상황을 반영해서, 자본주의사회는 파산했고, 해체되는 것은 시간문제라고 보았다. 당연히 자본주의사회가 붕괴하고 필연적으로 사회주의사회가 도래할 것이라는 「에어푸르트 강령」의 전망에 의구심을 갖은 사회주의자는 거의 없었다(베른슈타인: 94).

그런데 불황이 극복되었고 그 과정에서 자본주의는 변화되었다. 자유방임자본주의가 독점자본주의로 발전하게 되었는데, 거대한 기업들이 카르텔이나 트러스트를 형성하여 상호 경쟁을 제한하고 독점력을 강화했으며, 금융자본이 발전하기 시작했고, 자본수출과 식민지 개척이 경쟁적으로 이루어졌다. 이러한 과정에서 자본주의사회는 「에어푸르트 강령」의 전망처럼 붕괴하기는커녕 새로운 상승 계기를 맞았으며, 1896년 이후 경제는 빠르게 회복되기 시작했다.(송병헌: 167)

자본주의경제가 변화되자 일부 맑스주의자들은 자본주의 붕괴 전망을 담고 있는 「에어푸르트 강령」을 '수정'해야 할 필요성을 느꼈다. 물론 자본주의 붕괴론이 엄청난 불황의 산물이고 1890년대 후반의 경기회복이 직접 수정주의를 낳은 것은 아니지만, 베른슈타인의 수정주의가 「에어푸르트 강령」에 대한 비판이고 강령에 담겨 있는 자본주의 붕괴론을 겨냥하고 있었던 것은 명백하다(Clarke (1): 29-33). 따라서 독일사회민주당의 의회주의 전략과 개량주의적 전통을 밑바탕에 깔고 있던 수정주의는 무엇보다도 자본주의 붕괴론을 부정할 필요가 있었다.

베른슈타인은 1896년부터 1898년 사이에 「사회주의의 문제들」이라는 논문들을 발표하여 맑스주의를 비판했다. 이후 그는 발표한 논문들이 독일사회민주당 안팎에서 격렬한 논쟁을 불러일으키자 자신의 주장을 체계화하여 『사회주의의 전제와 사회민주당의 과제』를 출판했다. 여기서 베른슈타인은 유물론과 변증법, 노동가치론, 자본집중, 경제공황, 혁명적 계급투쟁 등을 부정하는 한편 민주주의의 발전을 바탕으로 사회가 사회주의로 점진적으로 이행할 것이라고 주장했다. 이것은 맑스의 이론 체계에 대한 전면적 도전이며, 맑스주의의 현실 적합성을 묻는 것이었다. 특히 베른슈타인의 핵심적 비판은 자본주의 붕괴론에 있었는데, 그는 맑스주의자들이 혁명 전술을 버리지 않는 이유가 자본주의 붕괴론에 근거하기 때문이라고 생각했기 때문이다(Colletti: 17).

베른슈타인은 자본주의 붕괴론의 기원을 『공산주의 선언』에서 찾아냈다.[*] 그는 『공산주의 선언』에서 맑스가 주목했던 파국적 경제공황을 자본주의의 몰락과 이행을 보증하는 것, 즉 자본주의 붕괴론으로 오해했다. 베른슈타인은 맑스가 자본주의의 과도기성을 설명한 곳에서 자본주의의 객관적 붕괴를 추론했으며, 맑스주의를 계급투쟁과 관계없는 단순한 경제적 논리로 이해하면서 경제결정론으로 추락시켰다. 당연히 베른슈타인은 파국적 공황이 발생하지 않거나 지체된다는 것을 논증할 필요가 있었다.

그에 따르면 자본주의의 변화된 적응 수단들이 자본주의 붕괴론의 근거를 송두리째 흔들고 있는데, 첫째, 신용 제도, 기업집중, 교통 통신의 발전 등에 따라 전반적 공황이 소멸했으며, 둘째, 생산 영역에서 끊임없이 분화가 일어나는 한편 노동자계급이 중간계층으로 상승하여 사회적으로 중간계층이 강화되고 있으며, 셋째, 노동조합 활동을 통해 노동자계급의 경제적, 정치적 지위가 지속해서 향상되고 있다는 것이다.

베른슈타인은 자본주의 붕괴론과 직접 관련이 있는 공황 문제에 집중하면서 비판적으로 분석했는데, 특히 과소소비론을 주목했다. 그는 과소소비론이 자본주의 붕괴론과 관련성이 깊다고 보고, 맑스의 『자본』 제2권과 엥겔스의 『반-뒤링』의 논리를 중심으로 과소소비론을 비판했다. 특히 엥겔스가 『자본』 제3권의 각주에서 세계경제가 팽창하면서 "공황 발생의 원인이나 계기가 대부분 제거되었거나 매우 약화되었다"(마르크스: 599)라고 기술한 것을 지적하면서, 베른슈

---

[*] 그런데 맑스는 『공산주의 선언』에서 붕괴론자들이 이해하는 것처럼 자본주의적 생산이 맞게 될 파국적 공황에 대해 언급한 것이 아니라 생산관계가 생산력 발전의 질곡이 되는 시기에 계급투쟁이 격화되는 과정을 설명하고 있으며, 자본주의 몰락의 동력도 파국적 공황이 아니라 계급투쟁에서 찾았다. 이러한 과정에서 주기적 공황은 노동자계급의 존재 형태를 불안정하게 만들어 계급의식이 고양되도록 만든다는 설명이다.

타인은 자본주의의 적응 수단들을 주목했다.

> 통신 및 운송에 필요한 시간의 획기적 단축과 함께 이루어진 세계
> 시장의 엄청난 공간적 확대가 각 생산 부문 간 불비례를 조정해 줄
> 가능성을 키운 것은 아닌지, 그리고 근대 신용 제도의 탄력성 및 산
> 업 카르텔의 등장과 함께 유럽 산업 국가들에서 엄청나게 증가한
> 부로 말미암아 지역적, 개별적으로 발생한 불비례들이 전반적 경기
> 상황에 미치는 영향력이 매우 약화되어 적어도 앞으로 상당 기간
> 과거에 보았던 그런 종류의 경제공황은 발생할 가능성이 거의 없
> 게 된 것은 아닌지, 하는 의문이 바로 그것이다.(베른슈타인: 166-
> 167)

그는 공황의 원인을 전적으로 생산의 무정부성에서 구했기 때문에, 세계경제
가 팽창하고 신용 제도와 기업집중 등 자본주의의 새로운 적응 수단들이 나타난
현실에서 생산의 무정부성은 점차 감소하게 될 것이며 파국적 공황의 폭발 가
능성도 줄어들 수밖에 없다고 생각했다. 따라서 파국적 공황이 폭발할 가능성이
줄었다면, 자본주의가 붕괴할 전망도 희박해지고, 당연히 사회가 사회주의로 이
행할 전망도 사라지기 때문에, 노동자계급은 더는 혁명을 위해 투쟁할 이유를
갖기 어렵고 자본주의 붕괴론을 바탕으로 수립된 정치적 전술 역시 폐기되어야
한다는 것이다.

베른슈타인은 독일사회민주당은 시대에 뒤떨어진 낡은 혁명적 수사에서 벗
어나 민주사회주의 개량 정당으로서 노동자계급을 경제적으로 조직하고 민주주
의로 발전시켜야 한다고 보았는데, 그 이유는 이제 자본주의사회는 공황의 폭발
에 이은 붕괴로 파국을 맞는 것이 아니라 경제적, 정치적 제도의 점진적 민주화
를 통해 진보할 수 있기 때문이라는 것이다. 그는 자본주의 붕괴론을 비판하여
사회주의의 도래를 부정했고, 나아가 사회주의의 역사적 필연성을 부정한 것은
물론이다.

룩셈부르크의 반론

수정주의 깃발을 올린 베른슈타인에 대해 정통 맑스주의자들은 신랄하게 비판했지만, 그들이 모두 똑같은 목소리를 낸 것은 아니다. 베른슈타인이 자본주의 붕괴론을 비판하기 위해 맑스주의의 붕괴론을 왜곡한 데 반해, 정통 맑스주의자들은 공통적으로 그가 맑스의 붕괴론을 왜곡하고 있다는 것을 알지 못하고 붕괴론을 옹호하는 논리를 전개했다. 쿠노Heinrich Cunow는 자본주의경제에서 시장 부족이 증가하는 것을 붕괴론으로 증명하려고 했고, 카우츠키는 붕괴론으로부터 맑스주의를 지키려고 노력했으나 붕괴의 필연성을 과소소비론으로 뒷받침했고, 슈미트Conrad Schmidt는 붕괴론의 핵심이 과소소비론이라는 것을 증명하려고 했다.

슈미트에 따르면, 가파르게 증가하는 자본축적과 생산력의 향상은 필연적으로 과잉생산을 낳는다. 왜냐하면 소비 능력의 증가가 생산수단 부문의 성장보다 뒤처지기 때문이다. 그 결과로 경쟁이 격화되면 자본가들에게 가변자본을 희생시켜 불변자본의 투입을 증가시키도록 만든다. 따라서 산업예비군이 증가하고 소비 능력은 쇠퇴하게 된다. 가변자본의 투입이 점점 줄어들면서 이윤율은 계속 하락한다. 이러한 과소소비론을 바탕으로 슈미트는 붕괴론을 거부했다. 왜냐하면 만일 자본주의의 모든 어려움이 과소소비에서 비롯된 것이라면, 대중의 소비 능력을 강화하는 것으로 이러한 곤란을 극복할 수 있기 때문이다.(박대원 (1): 47)

하지만 베른슈타인에 대한 가장 강력한 응답은 룩셈부르크로부터 나왔다(Clarke (2): 31). 그녀의 글들은 독일사회민주당을 뒤흔드는 거대한 지진처럼 충격을 몰고 왔다(갈로: 172). 그녀는 쿠노나 카우츠키와 달리 베른슈타인의 맑스주의에 대한 비판이 '전면적'이라는 것을 인식했고, 베른슈타인의 논리가 정태적인 고전파 정치경제학과 부르주아 인식론의 부활이라고 생각했다. 특히 룩셈부르크는 베른슈타인이 자본주의의 적응 수단을 바탕으로 사회를 개량하면 자본주의사회가 점진적으로 사회주의사회로 진입할 수 있다고 주장한 것은 사회주의의 객관적 필연성을 부정한 것이고 사회주의를 관념의 산물로 옮겨놓는 것이라고 주장했다.

룩셈부르크는 『사회 개량이냐 혁명이냐?』에서 사회주의의 과학적 근거를 자본주의의 발전과 결합하여 세 가지로 지적했다. 첫째, 자본주의의 붕괴를 불가피하게 만드는 자본주의경제의 점증하는 무정부성, 둘째, 미래에 도래할 사회질서의 긍정적 맹아를 창출하는 생산과정 사회화의 증대, 셋째, 다가올 혁명의 실천적 요소를 형성하는 프롤레타리아의 증가하는 힘과 계급의식(GW 1/1: 375). 그녀는 베른슈타인이 세 가지 가운데 특히 첫 번째인 자본주의경제의 무정부성을 부정한다고 판단했기 때문에 자본주의 붕괴의 불가피성을 논증하는 데 힘을 모았다.

그녀에 따르면, 종래의 사회주의 이론은 파국적 공황을 통해 사회주의혁명이 시작될 것이라고 주장했지만, 근본적인 것은 자본주의 붕괴가 파국적 공황 행태를 띠었는지 아닌지에 있는 것이 아니라 자본주의에 고유한 모순인 생산의 무정부성에 의해 자본주의가 필연적으로 붕괴한다는 것이다. "과학적 사회주의의 관점에 따르면 사회주의혁명의 역사적 필연성은 무엇보다도 자본주의 체제를 피할 수 없는 막다른 길로 몰아넣는, 자본주의 체제의 증대하는 무정부성 속에 나타나는 것이다."(GW 1/1: 375-376)

따라서 룩셈부르크는 베른슈타인이 자본주의의 적응 수단으로 열거한 것들이 궁극적으로는 자본주의 무정부성을 팽창시켜서 자본주의를 붕괴로 유도할 수밖에 없다는 것을 증명하게 되었다. 그녀는 신용 제도와 카르텔이나 트러스트가 생산양식과 교환양식, 생산양식과 소유양식, 자본주의경제의 세계성과 자본주의국가의 일국성 따위 사이에 모순을 심화시키는 것으로 이해했다. 신용은 한편에서 생산을 촉진하여 과잉생산을 부추기는 경향이 있으며 불황 때는 자체의 불안정으로 경제를 더욱 악화시키는 역할을 한다. 카르텔이나 트러스트는 그 속성 때문에 지배적 생산 형태가 되기 어려워 베른슈타인이 기대하는 적응 수단이 될 수 없다.

또한 룩셈부르크는 베른슈타인이 지적한 적응 수단들이 자본주의의 무정부성을 해소할 수 없는 데도 파국적 공황이 폭발하지 않는 이유는 무엇일까라는 문제를 제기하면서 공황이 지체되는 원인을 세계시장의 발전으로 설명했다.

> 아직은 세계시장이 발전하는 과정에 있어서 세계시장의 성숙 단계에서 나타나는 주기적 공황이 발생하지는 않았다. 또한 종래에 나타났던 대략 10년마다의 주기적 공황은 실제로 자본주의경제의 돌연한 확대에 기인하는 청년기 공황Jugendkrisen이며, 자본주의의 완성기에 시장의 한계와 생산력이 충돌하여 발생되는 노년기 공황Alterskrisen과는 구별해야 한다.(GW 1/1: 385)

세계시장의 발전에 따라 자본주의 발전 단계를 묘사하고 이것을 통해 공황의 형태 변화를 이해하는 것은 룩셈부르크가 제국주의를 분석하는 데 중요한 문제로 제기되는 것이다. 그녀가 공황이 지체되는 상황을 세계시장이라는 외적 요인으로만 설명하는 것에는 한계가 있을 수 있지만, 그녀는 베른슈타인이 제시한 자본주의의 적응 수단들도 세계시장의 완성을 촉진하는 계기로 파악한 것은 물론이다.

> 멈추지 않는 파국의 시작, 즉 자본주의가 최후의 공황Schlußkrisen에 접근하고 있다는 명백한 사실은 공황을 일시적으로 지체시켰던 조건들과 현상들에서 얻어진 결론이다. 일단 세계시장이 전체로서 완성되면 어떠한 급격한 팽창에 의해서도 더는 확대될 수 없거나, 그리고 그와 동시에 노동생산성이 끊임없이 증대하게 되면 언젠가는 생산력과 시장의 한계가 주기적으로 충돌하기 시작한다. 이것은 반복적으로 이루어지며 저절로 점점 격렬해지고 점점 광포해진다. 이러한 시기에 접근시키고 세계시장을 급속하게 완성하고 또한 세계시장을 빠르게 고갈시키는 데 특별히 유효한 것이 있다면, 그것은 베른슈타인이 자본주의의 '적응 수단'으로서 생각했던 현상들인 신용 제도와 기업가 조직들이다.(GW 1/1: 386)

이렇게 룩셈부르크가 수정주의를 겨냥하여 발표한 『사회 개량이냐 혁명이냐?』는 공황의 원인을 자본주의적 생산의 무정부성에서 찾고, 자본주의적 생산의 무정부성으로 폭발한 공황이 자본주의를 붕괴로 이끈다고 설명한다. 하지만 폭발해야 할 공황이 지체한 것은 자본주의의 대외적 경제 관계 때문이라고 지적했다. 따라서 세계시장이 완성되면 최후의 공황이 몰아치고 자본주의는 붕괴할 것으로 생각했는데, 그녀는 경제적 현상들을 자본주의 발전과 유기적으로 결합하고 총체적으로 인식했기 때문에, 베른슈타인이 자본주의의 적응 수단으로 언급한 신용이나 기업집중도 결국 자본주의의 내적 모순, 즉 생산력과 생산 관계의 모순을 심화시키는 계기로 이해했다. 룩셈부르크는 생산력과 시장의 한계가 충돌하는 것을 자본주의적 생산의 무정부성에 연유하는 것으로 파악하고, 공황의 폭발을 일시적으로 지체시켰던 것들도 세계시장의 완성 단계에는 공황을 격화시키는 요인이 된다고 보는 것이다.

『자본의 축적』의 문제

룩셈부르크는 『사회 개량이냐 혁명이냐?』를 통해 베른슈타인을 비판하는 과정에서 「경제사회정책 전망」을 연속적으로 발표하여 세계시장의 변화를 주목했다(GW 1/1: 278-294, 308-317, 326-347, 352-360). 그녀는 세계시장에서 영국이 쇠퇴하고 미국과 독일이 부상하는 것을 주목하면서 자본주의 세계의 변화가 유례를 찾을 수 없을 정도로 진행된다고 보고 세계시장의 완성에 대한 분석을 진행했다. 특히 세계시장의 고갈로 경쟁이 첨예화되는 현실을 통해 『사회 개량이냐 혁명이냐?』에서 전개했던 세계시장의 논리를 강화했다.

우리가 지금 눈앞에 보고 있는 것은 자본주의 역사에서 가장 중요한 시기다. 자본에게 정복된 거대한 영역 전체가 세계시장의 고갈

과 그에 따른 경쟁의 첨예화와 기술혁신 등에 놓인 것은 모두 노동
자운동의 기초가 되는 자본주의 발전 논리를 증명하는 것이며 또한
이 발전의 종말을 앞당기는 것이다.(GW 1/1: 314)

『사회 개량이냐 혁명이냐?』에서는 세계시장의 경쟁이 첨예해지는 것에서 공
황의 형태가 변화되는 것을 설명했으나 세계시장을 고갈시키는 동력에 대해서
는 분명하게 밝히지 않았지만, 『자본의 축적』에서는 세계시장이 고갈되는 이유
를 명확히 하는 동시에 그 직접적 결과로 나타나는 비자본주의적 영역에 대한
열강들의 각축전을 주목했다. 룩셈부르크는 『자본의 축적』을 통해서 왜 자본주
의 역사에 제국주의가 등장했는지, 제국주의가 필연적으로 나타날 수밖에 없는
이유는 무엇인지를 규명하려고 노력했다. 왜냐하면 그녀는 스스로 말했듯이 "자
본주의 생산양식의 실제적 생산관계와 객관적, 역사적 한계를 자본주의의 총체
적 관점에서 명료하게 서술"하려 했을 때 곤란에 직면했기 때문이었다.
　따라서 룩셈부르크는 이 문제에 대해 맑스가 『자본』 제2권에 제시한 재생산
표식에 대한 비판을 통해 제국주의의 필연성을 반증하게 되었는데, 『자본의 축
적』 서문에서 그 집필 배경을 밝히고 있다.

나는 자본주의 생산양식의 실제적 생산관계와 객관적 역사적 한계
를 자본주의의 총체적 관점에서 명료하게 서술할 수가 없었다. 좀
더 깊이 있게 검토해 볼 때, 이것은 단순히 서술이 명료하게 되었느
냐 안 되었느냐의 문제가 아니라 맑스의 『자본』 2권의 이론 및 현
실의 제국주의 정치, 제국주의 경제적 하부구조와 관련된 문제라는
것을 깨닫게 되었다.(GW 5: 7)

그녀는 궁극적으로 자본주의가 잉여가치를 실현하기 위해서는 비자본주의적
영역이 필요하다는 것과 자본주의국가들이 세계적으로 팽창하고 경쟁하는 것
사이에는 구조적 연관성이 존재한다는 것을 밝히려는 것이었다.

『자본의 축적』의 논리 구성을 보면, 『자본』에 나타난 재생산표식을 비판하고 자본축적의 역사적 조건을 분석하면서, 제국주의의 등장과 함께 특히 두드러지게 된 자본주의 중심국들의 각축전을 자본주의의 자기모순을 통해 규명하는 것을 중심으로 이루어져 있다. 따라서 수정주의 논쟁 이후의 논리, 더구나 붕괴론의 핵심으로 제기되었던 자본주의적 생산의 무정부성이나 공황 등 자본주의의 순환 문제, 베른슈타인이 지적했던 적응 수단 등에 대해서는 크게 언급하지 않았다. 당시의 정치적 요구로 제국주의의 필연성을 적극적으로 논증할 필요가 있었을 뿐만 아니라, 『자본』의 재생산 논리에 대한 비판을 통해 자본주의의 변화를 본질에서 규명하려는 의도가 있었기 때문이다.

룩셈부르크가 『자본』의 논리 가운데 특히 제2권의 재생산표식을 주목한 것은 표식이 "순수한 자본주의"를 전제한다고 생각했기 때문인데, "맑스의 재생산표식은 자본의 지배가 최후의 한계에 이르렀을 때의 이론적 표현에 지나지 않으며, 이러한 측면에서 그것은 자본주의적 생산의 출발점을 이론적으로 정식화한 단순재생산표식과 같은 모양이며 과학적 허구"(GW 5: 365)라고 비판했다. "과학적 허구"라고 지적한 것은 『자본』이 전제하고 있는 순수한 자본주의를 의미하는 것이며, 자본주의 생산양식이 점차 세계를 지배해 나간다는 전망을 담은 것이다.

『자본의 축적』은 『자본』의 재생산표식에 대한 비판과 함께 자본주의의 내재적 모순을 『자본』에서 계승하는 과제를 안고 있었기 때문에 대부분을 『자본』에 대한 분석과 비판에 할애하고 있다. 이러한 차원에서 1910년 이후 제국주의의 전개는 『자본』에 대한 이해를 바탕으로 룩셈부르크가 주목한 형태, 즉 비자본주의 영역으로의 진출이라는 도식에 의해 실체가 명확해진다. 그녀에 따르면 자본주의는 태생적으로 비자본주의 영역을 필요로 하는데, 그녀는 이를 자본의 자연경제와의 투쟁, 상품경제와의 투쟁, 축적 조건의 나머지 영역을 포함한 세계시장에서의 자본의 각축전이라는 세 단계로 나누어 이해했다. 이 가운데 앞의 두 단계는 유럽 국가들이 자본주의를 확립하는 과정에서 중층적으로 수행되었는데, 특히 영국 자본주의가 세계시장을 무대로 전개했던 자본축적을 다루면서 이 두 단계를 설명했다. 자본축적의 세 번째 단계는 전 지구를 둘러싼 자본의 경쟁 단계이며, 이때 영국 이외의 자본주의국가들이 등장한 것은 물론이다.

하지만 룩셈부르크의 시선은 새롭게 떠오르는 제국주의 국가들과 이들 사이에 벌어지는 각축전에 있었다. 1910년대의 세계대전 위기와 자본주의 중심국들의 세계적 경쟁이 그녀가 제국주의를 규명하게 되는 데 커다란 영향을 준 것이다. 따라서 『자본의 축적』에 나타난 제국주의 인식의 특성은 크게 세 가지다. 첫째, 자본축적 과정을 중층적으로 파악하고 비자본주의적 영역의 피억압 상황을 비중 있게 다루었다. 둘째, 자본주의 중심국들의 각축전을 자본주의의 내적 모순이 표출된 것으로 보았다. 셋째, 자본주의의 내재적 모순과 제국주의의 필연성을 규명하려는 의도에서 재생산표식에서의 실현 문제를 통해 자본주의의 전면적 확대 경향을 주목했다(松岡利道: 248). 룩셈부르크가 제국주의를 규명하기 위해 『자본의 축적』을 통해 전개했던 『자본』의 재생산 논리에 대한 비판에는 사회주의의 과학적 필연성은 자본주의의 현실 가운데서 그 붕괴의 현실성을 드러내지 못하면 증명할 수 없다는 강한 신념이 깔려 있었다.

그녀는 자본주의가 축적을 계속하려면 잉여가치를 실현하기 위해 비자본주의 영역으로 진출할 수밖에 없다는 것을 논증했다. 즉 자본주의는 식민지 개척과 제국주의를 통해 존립하고 있으며, 비자본주의 영역이 모두 자본주의로 전화되면 자본주의의 붕괴는 필연적이라고 말했다. 자본축적이 정지했다는 것은 생산력의 발전이 멈추었다는 것을 의미하고, 이것은 자본주의 붕괴가 객관적인 역사적 필연으로 이어진다는 뜻이다. 따라서 그녀에게 제국주의는 자본주의의 생명을 연장하는 방법이지만 역설적으로 그 생명을 단축하는 가장 확실하고 신속한 길이었다.

> 자본주의는 놀라운 번식력을 갖는 최초의 경제체제다. 즉 세계 구
> 석구석에 침투하면서 다른 모든 경제체제를 축출해 버리는 최초의

경제체제다. 하지만 자본주의 체제는 또한 자신을 위한 비옥한 토양을 제공할 여타의 경제체제가 없다면 독자적으로 존속할 수 없는 최초의 경제체제이기도 하다. 이렇게 자본주의는 세계적 경제체제로 발전함과 동시에 세계적 경제체제가 될 수 없는 자신의 내적 모순 때문에 파멸해 가고 있다. 자본주의 체제는 그 자체가 하나의 역사적 모순이다.(GW 5: 411)

과소소비의 체계화 *

룩셈부르크에 따르면, 맑스가 전제한 순수한 자본주의 체계에서는 확대재생산으로 만들어진 잉여가치의 축적분이 실현될 수 없다. 이에 대해 설명하기 전에, 문제를 명확히 이해하기 위해 맑스의 재생산표식을 검토하기로 하자.

단순재생산을 위한 모델
I. 4,000C + 1,000V + 1,000S = 6,000W
II. 2,000C +   500V +   500S = 3,000W

확대재생산을 위한 모델
I. 4,000C + 1,000V + 1,000S = 6,000W
II. 1,500C +   750V +   750S = 3,000W

두 모델의 차이를 보면, 단순재생산의 경우는 자본가들이 잉여가치를 모두 소비하는 것이고 확대재생산의 경우에는 잉여가치 일부를 자본으로 전화시키기

---

* 여기서는 룩셈부르크의 확대재생산표식이 지니고 있는 의미를 평가하거나 문제점을 지적하기보다는 그녀가 지니고 있던 문제의식인 잉여가치의 실현 문제와 제국주의를 확대재생산을 통해 어떻게 결합시키고 있는지를 파악할 것이다. 룩셈부르크의 확대재생산표식이 지니고 있는 문제점에 대해서는 김수행(2008)을 보라.

위해 따로 떼어놓은 것이다. 이 잉여가치는 추가적 불변자본과 추가적 가변자본으로 전화될 것인데, 확대재생산 될 때 증대된 생산물의 구매자가 문제가 된다.

이것이 룩셈부르크가 제기하는 핵심문제다. 맑스가 설정한 순수한 자본주의 체계에서는 노동자계급이 항상 자신의 수입을 모두 소비한다고 가정하고 있어서 남은 생산물을 사들일 수 있는 것은 자본가계급뿐이다. 그럴 경우, 단순재생산에서는 문제가 없지만, 잉여가치 일부가 자본으로 전화되는 확대재생산에서는 자본가계급이 잉여가치를 모두 개인적으로 소비하지 않고 일부를 축적한다고 가정하기 때문에 자본가가 잉여가치를 모두 소비할 수 없다는 것이 룩셈부르크의 생각이다.

룩셈부르크는 스스로의 문제의식을 명확히 하기 위해서 축적률이 두 부문 모두 같은 맑스의 확대재생산표식에, 노동생산성의 증대에 따른 잉여가치율의 상승과 기술발전에 따른 자본의 유기적 구성의 증대를 도입하여 자신의 확대재생산표식을 만들었다.

제1년도 $\text{I} . 5,000C + 1,000V + 1,000S = 7,000W$

$\quad\quad\quad \text{II} . 1,430C + 285V + 285S = 2,000W$

제2년도 $\text{I} . 5,428 \, ^4/_7C + 1,071 \, ^3/_7V + 1,083S = 7,583W$

$\quad\quad\quad \text{II} . 1,587 \, ^5/_7C + 311 \, ^2/_7V + 316S = 2,215W$

제3년도 $\text{I} . 5,903C + 1,139V + 1,173S = 8,215W$

$\quad\quad\quad \text{II} . 1,726C + 331V + 342S = 2,399W$

제4년도 $\text{I} . 6,424C + 1,205V + 1,271S = 8,900W$

$\quad\quad\quad \text{II} . 1,879C + 350V + 371S = 2,600W$

축적이 이렇게 진행된다면 제Ⅰ부문에서는 제2년도에는 16, 제3년도에는 45, 제4년도에는 88만큼 공급이 부족하고, 반대로 각 연도에는 그만큼의 소비수단의 과잉이 발생할 것이다(GW 5: 287). 룩셈부르크는 이렇게 과잉으로 생산된 소비수단이 가치를 실현해야 할 문제가 맑스의 확대재생산표식에서는 해결될 수 없다고 생각하고, 이것을 실현하기 위해서는 자본주의 영역이 아니라 비자본주의 영역의 구매자가 필요하다고 주장했다. 이러한 그녀의 과소소비론*이 제국주의가 세계적으로 비자본주의 영역을 점령하고 자본주의적 생산의 한계를 보이면서 세계시장이 완성되었을 때 자본주의가 붕괴할 것이라는 논리를 제시하는 데 사용된 것은 물론이다(Clarke (2): 54).

룩셈부르크는 맑스의 확대재생산표식이 자본의 유기적 구성의 고도화를 반영하지 않았는데, 이것을 반영하는 경우 스스로 제시한 확대재생산표식에서 보았듯이 소비수단이 실현되지 못하고 과잉생산물로 남을 것이라고 주장했다. 그녀의 『자본의 축적』을 루카치는 맑스주의의 이론적 재생의 발단이 된 두 개의 저서 가운데 하나(다른 하나는 레닌의 『국가와 혁명』)라고 평가했으나(루카치: 95), 재생산표식에 나타난 수치만을 본다면 룩셈부르크는 틀렸다. 맑스에 따르면 생산 확대는 자본주의의 시장 부족 문제를 모순적으로 해소하는 방식이다. 룩셈부르크는 맑스의 이러한 논리를 제대로 이해하지 못한 것으로 보인다.**

하지만 룩셈부르크의 논리를 확대재생산이 될 수밖에 없는 자본주의에서 '축적 조건은 무엇이며, 그것은 무한히 가능한가?'라는 자본주의적 생산의 존립과 발전 가능성에 대한 의문으로 본다면 의미가 없는 것은 아니다. 특히 그녀에게 "자본주의는 비자본주의사회의 한가운데서 역사적으로 생성하여 발전한 것이었다."(GW 5: 316) 룩셈부르크는 자본주의가 잉여가치의 실현을 위해 끊임없이

---

* "자본주의의 제국주의적 특징 — 기생성, 약탈성, 정체성 — 을 과소소비론적 관점에서 설명하는 룩셈부르크의 견해는 전후 좌파 이론가들에게 지속된다. 먼저 부족한 수요의 증대를 위해서 무기 산업의 역할을 강조한다는 점에서, 바란과 스위지(P. Baran and P. Sweezy) 등 『먼쓸리 리뷰』 계열 이론가들은 룩셈부르크의 군국주의와 제국주의 이론의 경향을 잇고 있다. …… 이런 점은 마찬가지로 『먼쓰리 리뷰』 계열인 맥도프(H. Magdoff)도 마찬가지이다." (김두한: 42~43)

** "생산 확대가 제1부문과 제2부문의 잉여생산물을 실현하는 가장 중요한 내부 요인이라는 것을 룩셈부르크는 제대로 이해하지 못했기 때문에 비자본주의적 외부 시장의 절대적인 필요불가결성을 강조하게 된 것이다. 맑스에 따르면 잉여가치에 대한 자본의 끊임없는 추구는 잉여가치의 생산과 실현 사이의 보완적이고 상호 의존적이며 조화로운 관계를 파괴하면서 또한 동시에 자본주의 시장을 더 넓게 확산하고 더 높게 고급화함으로써 생산과 실현의 통일을 새로운 차원에서 다시 확립하는 경향이 있다."(김수행, 2006: 140)

비자본주의 영역을 침탈하는 것을 보면서 '본원적 축적'에서 나타났던 자본의 폭력성은 자본주의가 역사에 떠오를 때만 나타나는 것이 아닌 변함없는 '자본의 속성'이라고 날카롭게 지적했다.

> 그런데도 강력한 자본은 근대 식민정책을 통해 오늘날까지도 훨씬 더 큰 규모로 같은 임무를 수행한다. …… 원주민의 원시적 결사체는 그들의 사회조직과 존재의 물적 토대에 대한 가장 강력한 보호막이기 때문에 자본은 자신의 발전을 저해하는 모든 비자본주의적 사회 단위의 조직적 파괴와 절멸을 위한 계획을 세움으로써 시작한다. 이리하여 우리는 본원적 축적 단계를 지나왔다. 이러한 과정은 아직도 계속되고 있다. …… 공격적 팽창을 함으로써 축적이 노동인구의 자연적 성장을 기다릴 수 없고 또한 그 성장에 만족할 수 없음은 비자본주의적 구조의 자연적 와해와 그것의 시장 경제로의 이행을 기다릴 수도 없고 또 그러한 것에 만족할 수 없음과 마찬가지다. 폭력은 자본이 취할 수 있는 유일한 해결책이다. 하나의 역사 과정으로 파악되는 자본축적은 발생기에는 물론 오늘에 이르기까지도 폭력을 영구적 무기로 사용한다. 관련된 원시사회의 관점에서 볼 때 그것은 생산의 문제다. 그 사회에게는 적대하거나 싸워서 종말을 맞이하는 것 – 완전 소모나 멸망 – 이외의 선택은 없다." (GW 5: 318-319)

룩셈부르크는 이렇게 분석한 이후 정복, 무력, 강탈, 절도, 교역 등에 의해 제국주의가 전통적 사회를 파괴하는 현실을 묘사했다. 그녀는 제국주의적 팽창이 자본주의의 존립에 절대적인 요소라고 주장하면서 "제국주의는 아직도 비자본주의 영역으로 남아 있는 세계의 지역을 확보하기 위해 경쟁적으로 투쟁하는 자본축적의 정치적 표현"(GW 5: 391)이라고 말했다. 그런데 이렇게 자본축적이 진행되다가 어느 시점에서 비자본주의 영역이 고갈되면 "국내외에서 자본축적을 위한 조건들은 그 대립물로 전화한다. 그것들은 자본주의 몰락의 조건으로 돌변"한다고 지적하면서 이렇게 주장했다.

자본이 군국주의를 활용하여 국내외에서 비자본주의적 계층을 폭력적으로 제거하고 모든 노동자의 생존 조건을 저하시킬수록 세계에서 진행되는 자본축적은 지속적인 정치적, 사회적 재앙과 동요로 변화한다. 이러한 재앙과 동요는 공황의 형태로 나타나는 주기적인 경제적 재앙과 함께 축적이 지속하는 것을 불가능하게 만든다.(GW 5: 410-411)

이것은 바로 자본주의가 '붕괴'하는 상황을 묘사한 것인데, 룩셈부르크는 이 때 사회는 '야만인가 문명인가' 선택의 갈림길에 설 수밖에 없다고 보면서, 노동자계급의 혁명적 진출이 패배하면 사회는 야만으로 전락할 것이라고 주장했다. 하지만 자본주의의 기계적 붕괴가 현실로 나타날 것으로 생각하지는 않았는데, 왜냐하면 그녀는 "자본 스스로 만들어 낸 자연적인 경제적 한계에 부딪히기 이전에, 국제 노동자계급이 자본의 지배에 대한 투쟁을 불가피하게 만들 것"(GW 5: 411)이라고 지적한 것이다.

이렇게 그녀는 『자본의 축적』을 통해 과소소비론을 체계화한 것은 명백하지만 자본주의의 기계적 붕괴를 주장하지는 않고 있다. 또한 룩셈부르크는 『자본의 축적』에서 수정주의자들과 카우츠키 등의 초제국주의자들을 겨냥하면서 과소소비론을 바탕으로 제국주의의 필연성과 자본주의가 몰락할 수밖에 없다는 것을 증명하는 데 집중했기 때문에 별도로 공황의 원인이나 형태, 지체 문제 등은 다루지 않았다.

『국민경제학 입문』의 논리

1906년 독일사회민주당은 베를린에 정치학교를 세워 당원들에게 사회과학 등의 이론과 선전 활동 등을 교육했다. 정치학교의 강사는 프란쯔 메링Franz Mehring, 루돌프 힐퍼딩Rudolf Hilferding, 헤르만 둥커Herman Duncker 등 당내 '급진좌파'

가 중심이 되었는데, 룩셈부르크는 1907년 10월부터 루돌프 힐퍼딩을 대신하여 맑스 경제학을 강의하게 되었다. 『국민경제학 입문』은 바로 이 강의를 위한 초고로 준비된 것이며, 강의가 진행되면서 전체적 구성은 계속 변화되었다.

1916년 7월의 편지에서 밝힌 목차는 이렇다(Frölich: 181). "1. 국민경제학이란 무엇인가? 2. 사회적 노동. 3. 경제사적 통찰: 원시 공산사회. 4. 경제사적 통찰: 봉건 경제체제. 5. 경제사적 통찰: 중세 도시와 수공업 길드. 6. 상품생산. 7. 임금노동. 8. 자본의 이윤. 9. 공황. 10. 자본주의경제의 경향." 1장과 2장은 인쇄될 예정이었고 다른 부분들도 초고는 마련되어 있었다. 하지만 『국민경제학 입문』은 1925년 파울 레비Paul Levi에 의해 발간되었으나 불행히도 많은 실수와 자의적 수정이 있었고 중요한 각주들이 삭제되었다(Bellofiore: 6). 이어서 1975년 독일민주공화국에서 발간된 『로자 룩셈부르크 전집』 제5권에 불완전한 형태지만 실리게 되었다.

『로자 룩셈부르크 전집』에 실린 『국민경제학 입문』의 목차는 이렇다. I. 국민경제학이란 무엇인가? ― 1. 2. 3. 4. 5. 6. III. 경제사(I) ― 1. 2. 3. 4. IV. 경제사(II) ― 1. 3. III. 상품생산 ― 1. 2. 3. 4. IV. 임금노동 ― 1. 2. 3. 4. 5. 6. VII. 자본주의경제의 경향 ― 1. 이것은 룩셈부르크의 초고를 복원한 것이기 때문에 목차의 표기나 기호는 체계적이지 않지만, 1916년의 구상 가운데 "1. 국민경제학이란 무엇인가"와 3, 4, 5의 경제사 가운데 "3. 원시공산주의사회"와 "6. 상품생산," "7. 임금노동," "10. 자본주의경제의 경향"이 실려 있다.

『국민경제학 입문』은 이미 지적했듯이 1907년 10월부터 시작하여 1916년에 이르는 장기에 걸친 수고인데, 이 가운데 1911년부터 1913년까지는 룩셈부르크가 『자본의 축적』을 집필했던 시기다. 따라서 『국민경제학 입문』과 『자본의 축적』은 집필 시기를 고려할 때 상호 의존적 측면도 있을 것이다(Bellofiore: 1-22). 하지만 『자본의 축적』은 수정주의자들과 카우츠키 등 제국주의를 정책적으로 이해하는 사람들을 겨냥하여 비자본주의 영역을 매개로 제국주의 필연성을 논증하고 과소소비론을 체계화한 것인데 반해, 『국민경제학 입문』은 저술 목적에서 차이가 있기 때문인지 비자본주의 영역이나 『자본』의 재생산 논리에 대한 비판 등은 보이지 않는다.

먼저 "국민경제학이란 무엇인가?"를 보면 경제학의 성립이 자본주의 생산양식의 존립과 불가분의 관계가 있다고 지적했다. 고전파경제학을 비판적으로 계승한 맑스는 자본주의적 생산의 무정부성을 밝히고 이것을 바탕으로 사회주의의 역사적 필연성을 나타낼 수 있었다는 내용이 전체의 흐름이다. 특히 "국민경제학에서 근본적인 개념은 부르주아의 이해관계를 위한 학문적 기만"(GW 5: 563)이라는 지적도 있으나, 중요한 논리는 영국에서 출발한 자본주의가 150여 년 동안에 세계경제를 형성하고 결과적으로 국가 경제의 상호 의존성은 강화되었지만 경제의 무정부성이나 관세장벽, 전쟁 등으로 부단히 동요가 일어났다는 것이다.

> 자본주의적 생산의 무정부적 법칙 가운데서 맑스는 헌신적 노력으로 사회주의적 계기들을 찾아냈다. 프랑스나 영국의 경제학자들이 자본주의경제가 우리들의 생활을 향상하는 법칙들을 주목했다면, 맑스는 반세기 이후에 그들의 논리와 단절하고 그것으로부터 자신의 논리를 전개했다. 맑스는 오늘날 경제 질서가 무정부적 생산에 따라 끊임없이 사회의 존립을 위협하여 파멸적인 경제적, 정치적 파국이 연속되면서 경제 질서 그 자신을 파멸로 이끌고 있다는 것을 지적했다.(GW 5: 591)

> 이른바 국가 경제들의 합인 자본주의 세계경제는 진정으로 비조직적이다. 모든 대륙이나 해양을 포함하여 전체적으로 무계획, 무의식, 무통제가 나타나고 있다. …… 물론 오늘날에도 하나의 강력한 지배자인 자본이 노동하는 인간들에게 통제를 가하고 있다. 하지만 지배 형태는 전제專制가 아닌 무정부성이다.(GW 5: 579)

그리고 이러한 무정부성을 나타내는 구체적인 예로 공황, 실업, 가격 변동 등을 들고 있지만, 여기서 공황 등은 자본주의를 붕괴로 이끌기보다는 "인간 경제 행위의 욕구, 목적, 결과 등이 상호부조화 상태에 빠뜨리는" 것으로 인식했다(GW 5: 576). 특히 공황을 자본주의의 붕괴가 아니라 실업이나 가격과 나란히 배치하여 자본주의의 변동을 보여 주는 것으로 위치 지은 것은 주목할 필요가 있다.

둘째, "경제사"에서는 마르크공동체Markgenossenschaft를 원시공산주의의 최고의 발전 형태로 이해하면서, 모든 공동체를 국제적으로 비교하여 역사성과 다양성을 체계화하여 생산의 세계적 형태로 농업 공산주의의 전형을 파악하려는 논리를 펼쳤다. 이러한 과정에서 전통적 공동체 사회가 자본주의와 충돌하는 것을 묘사하고 있는데, 원시적 농업 공산주의의 최고의 형태인 마르크공동체는 다양성, 유연성, 적응성 때문에 수백 년을 존속해 왔으나 "단지 하나의 접촉만으로 성장과 존속을 멈추었다. 그것은 바로 자본주의와의 접촉이다."(GW 5: 688) 아프리카의 노예무역도 아프리카 공동체를 해체했지만 자본주의와 충돌하면서 생산조건의 변화를 가져왔다는 것을 지적했다. 특히 정복자들은 원주민을 억압하거나 경제적으로 착취하는 데 머물지 않고 생산수단인 토지를 빼앗았다고 비판했다. "유럽 사회는 원시적 사회질서에서 그 토대를 빼앗는다. 거기에서는 모든 억압이나 착취보다도 악질적인 것, 즉 완전한 무정부성과 유럽적 현상인 사회적 존재의 불안정이 발생한다."(GW 5: 695)

셋째, "상품생산" "임금노동" "자본주의 발전의 경향" 등에 대해 1916년의 구상과 『로자 룩셈부르크 전집』 제5권의 『국민경제학 입문』을 비교하면, 뒤의 것에는 1916년 구상 가운데 "자본의 이윤"과 "공황"이 빠져 있는 것을 알 수 있다. 내용을 보면 "상품생산에서 공황을 거쳐 자본주의경제의 경향"까지 일정한 논리적 전개가 있어서 1916년의 구상은 커다란 변화 없이 『국민경제학 입문』 집필에 그대로 반영되었다고 볼 수 있는데, 『로자 룩셈부르크 전집』 제5권의 『국민경제학 입문』의 내용도 이러한 추측을 가능하게 하는 단서가 될 수 있다.

"III. 상품생산"은 이렇게 시작한다. "우리가 지금까지 집중해 왔던 문제는 하나의 사회는 공동 노동 없이는, 즉 계획과 조직에 바탕을 둔 노동 없이는 존립할 수 없다는 것이다. 또한 우리는 같은 시대에도 여러 형태의 공동 노동이 존재했다는 것을 보았다. ─ 오늘날에는 진정한 무엇도 없고 지배도 결말도 없으며 민주주의도 조직도 흔적조차 없다. 있는 것이라고는 무정부성 뿐이다."(GW 5: 697-698) "상품생산"에서는 상품경제의 역사적 등장과 화폐의 발생이 묘사되고 있으며, 상품경제가 존립하는 문제를 다루고 있다.

"Ⅳ. 임금노동"에서는 노동력이라는 상품의 등장과 일반화, 절대적 잉여가치와 상대적 잉여가치를 설명하고, 맑스『자본』제1권 23장의 "자본주의적 축적의 일반적 법칙"을 인용하면서 부단히 증대하는 노동자계급의 형성에 관해 서술하고 있다. 노동자계급의 절망적 빈곤이 자본주의적 생산의 결과만이 아니라 그것의 존립 조건 가운데 하나라는 논리를 전개하고 있는 것이다.

공황의 지위 변화

이미 지적했듯이, 1916년에 구상했던『국민경제학 입문』의 목차와『로자 룩셈부르크 전집』제5권에 실린『국민경제학 입문』의 목차를 비교하면 아쉽게도 "자본의 이윤"과 "공황"이 빠진 것을 알 수 있다. 그런데 그녀는『국민경제학 입문』"Ⅶ. 자본주의경제의 경향 – 1"의 첫머리에 이제까지의 내용을 종합하고 있어서『로자 룩셈부르크 전집』에 복원되지 못한 부분인 "자본의 이윤"과 "공황"의 내용을 추정해 볼 수는 있다.

룩셈부르크는 자본주의경제가 계획성도 적고 의식적 조직에 소홀하며 어찌보면 존립할 수 없는 것처럼 보이지만 하나의 전체를 이루는 데 적합하다고 보면서, 존립할 수 있었던 이유를 몇 가지로 정리했다(GW 5: 770-771).

첫째, 상품경제와 화폐경제에 의해, 자본주의경제는 개별적 생산자들이나 지리적으로 떨어진 사람들을 경제적으로 결합하고 나아가 세계적으로 분업 체계를 구축하였다.

둘째, 자유경쟁에 의해, 기술적 진보를 가져오고 동시에 프티부르주아를 끊임없이 노동자계급으로 변화시킨다. 이것을 통해 매매될 노동력은 자본이 있는 곳으로 집결하게 된다.

셋째, 자본주의 임금 법칙에 의해, 한편으로는 임금노동자가 노동자계급의 신분에서 벗어날 수 없도록 하며 자본의 지배에서 탈피하지 못하도록 만들고, 다른 한편으로는 지불받지 못하는 노동을 더욱 착취하고 자본을 축적하여 더 많은 생산수단의 집적, 집중, 확장을 가능하게 한다.

넷째, 산업예비군에 의해, 노동자들을 사회의 수요와 자본주의적 생산에 순응하도록 만든다.

다섯째, 이윤율의 평균화 때문에, 하나의 산업이 다른 산업으로 옮겨가는 자본의 이동을 제약하여 분업의 형평을 조절하게 된다.

여섯째, 가격 변동과 공황으로, 부분적으로는 매일매일, 부분적으로는 주기적으로 맹목적이고 혼탁한 자본주의적 생산과 사회의 욕구 사이에 균형을 가져온다.

이렇게 "VII. 자본주의경제의 경향 – 1"의 첫머리에 정리된 여섯 가지를 1916년의 구상과 비교하면 『로자 룩셈부르크 전집』 제5권의 『국민경제학 입문』에 빠진 부분들의 내용과 위치를 추측할 수 있다.

○ 1916년 구상   ○ "VII. 자본주의경제의 경향 – 1"의 첫머리

6. 상품생산 ————————— 상품교환, 화폐경제, 자유경쟁

7. 임금노동 ————————— 자본주의 임금 법칙, 산업예비군

8. 자본의 이윤 ————————— 이윤율 균등화

9. 공황 ————————— 가격 변동과 공황

여기서 주목할 것은 공황의 지위인데, 『국민경제학 입문』에서는 공황을 자본주의의 존립 조건으로 이해하는 변화를 엿볼 수 있다. 이미 인용했듯이 "Ⅶ. 자본주의경제의 경향 - 1"의 첫머리에서 "가격 변동과 공황으로, 부분적으로는 매일매일, 부분적으로는 주기적으로 맹목적이고 혼탁한 자본주의적 생산과 사회의 욕구 사이에 균형을 가져온다"라고 지적하는 것을 보더라도, 『사회 개량이냐 혁명이냐?』에서 강조했던 것처럼 공황의 폭발이 자본주의를 붕괴로 이끈다는 논리와는 커다란 차이가 있다는 것을 알 수 있다.

룩셈부르크는 이미 『자본의 축적』에서 공황을 자본주의 붕괴와 직접 연결 짓기보다는 세계경제에서 비자본주의 영역의 고갈과 함께 자본주의적 생산을 위기로 몰아넣는 또 다른 계기로 인식했었다.

> 자본이 군국주의를 활용하여 국내외에서 비자본주의적 계층을 폭력적으로 제거하고 모든 노동자의 생존 조건을 저하시킬수록 세계에서 진행되는 자본축적은 지속적인 정치적, 사회적 재앙과 동요로 변화한다. 이러한 재앙과 동요는 공황의 형태로 나타나는 주기적인 경제적 재앙과 함께 축적이 지속하는 것을 불가능하게 만든다.(GW 5: 410-411)

그런데 『국민경제학 입문』에서 공황에 대한 인식은 어떻게 변화되었을까? 『국민경제학 입문』에서 룩셈부르크는 자본주의의 구체적 관계와 역사적 한계를 규정짓는 문제에 고심했던 것으로 보인다. 『사회 개량이냐 혁명이냐?』까지는 자본주의경제의 무정부성에 따라 폭발하는 공황과 자본주의 붕괴를 결합하려는 노력이 있었으나, 점차 공황을 통해서 자본주의의 필연적 붕괴를 주장하는 생각은 후퇴하고, 『자본의 축적』에서는 "공황의 형태로 나타나는 주기적인 경제적 재앙den periodischen wirtschaftlichen Katastrophen in Gestalt der Krisen"(GW 5: 411)이라는 표현에서 보듯이 공황의 주기성을 주목하다가, 『국민경제학 입문』에서는 공황을 자본주의의 존립 조건으로 인식하고 있다.

자본주의적 생산의 확장 가능성은 자체로는 한계를 모른다. 기술 진보와 세계의 생산력에는 어떤 한계도 없기 때문이다. 하지만 그 확장 욕구는 명백한 한계에 부딪힌다. 즉 자본의 이윤 추구라는 장벽에 부딪힌다. 생산과 생산의 확장은 적어도 일반적 평균이윤이 가능한 경우에만 의미가 있다. 그러나 이것은 시장의 상황에 달려 있다. 소비자의 지불 능력이 있는 수요와 생산되는 상품의 공급은 가격 관계에 따라 결정된다. 즉 자본의 이윤 추구는 한편에서는 생산의 급격한 증대를 요구하고 다른 한편에서는 이윤 추구 자체가 생산의 증대 욕구를 억제하기 때문에 시장의 한계를 만들어가게 된다. 이미 설명했듯이 여기서 상업공황과 산업공황이 필연적으로 발생하게 되는데, 공황은 그 자체로 구속이 없고 제한이 없는 자본주의적 생산 욕구와 자본주의적 소비 한계를 주기적으로 균형에 이르도록 하고, 자본주의가 존속하고 한층 발전하는 것을 가능하게 한다.(GW 5: 777)

여기서 주목할 것은 바로 공황에 관한 규정이다. "공황은 그 자체로 구속이 없고 제한이 없는 자본주의적 생산 욕구와 자본주의적 소비 한계를 주기적으로 균형에 이르도록 하고, 자본주의의 존속하고 한층 발전하는 것을 가능하게 한다." 따라서 룩셈부르크는 『사회 개량이냐 혁명이냐?』와 달리 『국민경제학 입문』에서는 공황을 자본주의의 붕괴의 계기가 아니라 자본주의경제의 모순이 주기적으로 균형에 이르도록 해 주는 존립 조건으로 이해하고 있는 것이다.

이렇게 공황이 자본주의를 붕괴로 몰아가지 않는다면 자본주의를 불가능하게 만든 것은 무엇일까? 그녀는 『자본』의 논리인 자본축적의 내재적 법칙에 의지하고 있다. 특히 룩셈부르크는 자본주의경제가 지닌 세계성을 확인하고 세계경제와 세계시장의 형성이 자본주의 존립을 불가능하게 만든다는 논리를 전개했다.

애초부터 역사적 진보를 고려한다면, 자본주의 생산양식은 영구불변한 사회가 아니고 종래의 모든 사회처럼 단지 과도기적 단계이며, 인류 문화 발전의 거대한 과정 가운데 하나에 지나지 않는다. 자세히 보면 자본주의 발전이 자본주의 자신을 몰락으로 이끌고 이 것을 넘어서 나가는 것이다. 이제까지 우리는 자본주의를 존립할 수 있게 하는 요인들을 연구했지만, 이제부터는 자본주의를 불가능 하게 만드는 요인을 알아야 하는 시점에 도달했는데, 여기서는 자 본 지배의 내적 법칙을 적용하는 것이 옳을 것이다. 자본 지배의 내 적 법칙은 진화하다가 어느 일정 수준에 이르면 인류 사회가 존립 할 수 없도록 일체의 근본 조건에 반기를 들게 된다. 자본주의 생산 양식이 종래의 모든 생산양식과 비교하여 두드러지게 차이가 나는 것은 스스로 세계를 향해 팽창하는 것이며 모든 종래의 사회질서를 축출하려는 내적 힘을 가지고 있다는 것이다.(GW 5: 771)

그녀는 자본의 세계성을 바탕으로 자본주의 세계경제가 형성되고 있는 현실 을 주목하고, 세계적으로 자본이 축적되는 다른 한쪽에서는 빈곤이 축적된다 고 주장하여, 『자본』 제1권에 나오는 "자본주의적 축적의 일반적 법칙"을 세계 적 차원에서 적용했다. 즉 세계경제와 세계시장이 형성되면 자본주의 중심국들 의 관계가 밀접해지는 한편 "인류의 광범한 빈곤화와 그들의 생존 불안이 가속 된다." 그리고 "자본주의적 생산의 확대 욕구에 대한 시장의 한계를 점점 깨닫게 된다." (GW 5: 778)

이것은 우선 자본 지배권의 확장, 세계시장 및 세계경제의 형성을 의미하는데, 세계경제 안에서는 지구의 모든 사람이 서로 생산자이 며 서로 구매자이고, 서로 손잡고 일하며 지구를 도는 하나의 경제 에 참여하게 된다. 그러나 이것은 다른 쪽에서 보면 인류의 빈곤화 범위가 세계적으로 더욱더 커지고 생존에 대한 불안정성이 더욱더 늘어나는 것이다. 생산력이 낮아서 복지는 빈약했으나 모든 사람이 함께 누리는 생활 조건이었던 공동체 관계나 농업경제 관계 대신에 자본주의 식민지 관계, 프롤레타리아화와 임금노동 관계가 들어오 기 때문에 아메리카, 아시아, 아프리카, 오스트레일리아 등의 모든 식민지 사람들 사이에 극도의 빈곤과 참기 힘든 노역, 그리고 절망

적 생존 불안이 나타나게 되었다.(GW 5: 773)

이렇게 보면 룩셈부르크는 『자본의 축적』을 통해 『자본』의 재생산 논리를 비판했지만, 『국민경제학 입문』에서는 세계경제와 세계시장에서 나타나는 자본축적의 내재적 법칙을 중심으로 『자본』의 논리를 세계적 차원으로 확장했다.

룩셈부르크는 『국민경제학 입문』에서 자본주의의 불가능성을 밝히기 위해 『자본』 제3권 15장의 '생산과 소비'의 모순에 의지하고 있다. 이것은 바로 공황이론 가운데 하나인 과소소비론의 근거다. 따라서 그녀는 『국민경제학 입문』에서 과소소비론을 가지고, 자본주의 중심국들이 세계시장에서 서로 각축함으로써 자본주의가 불가능하다는 것을 증명하려 한 것이다. 이러한 문제의식과 논리는 『자본의 축적』과 유사하게 볼 수 있으나, 공황에 대한 인식은 자본주의 붕괴의 계기에서 점차 자본주의 순환의 계기로 변화되었다.

이상의 논의를 정리해 보자. 맑스주의 역사에서 룩셈부르크는 극단적 평가에 시달리는 경향이 있는데, 우선 레닌주의와 깊은 연관이 있다는 지적이 있다(이갑영: 165-169). 하지만 일체의 삶을 사회주의혁명에 바친 그녀에게 자본주의가 자동 붕괴할 것이라고 확신했던 기계적 유물론자라는 평가가 적절한지는 의문이다. 따라서 룩셈부르크의 공황 인식은 그녀의 맑스주의를 이해하는 데 중요한 의미를 지니는데, 그녀의 공황 인식을 통해 그녀가 자본주의를 어떻게 이해하고 받아들였는지를 파악할 수 있는 것은 물론 제2인터내셔널 맑스주의자들이 빠져 있던 자본주의 붕괴론과의 논쟁에서 그녀가 어떤 변화를 보여 주었는지 알 수 있으며, 또한 자본주의가 필연적으로 이행한다고 보는 그녀에게 공황이 어떤 의미를 지녔는지도 밝혀질 수 있다.

공황에 대한 룩셈부르크의 인식은 먼저 수정주의 논쟁에서는 자본주의를 붕괴로 이끄는 계기였다가, 그 다음에 『자본의 축적』에서는 공황을 직접 주목하기보다는 자본주의적 생산의 한계를 논증하는 데 집중했으며, 셋째로 『국민경제학 입문』에서는 수정주의 논쟁과 달리 공황을 붕괴와 연계한 것이 아니라 자본주의적 생산의 순환의 계기로 이해하고 나아가 자본주의의 존립 조건이라는 인식으로 변화된 것을 알 수 있다. 즉 『사회 개량이냐 혁명이냐?』의 제2판까지는 '자본주의적 생산의 무정부성이 자본주의 붕괴의 계기'라는 논리로 『자본』을 재구성하려는 노력을 기울였으나, 이후에는 공황을 바탕으로 자본주의 붕괴를 밝힌다는 논리는 점차 후퇴하고 오히려 공황이 자본주의경제의 순환을 나타내는 것으로 보거나 세계시장 확대 계기로 인식했다.

물론 룩셈부르크를 자본주의가 자동 붕괴한다고 믿었던 기계적 유물론자로 평가하더라도 "그녀의 붕괴론은 붕괴의 기계적 정식화, 제국주의의 성숙된 분석, 실현 문제에 대한 집중 그리고 저항의 자연발생적 형태에 대한 언급 등을 통해 서구 맑스주의 붕괴론의 발전사에서 루돌프 힐퍼딩이나 레닌보다 이론적으로 복잡하고 정치적 요소가 강한 자본주의 발전분석에 비해 더욱 큰 영향을 미쳤다. 서방측에서 그녀의 붕괴론은 게오르그 루카치에 의해 가속되었다."(한센: 167)

룩셈부르크는 공황을 분석할 때 『자본의 축적』은 물론 『국민경제학 입문』에서도 과소소비론을 유지했다. 당연히 자본축적 법칙의 결과로 발생하는 과잉생산, 즉 시장 부족이 해소되는 것을 자본축적 법칙 자체의 내적 논리로 설명하지 못하는 과소소비론이 지닌 한계를 벗어나지 못했다.

하지만 그녀는 『사회 개량이냐 혁명이냐?』에서 공황을 통해 자본주의의 붕괴를 증명하려던 논리에서 벗어나 『국민경제학 입문』에서는 공황이 더는 자본주의를 붕괴로 이끄는 것이 아니라 자본주의적 생산의 순환적 현상임을 이해하고 있다. 즉 『국민경제학 입문』에서 "공황은 자본주의적 생산 욕구와 자본주의적 소비 한계를 주기적으로 균형에 이르도록 하고, 자본주의가 존속하고 한층 발전하는 것을 가능하게 하는 것"(GW 5: 777)이라고 주장했다. 이렇게 보면 룩셈부르크의 공황 인식은 과소소비론의 한계를 지니고 있음에도 불구하고 커다란 변화를 보인 것이다.

물론 그녀가 『자본의 축적』에서 자본주의적 생산의 객관적 한계를 증명하여 제국주의의 필연성을 밝히고 자본주의의 존립 가능성에 강한 의문을 제기했을 지라도, 『국민경제학 입문』에서 공황을 자본주의적 생산의 존립 조건으로 인식한 것은 적어도 제2인터내셔널 맑스주의자들이 공유했던 '공황을 통한 자본주의 붕괴론자'라는 혐의를 벗을 수 있는 근거가 마련된 것으로 볼 수 있으며, 특히 공황에 대해서 수정주의 논쟁 단계에서 전개했던 논리와 『국민경제학 입문』에서 전개된 논리는 명백하게 인식이 변화된 것으로 평가된다.

참고 문헌

M. 갈로, 임헌 옮김, 『로자 룩셈부르크 평전』, 푸른숲, 2002년.

김두한, 「자본의 국민경제적 축적에서 세계적 축적으로」, 서울대학교 대학원 박사 학위 논문, 2009년.

김수행, 「로자 룩셈부르크가 작성한 확대재생산표식의 문제점」, 『마르크스주의연구』 제5권 제4호, 2008년.

_____, 『자본주의 경제의 위기와 공황』, 서울대학교출판부, 2006년.

_____, 「로자 룩셈부르크의 과소소비설」, 『21세기정치경제학』, 새날, 1998년.

G. 루카치, 박정호 · 조만영옮김, 『역사와 계급의식』, 거름, 1986년.

K. 마르크스, 김수행 역, 『자본』 3권, 비봉출판사, .

P. A. 바란, & 스위지, M., 최희선 옮김, 『독점자본』, 1984년.

박대원 (1), 『경제위기론의 역사적 논쟁』, 문원출판, 2002년.

_____ (2), 『맑스의 경제위기론』, 문원출판, 2002년.

E. 베른슈타인, 강신준 옮김, 『사회주의의 전제와 사민당의 과제』, 한길사, 1999년.

송병헌, 『왜 다시 사회주의인가』, 당대, 1999년.

이갑영, 「로자 룩셈부르크의 『러시아혁명에 대하여』 재인식」, 『사회과학연구』, 서강대학교 사회과학연구소, 제16집, 2008년.

최영태, 『베른슈타인의 민주적 사회주의론』, 전남대학교출판부, 2007년.

F. R. 한센, 임덕순 옮김, 『자본주의 붕괴논쟁』, 과학과 사상, 1989년.

松岡利道, 『ローザ·ルクセンブルク ― 方法·資本主義·戰爭』, 新評論, 1988年.

R. Bellofiore, Rosa Luxemburg on capitalist dynamics, distribution and effective demand crises, Rosa Luxemburg and the Critique of Political Economy, Routledge, 2009.

S. Clarke (1), Bernstein's Challenge-Reform or Revolution, Marx's Theory of Crisis, St. Martin's Press, 1994.

_____ (2), Rosa Luxemburg's Underconsumptionist Theory of Crisis, Marx's Theory of Crisis, St. Martin's Press, 1994.

G. D. H., Cole, A History of Socialist Thought, Vol. III, Part. 1, New York, 1967.

Colletti, Lucio, Bernstin und der Marxismus der Zweiten International. Frankfurt/M, 1971.

P. Frölich, Rosa Luxemburg-Gedanke und Tat, Frankfurt/M, 1967.

H. Gutman, & H. Magdoff, Capitalism as a World Economy: An Interview with Harry Magdoff, Monthly Review 55.4(September), 2003.

Rosa Luxemburg, Wirtschaftliche und sozialpolitische Rundschau, GW 1/1, 278-294, 308-317, 326-347, 352-360.

_____ , Sozialreform oder Revolution?, GW 1/1, 367-466.

_____ , Die Akkumulation des Kapitals, GW 5, 5-411.

_____ , Einführung in die Nationalökonomie, GW 5, 524-778.

G. Peter, The Dilemma of Democratic Socialism: Eduard Bernsteins Challenge to Marx, New York, 1962.

제6장 국제주의가 원칙이다

민족 독립인가 계급해방인가?

역사적 사회주의가 붕괴한 이후 맑스주의는 역사의 뒤안길로 물러난 듯이 보인다. 이제 맑스주의를 통해서 미래를 전망하는 사람은 찾기 어렵게 되었고, 역사는 자본주의만을 선택한 것으로 평가되고 있다. 유일한 대안으로 떠오른 자본주의는 역사의 부름에 부응하듯이 자본 운동을 지구적 차원으로 팽창시키고 있다. 자본주의의 일반화가 가속되는 것이다. 따라서 자본주의가 역사적으로 보여주었던 위기, 탐욕, 불균형 따위를 조절하거나 변호하기 위한 노력 또한 증가하게 되었다. 전통적으로 자본주의를 설명하는 데 사용되었던 모순이나 착취라는 개념보다는 정보나 지식을 주목하게 된 것은 당연하다.

그러나 "자본주의적 생산의 진정한 한계는 자본 자체다"(MECW 36: 250)라는 말이 현실에서 반증되고 있다. 자본주의의 전면화가 전통적 과제들을 해결하지 못한 것은 물론 모순과 위기를 세계화시키고 있는 것이다. 세계화로 인해서 실업, 착취, 불평등은 지구적 차원에서 확대재생산 되고 있다. 생활과 노동의 조건의 양극화가 세계적 차원에서 보편화되고 있는 것이다. 따라서 맑스주의의 논리는 어느 정도 복권(?)까지도 기대할 수 있게 되었다. 특히 자본의 세계화에 따른 위기의 세계화는 노동자운동을 새로운 지평으로 끌어올리고 있다.

맑스주의는 국제 노동자계급의 혁명적 연대를 통해서 자본주의의 전복을 전망한다. 그렇지만 노동자운동의 역사에서 국제주의가 단순한 선언 이상의 의미를 지닌 적은 많지 않다. 노동자운동의 높은 이상이라고 할 수 있는 프롤레타리아국제주의는 구체적 현실에서 접근되지 못하고 종종 머리에서만 설계되었다가 사라진 것이다. 이것은 노동자운동이 국민국가의 범주를 넘어서지 못했다는 것을 의미한다. 하지만 노동은 자본이 발전하는 만큼 발전한다(MECW 6: 409). 자본의 세계화에서 노동의 국제주의가 발전할 수 있는 계기가 보이는 것이다. 자본 운동의 "세계화는 국제 노동자들의 계급정치를 위한 토대를 확대한다."(MacEwan: 11)

이러한 차원에서 국제주의를 구호가 아니라 구체적 현실에서 실천적으로 결합시키려고 노력했던 룩셈부르크를 주목할 필요가 있다. 국제주의자로서 룩셈부르크의 논리는 맑스주의 역사에서도 논란의 대상이 될 정도로 단호했다. 물론 그녀의 국제주의는 제1차 세계대전과 볼셰비키혁명의 '일탈'로 명백하게 한계를 보였다. 하지만 자본의 세계화로 노동의 국제주의가 기대되는 현실에서 룩셈부르크의 국제주의적 논리와 한계는 주목할 가치가 있다. 그녀가 노동자계급의 국제주의를 비타협적으로 고수하게 된 배경에는 폴란드 사회주의 운동의 과제도 작용한 것으로 보인다.

룩셈부르크의 사상적 틀은 폴란드의 사회주의 운동에서 준비되었다. 폴란드의 사회주의 역사는 1830년대에 시작되지만(Cole: 488), 과학적 사회주의 운동은 러시아의 지배를 받는 식민지 폴란드에서 1870년대에 본격화되었다. 사회주의 운동은 프롤레타리아국제주의에 입각한 혁명적 사회주의로 출발했으나, 1880년대에 들어서 사회주의와 민족주의의 결합을 주장하는 조직이 등장하게 되었다. 이후에 폴란드의 사회주의 운동은 폴란드 독립을 슬로건으로 사회애국주의 노선을 추구하는 폴란드사회당Polnich Sozialistische Partei과 프롤레타리아국제주의, 특히 러시아와 폴란드의 노동자계급의 연대를 통한 혁명적 사회주의를 강령으로 하는 폴란드왕국사회민주당Sozialdemokratie des Königreichs Polen이 치열하게 대립하면서 발전하게 되었다. 룩셈부르크는 폴란드사회당의 논리를 비판하고 폴란드왕국사회민주당의 노선을 옹호하면서 스스로의 논리를 체계화시켰다.

이러한 두 가지 노선의 대립은 폴란드에만 한정된 것이 아니라 제2인터내셔널 차원에서도 격렬하게 전개되었다. 1896년 런던 대회를 앞두고 폴란드사회당은 폴란드 독립이 폴란드 노동자운동은 물론 국제적 노동자운동에서도 필연적인 정치적 요구라고 결의했다. 이러한 폴란드사회당의 논리는 유럽의 사회주의운동에서 하나의 진리처럼 받아들여졌는데, 폴란드 독립은 바로 맑스와 엥겔스가 지속적으로 제기한 슬로건이었기 때문이었다. 그들은 1848년 혁명의 승리를위해서 러시아와의 전쟁을 선동했다. 러시아의 붕괴를 통해서 유럽 혁명을 전망했던 것이다.

따라서 룩셈부르크가 폴란드사회당의 논리를 비판하려고 했을 때, 맑스와 엥겔스의 전략적 슬로건이 커다란 장벽으로 다가온 것은 물론이다. 그들은 반동적인 러시아의 지배로부터 민주적인 폴란드를 건설하는 것은 유럽 혁명, 특히 민주적인 독일 건설을 위한 전제 조건으로 평가했었다. 맑스와 엥겔스는 유럽 혁명을 위해서 러시아를 붕괴시키든지 또는 폴란드를 독립시켜서 러시아로부터 유럽 혁명을 방어하는 전략이 필요하다고 생각했다(MECW 20: 196-201, MECW 26: 120-128). 폴란드를 러시아 전선의 전위로 세우려는 논리다. 그들에게 폴란드 독립은 민주적인 유럽을 위한 전략적 선택이었을 뿐이다. 따라서 폴란드 독립이라는 과제는 유럽의 맑스주의자들에게는 하나의 자연법처럼 뿌리내리고 있었다.

그런데 맑스와 엥겔스의 논리에는 폴란드 혁명이 그 자체로 의미를 지닌 것이 아니라 유럽 혁명, 직접적으로는 독일 혁명과 연계되어 나타나고 있을 뿐이라는 한계가 있다. 이러한 차원에서 룩셈부르크는 맑스와 엥겔스를 넘어서 독자적인 폴란드 혁명의 논리를 체계화하는 작업에 몰두하게 되었다. 폴란드 독립을 유럽 혁명의 전략으로 고민하는 맑스와 엥겔스를 논외로 한다면, 폴란드 혁명의 주체가 되어야 할 폴란드사회당이 폴란드 독립을 슬로건으로 사회애국주의를 선전하는 것은 비판 대상이 될 수밖에 없는 것이다.

룩셈부르크에게 폴란드 독립은 폴란드의 객관적 조건을 무시한 주관적 열정에 지나지 않았다. 그녀는 객관적인 물질적 과정을 토대로 계급 관계를 주목하고 노동자계급의 역량을 제고할 수 있는 정치 방침을 세워야 한다고 주장했다. 룩셈부르크는 맑스와 엥겔스의 전략이 현실적 타당성을 잃어버린 것으로 평가했다. 왜냐하면 그들의 논리적 근거였던 러시아가 자본주의의 발전으로 급격한 변화를 겪고 있으며 유럽의 정치적 정세도 종래와 달라졌기 때문이다. 무엇보다도 자본주의의 발전으로 국민국가의 물질적 상호 의존관계가 심화되는 현실에서 유럽 혁명을 위해 폴란드라는 자연적 장벽을 세우는 것은 의미 없는 일이라는 주장이다.

그녀는 세계를 하나의 단일한 생산양식으로 만들어 가는 자본주의의 내적 법칙을 주목한 것이다. 따라서 노동자계급의 투쟁 방식도 종래와 다른 모습으로 전개될 수밖에 없다. "러시아가 유럽에 대해서 외교적 영향력을 갖고 있더라도 이것은 자연적 성벽이 아니며 러시아의 전제주의를 무너뜨리는 투쟁에 의해서만 최초로 폐기될 수 있다."(GW 1/1: 42) 룩셈부르크에게 폴란드 독립이라는 맑스와 엥겔스의 논리는 실천적 함의가 없었던 것이다.

따라서 그녀는 폴란드 역사 분석을 토대로 독자적인 폴란드 혁명 이론을 확립하려는 의도를 가지고 『폴란드의 산업 발전』이라는 박사 학위논문을 발표했다. 이것은 폴란드의 사회주의 운동 안에서 대립하고 있던 '폴란드 독립인가 노동자계급의 국제 연대인가?'라는 정치적 과제에 대하여 물질적 과정의 분석으로 대응한 것이다. 그녀는 러시아와 폴란드의 자본주의가 발전하면서 두 나라 경제가 유기적으로 결합된 것을 강조했다.

"멀리 떨어진 곳을 물질적으로 상호 연결하고 경제적 의존관계를 강화하면서 결국 모든 세계를 견고한 생산 체계로 전화시키는 것은 자본주의 생산양식의 내적 법칙이다."(GW 1/1: 209) 따라서 러시아, 프로이센, 오스트리아가 분할 점령한 폴란드의 지역들은 이미 점령국들의 자본주의적 생산에 통합되었기 때문에 세 지역 사이의 경제적 유대가 약한 것은 물론 정치적 이해관계도 다를 수 있다고 지적했다.

이러한 사정은 폴란드왕국사회민주당이 바탕을 두고 있던 러시아령 폴란드에서 한층 강화되어 나타나고 있었다. 매뉴팩처 단계에 머물러있던 폴란드 경제는 1850년대 이후 러시아가 관세 국경을 폐지하고 철도를 연결하면서 발전의 계기를 마련했는데, 러시아의 농노해방도 여기에 커다란 역할을 했다. 룩셈부르크는 폴란드와 러시아의 자본주의적 생산이 하나의 틀로 결합되는 현실을 주목했다. 폴란드 경제는 러시아의 판매 시장, 관세정책, 분업 생산을 토대로 발전했던 것이다. 자본주의의 발전은 당연히 폴란드의 계급 관계도 변화시켰다. 농노제 사회의 회복을 기도하는 귀족들은 자본주의의 발전을 불안한 눈으로 바라보면서 민족문제를 지렛대로 이용할 생각을 가지고 있었지만, 폴란드 사회의 지배력은 빠르게 부르주아지에게 넘어갔다. 러시아를 통해서 스스로의 계급적 이해관계를 관철시키고 있던 부르주아지가 폴란드 독립의 선두에 나설 이유는 없었다. 따라서 그녀는 폴란드 독립을 실현시킬 사회세력은 더 이상 폴란드에 존재하지 않는다고 분석했다(GW 1/1: 46-49).

그러면 룩셈부르크의 대안은 무엇인가? 폴란드 문제를 제대로 풀려면 폴란드 사회의 물질적 토대를 바탕으로 접근해야 한다는 것이 그녀의 일관된 생각이었다. 따라서 국경과 민족을 넘어서는 자본주의적 생산의 내적 법칙에서 현실적 추동력을 찾으려 했다. 폴란드와 러시아의 자본주의적 생산이 유기적으로 결합되는 지점에서 해답을 마련했던 것이다. 폴란드 노동자계급은 민족과 국경을 뛰어넘어 러시아 노동자계급과 국제적 연대를 통해서 봉건적 억압과 자본의 지배에 대항하여 투쟁해야 한다는 논리다. 따라서 폴란드 독립은 국제적으로 연대한 노동자계급의 사회주의혁명을 통한 해방에서 전망을 찾아야 하는 것이다. 이러한 그녀의 국제주의는 자본주의의 제국주의적 발전으로 한층 강화되어 나타나게 되었다.

해체되는 국민경제

『폴란드의 산업 발전』 이후 국민경제의 의미를 낮게 평가하게 된 룩셈부르크는 세계경제를 단위로 자본주의적 생산을 파악하게 되었다. 이러한 경향은 독일 사회민주당의 당 학교에서 맑스 경제학을 강의하면서 정리했던 『국민경제학 입문』에도 나타나고 있다. 자본주의 세계에서 국민경제는 자립적으로 존재하는 것이 아니라 세계적 차원에서 유기적으로 결합되어 나타나는 것이다(이갑영 (2): 197).

> 자본주의적 생산은 모든 나라로 확산되어 가는데, 그리하여 단순히 모든 나라를 같은 종류의 경제적 형태로 변화시킬 뿐만 아니라 모든 나라를 결합하여 커다란 자본주의 세계경제로 단일화하고 있다.(GW 5: 773)

룩셈부르크는 자본주의의 세계화를 자본주의의 독자적 성격으로 파악하면서 세계경제의 발전을 세 단계로 나누었다(GW 5: 775-776). 1단계와 2단계는 유럽 자본이 다른 지역으로 확대되는 과정이다. 1단계에서 유럽 자본은 상업적 진출을 통해서 비자본주의 지역을 상품경제로 편입시키고 생산 형태를 상품생산으로 이행시킨다. 2단계는 비자본주의 지역의 주민들에게서 토지를 비롯한 생산수단을 수탈하여 프롤레타리아를 창출한다. 그리고 3단계에서는 식민지에서 자본주의적 생산을 창출한다. 이렇게 세 단계로 나눈 것은 자본의 지배가 세계시장을 통해서 지구적으로 팽창될 뿐만 아니라 자본주의 생산양식도 점차 지구적으로 확대된다는 것을 의미한다.

이러한 룩셈부르크의 논리는 『자본의 축적』에서 한층 체계적으로 정리되고 있다. 그녀는 독일사회민주당을 중심으로 활동하면서 정통 맑스주의를 방어하고 수정주의를 비판하기 위해 자본주의를 체계적으로 분석했다. 수정주의자들은 신용 제도, 교통 통신, 카르텔 등의 발달로 공황에 대한 자본주의의 적응 능력이 증대했다고 파악하면서 『자본』의 논리에 정면으로 맞서기 시작했다. 변화된 자본주의를 설명하기에 『자본』은 낡았으며 자본주의는 붕괴하지 않을 것이라고 주장했다. 따라서 그녀는 자본주의의 붕괴와 제국주의의 필연성을 논증하기 위해서 1913년에 『자본의 축적』을 발표했다. 여기서 룩셈부르크는 자본주의를 세계적 단위에서 파악하면서 『자본』에 대한 비판을 통해서 『자본』을 옹호하게 되었다.

자본주의적 생산은 단순재생산이 아니라 확대재생산이다. 그런데 맑스가 제기한 확대재생산의 두 부문 모델에 기초하여 자본가와 노동자만으로 구성되는 경제에는 필연적으로 부문 간의 불균형이 나타날 수밖에 없다는 것이 그녀의 생각이다. 자본축적이 지속적으로 이루어지려면, 축적된 자본으로 생산되는 상품을 판매하기 위해 종래보다 확대된 시장이 필요하다는 것이다. 룩셈부르크는 자본축적의 곤란성을 유통영역에서 구하고 있었던 것이다. 여기서 그녀는 '잉여가치는 어떻게 실현되는가?'라는 물음에 "자본주의적 생산을 하지 않는 사회 또는 영역에 의하여 실현"(GW 5: 300)된다고 하며, 추가 노동은 "비자본주의적 계층 및 그러한 영역에서"(GW 5: 309-310) 끊임없이 얻을 수 있다고 주장했다. 바로 자본주의적 확대재생산의 가능성을 세계 단위의 비자본주의적 영역에서 구했던 것이다. 이것이 제국주의에 대한 룩셈부르크의 시각이다.

> 자본주의는 놀라운 번식력을 갖는 최초의 경제체제다. 즉 세계 구석구석에 침투하면서 다른 모든 경제체제를 축출해 버리는 최초의 경제체제다. 하지만 자본주의 체제는 또한 자신을 위한 비옥한 토양을 제공할 다른 경제체제가 없다면 독자적으로 존속할 수 없는 최초의 경제체제이기도 하다.(GW 5: 411)

자본주의적 확대재생산을 보장하던 비자본주의적 지역이 고갈되면 자본주의는 존재하기 어렵다는 이야기다. 이러한 논리 때문에 룩셈부르크는 자본주의의 '자동 붕괴'를 기다리는 기계적 유물론자라는 혹독한 비판을 받았다.

"비자본주의적 구조에 대한 끊임없는 전진적 분쇄"(GW 5: 364)가 자본축적의 존재 조건이라고 논증했던 그녀는 자본주의의 세계적 발전을 세 단계로 나누어 설명하고 있다. 바로 자본의 자연경제와의 투쟁, 상품경제와의 투쟁, 그리고 축적 조건의 나머지 영역을 포함한 세계시장에서의 자본의 각축전으로 나누고 있다. 앞에서 지적한 『국민경제학 입문』의 논리와 유사하지만 한층 정교해진 것으로 평가된다. 여기서 앞의 두 단계는 유럽에서 자본주의가 확립되면서 영국 자본을 중심으로 중층적으로 수행되었다. 세 번째 단계는 자본이 세계시장에서 경쟁하는 단계이고, 영국 이외에 자본주의가 발전한 다른 나라들도 등장하게 된다. 이러한 과정에는 비자본주의적 영역의 공업화와 '자본주의적 해방'이 포함되는 것은 당연하다. 세 번째 단계가 바로 제국주의를 의미하는 것이다.

> 자본축적이란 자본주의 생산양식과 비자본주의 생산양식 사이에서 진행되는 신진대사다. ……… 따라서 자본축적은 비자본주의적 영역이 없으면 더 이상 존속할 수 없으며 한편으로 자본주의가 팽창할수록 비자본주의적 영역은 사라져 가는 것이다.(GW 5: 364)

결국 그녀는 제국주의가 자본주의의 생명을 연장하는 방법이 될 수는 있지만 역설적으로 자본주의의 생명을 단축하는 가장 빠른 수단이라고 주장하게 되었다. 이러한 논리에서 보면, 국민경제라는 경제단위는 이미 룩셈부르크의 시야에서 사라지고 없다. 『자본의 축적』은 국민경제와 국민경제의 관계를 통해 자본주의를 분석하는 것이 아니라 자본주의적 영역과 비자본주의적 영역을 통해 자본주의의 세계적 발전을 조명한다. 이렇게 자본주의를 분석한 룩셈부르크가 노동자계급의 국제주의를 확고부동한 원칙으로 여기게 된 것은 당연한 일이었다. 이러한 논리의 연장선에서 그녀는 레닌의 민족자결 문제를 비판했다.

민족자결은 틀렸다

맑스주의적 전통에서 보면 '민족'이라는 단위는 부르주아가 자신의 계급적 이해관계를 전체 사회의 이해관계와 일치시키려는 차원에서 제기한 것으로 평가된다. 민족이나 민족주의는 자본주의 발전의 산물이라는 것이다. 부르주아지는 생산력을 발전시키기 위해서 일정한 영역에 인구와 생산수단을 집중시켰으며 정치적 중앙집중이 뒤따른 것은 물론이다. 그러나 자본주의의 역동성은 필연적으로 민족이나 국민경제의 경계를 뛰어넘게 되었다.

"……부르주아지는 공업의 발밑에서 그 국민적 기반을 빼내 버렸다. 태고의 국민적 공업들은 절멸되었고 또 나날이 절멸돼 가고 있다. …… 낡은 지역적, 국민적 자급자족과 고립을 대신해서 국민들 상호간에 전면적 교류, 전면적 의존이 들어선다."(MECW 6: 488) 그러나 맑스는 국제주의 원칙을 지키면서도 민족자결을 구체적 현실과 결합시키려고 고민했다. 바로 아일랜드 문제와 폴란드 문제에서 사례를 볼 수 있다.

자본주의적 생산의 내적 법칙을 주목하여 폴란드 독립 문제를 국제주의적 관점에서 접근했던 룩셈부르크가 격렬한 비판에 휘말린 것은 당연하다고 볼 수 있다. 그녀는 사회주의 운동에서 민족자결은 국제주의와 대립하는 것이라 평가하여 철저하게 부정했다. 그녀에 따르면 민족자결은 농노제 사회에서 자본주의로 이행하는 과정에서는 의미가 있었으나, 이제 자본주의가 세계 단위에서 운동하게 된 현실에서는 전혀 의미가 없다는 논리를 전개했다.

민족자결 문제에 대한 룩셈부르크의 논리는 크게 네 가지로 정리될 수 있다 (홍헌표: 42-43).

첫째, 자본주의가 성립되고 부르주아계급이 등장한 이후에 자본 운동을 위해서 국민국가를 건설하는 투쟁 과정에서 민족자결 문제는 역사적 의미가 있었다. 따라서 이 단계에서 민족자결은 그녀에게도 충분히 진보적 의미가 있었다.

둘째, 자본주의적 생산이 발전하면서 민족자결은 더는 진보적인 의미가 없게 되었다. 자본주의의 발전은 개별 민족이 하나의 거대한 국가로 통합되는 것을 객관적으로 촉진하게 된다. 이러한 과정에서 룩셈부르크는 독립된 국가를 유지하고 강화하려는 민족자결의 논리는 오류이며 반동적인 것이라고 평가했다.

셋째, 이러한 차원에서 진정한 의미의 민족문제 해결은 사회주의사회에서만 가능하다고 주장했다. 폴란드 독립 주장을 비판하고 러시아 노동자계급과 연대한 사회주의혁명을 제기했던 이유다. 물론 사회주의혁명 이후에도 국민국가는 독립적으로 분리되는 것이 아니라 사회주의 국제 공동체에서 문화적 자치의 형태를 띠게 될 것이라고 주장했다.

넷째, 사회주의혁명운동 세력들이 러시아사회민주당처럼 민족자결권을 강령으로 채택하는 것은 오류이며 노동자계급의 국제적 연대 투쟁을 조직해야 한다.

룩셈부르크는 민족자결을 맑스주의의 전통에 따라 자본주의의 발전과 연계하여 사고했다. 자본주의 발전의 초기에 부르주아지가 주장했던 민족자결은 역사 발전에 비추어볼 때 충분히 진보적 성격을 갖고 있었지만, 자본주의가 세계를 통합하는 현실에서 그것은 감상적 구호라는 것이다. 앞에서 지적했듯이, 그녀는 자본주의적 생산에서 국민국가의 바탕이 되었던 국민경제가 해체되고 있는 것으로 파악하고 있기 때문이다.

이러한 논리를 바탕으로 그녀는 레닌의 민족자결 논리를 비판했다. 자본주의적 지배에서 민족자결을 제기하는 것은 프롤레타리아국제주의에 걸림돌이 될 뿐이라는 인식이다. 따라서 룩셈부르크는 세계대전을 겪으면서 재차 '민족 방위 전쟁론'을 제기한 독일사회민주당을 격렬하게 비판했다.

> 오늘날 모든 국가의 자유를 수호하는 유일한 방법은 제국주의에 대항하는 국제적 계급투쟁이다.(GW 4: 47)

사회주의를 지향하는 노동자계급은 민족자결을 주목할 것이 아니라 사회주의혁명을 통해서 참다운 민족자결의 계기를 확보해야 한다는 논리다.

그러면 사회주의에서 가능한 민족자결은 어떤 것인가? 국민국가의 정치적 독립도 의미하는 것인가? 룩셈부르크는 사회주의혁명 이후의 민족자결에 대해서는 원칙적으로 소극적 의미만을 부여하고 있다. 바로 정치적 독립이 아니라 문화적 자율성으로 제기한 것이다. 노동자계급의 주체적 동력으로 발전하는 사회주의에서 프롤레타리아가 정치적으로, 그리고 정신적으로 성숙해지기 위해서는 언어, 문학, 예술 등의 문화적 자율성이 요구된다는 것이다(홍헌표: 50). 이 지점에서 비타협적인 룩셈부르크의 국제주의가 일정 수준에서 유연해지고 있는 측면을 볼 수 있다. 그러나 정치적 독립을 의미하는 것이 아니기에 민족자결은 여전히 부정적 평가에 머물고 있다. 이후에 자치 문제를 제기할 때도 그녀는 사회주의 국제 공동체를 전제로 접근했다.

민족자결에 대한 룩셈부르크의 생각은 볼셰비키혁명을 비판적으로 접근했던 『러시아혁명에 대하여』에서 한층 강화되어 나타난다. 민족자결이라는 구호로 소수민족들이 혁명의 대열에 가담할 것이라는 레닌의 기대는 환상이었다는 지적이다. 그녀는 계급투쟁 과정에서 민족자결권이 진정한 의미를 있을 때가 있으나 "볼셰비키는 민족자결권이라는 구호로 반혁명 세력에게 연료를 공급해 주는 임무를 수행했다"(GW 4: 352)라고 보았다. 바로 핀란드, 우크라이나, 폴란드, 리투아니아, 발틱 국가들, 코카서스 등에서 볼 수 있듯이 독일 제국주의 약탈 원정에 은폐물을 제공했다는 것이다. 더구나 볼셰비키는 러시아 지역을 혁명적으로 결합하려는 어떤 노력도 기울이지 않았다고 비판했다. 볼셰비키는 진정한 국제주의적 계급정책을 추구하지 않은 것이다. 이러한 룩셈부르크의 논리는 레닌의 거센 비판을 받게 되었다.

민족자결은 옳았다

룩셈부르크는 폴란드 독립이라는 민족적 이해관계를 거부하면서 폴란드의 민족운동 세력과 맑스의 전통을 고집하고 있던 혁명운동 세력의 격렬한 반대에 직면했다. 그러나 그녀는 국제 사회주의 운동을 전개하면서도 폴란드왕국사회민주당의 당원 자격을 버린 적이 없으며, 폴란드의 언어와 문화를 유난히 사랑했고, 폴란드를 억압하고 있는 러시아, 독일, 오스트리아에 대항하는 투쟁도 결코 중단한 적이 없다. 그녀는 폴란드 독립이라는 구호가 환상이라는 것을 깨닫자 폴란드 문제를 더 높은 차원에서 조명한 것이다. 이미 지적했듯이 폴란드를 러시아로부터 단순히 분리하는 것이 독립이 아니라, 러시아의 전제 체제 자체를 붕괴시키는 것이 진정한 폴란드 문제의 해법이라는 지적이다. 이러한 논리는 제2인터내셔널 차원에서 논쟁을 불러일으켰으며 특히 러시아사회민주당의 레닌은 거세게 반론을 제기했다.

민족자결에 대하여 레닌은 전통적 맑스주의의 관점을 수용하고 있었다. 민족자결은 자본주의의 발전과 결합된 문제이며 노동자계급의 이해관계에 종속된다는 것이다. 그러나 러시아에서 민족문제가 핵심 과제로 부각할 수밖에 없는 그 나름의 이유가 있었다. 바로 러시아는 여러 민족으로 구성된 다민족국가이며, 다수의 피억압 민족들은 국경 밖에 독립 국가가 존재하고 러시아의 중심 지역보다는 주변 지역의 자본주의가 발전했었다. 따라서 레닌은 계급적 관점을 유지했지만, 민족자결이 우선적 실천 과제가 될 수도 있다는 사실을 주목했다.

이러한 레닌이 룩셈부르크의 민족자결에 대하여 체계적 비판을 시도한 것은 1913년에 발표 된 「민족자결권에 대하여」다. 여기서 레닌은 룩셈부르크가 개별 국가들의 특수한 역사 발전 과정을 이해하지 못해서 민족자결권을 구체적 현실과 결합하는 데 실패했다고 비판했다. 이미 부르주아적 개혁이 진행된 유럽을 제외한다면, 러시아나 동유럽은 이제야 부르주아적 질서가 확립되려는 역사 과정이 시작되고 있다는 것이다. 민족자결권의 의미를 사회 발전 단계와 결합해서 의미를 파악하는 레닌이다.

따라서 유럽에서도 지역에 따라 사회 발전 단계가 달라서 민족자결권 역시 차별적 의미가 있을 수밖에 없다는 것이 레닌의 주장이다. 설사 폴란드가 식민지배를 받고 있어서 민족 독립보다는 노동자계급의 국제적 단결을 외치는 사회주의자들의 주장을 인정하더라도, 이제 부르주아혁명이 시작된 지역에서는 혁명을 촉진하기 위해서라도 민족자결권이 불가피하다고 레닌은 지적했다. 민족자결권이 중요한 정치적 의미를 가질 수밖에 없다는 논리다.

더구나 레닌은 노동자계급이 민족자결권을 제기하여 부르주아 민족운동이 지닐 수 있는 민족적, 계급적 편협성을 극복해야 한다고 주장했다. 룩셈부르크가 폴란드에서 민족자결을 거부하는 것은 오히려 러시아 민족의 특권과 지배를 강화할 수 있다는 논리다. "우리는 지배 민족의 모든 특권과 폭력에 맞서 투쟁해야 한다. 그리고 피억압 민족의 편에서 그들의 특권을 찾기 위한 노력을 게을리 해서도 안 된다. 만약 우리가 정치적 선동을 통해 민족자결권을 옹호하지 못한다면 우리는 부르주아지뿐만 아니라 봉건적 지주와 억압 민족의 절대주의에 의해서도 이용될 것이다."(LCW 20: 409-412) 이처럼, 러시아와 폴란드 노동자계급의 연대를 제기하는 룩셈부르크와 달리, 레닌은 억압 민족과 피억압 민족의 노동자계급은 임무가 다르다고 지적했다.

레닌에 따르면, 억압 민족의 노동자계급은 모든 민족이 동등한 권리를 확보하고 노동자계급이 국제적으로 단결하기 위해 피억압 민족의 자결권을 주장해야 한다. 반면에 피억압 민족의 노동자계급은 피억압 민족과 억압 민족의 노동자계급 단결을 주목해야 한다. 룩셈부르크는 국제주의와 노동자계급의 국제적 단결이라는 원칙만을 지키려고 했기 때문에 전제 조건을 간과했지만, 레닌은 국제주의의 원칙을 관철하기 위한 조건으로서 민족자결권과 정치적 독립권을 제기한 것이다.(홍헌표: 69-71)

레닌의 관점에서 보면 폴란드 문제에 대한 룩셈부르크의 대응을 올바른 것으로 평가할 수도 있지만, 레닌은 그녀가 자신의 논리를 사회 발전 단계를 뛰어넘어 과도하게 일반화했다고 비판했다. 그러나 룩셈부르크가 볼 때 레닌은 러시아적 틀에 갇혀서 맑스주의의 원칙을 훼손하고 있었다. 이러한 차이는 민족문제뿐만 아니라 사회주의 운동 일반에 걸쳐서 두 사람의 논쟁을 촉발했다. 두 사람이 모두 사회주의 운동에 일체의 삶을 바친 '전우'이지만 사회주의사회로 가는 과정에 대해서는 차이가 컸다.

국제주의의 패배

맑스주의 역사에서 룩셈부르크는 빼어난 국제주의자로 기록되지만, 현실은 끊임없이 그녀를 시험했다. 특히 1914년의 세계대전은 '노동자계급의 조국'이라고 불리는 인터내셔널을 붕괴시켰다. 노동자계급의 국제주의는 높은 이상과 다르게 구체적 현실에서 결정적 위기를 맞게 되었다. 수많은 인터내셔널의 지도자들조차 사회제국주의Sozialimperialismus 흐름에 영합했다. 물론 인터내셔널은 국제적인 노동자계급의 조직답게 이미 1907년 슈투트가르트 대회에서 반전을 결의하고 전쟁이 발발하면 자본주의 타도에 나서겠다고 선언했으나, 민족주의 앞에 무릎을 꿇은 것이다. 따라서 맑스주의의 국제주의 원칙은 무참하게 무너지게 되었다.

더구나 제2인터내셔널을 실질적으로 지도했던 독일사회민주당이 전쟁을 승인하면서 세계의 사회주의는 치명적 타격을 받았다. 세계대전이 폭발하고 인터내셔널이 붕괴한 상황을 비판하기 위해서 룩셈부르크는 『사회민주당의 위기』를 발표했다. 그녀는 호전적 사회주의자들의 소굴로 전락한 독일사회민주당을 비판하면서 제국주의 전쟁의 성격을 규명하려고 노력했다. 여기서 그녀는 전쟁의 원인을 독일과 영국의 대립으로 파악하는 독일사회민주당의 '민족 방위 전쟁론'을 애국주의라고 비판하고, 이 전쟁을 제국주의 세력들의 각축전으로 파악했다.

그녀는 세계대전이 제국주의의 발전을 반영하는 것으로 보았고, 이미 분할이 끝난 세계시장에서 독일 제국주의가 재분할을 요구하면서 전쟁이 빚어진 것으로 이해했다. 『자본의 축적』에서 보여 주었던 자본주의의 세계적 발전의 세 번째 단계다. 따라서 세계대전은 1914년에 시작된 것이 아니라 지난 10년 동안의 "강력한 역사적 복합물"(GW 4: 137)이기 때문에 자본주의가 세계적으로 발전한 산물이라고 지적했다. 제국주의의 발전이 전쟁을 성숙시켰다는 논리다.

> 현재의 세계대전은, 전체적으로 의미를 파악하면, 자본주의가 세계
> 지배를 완성하고 남겨진 비자본주의적 영역의 착취를 위한 경쟁이
> 다.(GW 4: 153)

룩셈부르크는 세계대전이 개별 국가의 정책적 산물이 아니라 자본주의의 역사적 발전에 규정된 것이기 때문에 노동자계급의 대응도 개별 국가의 정책적 의지에 복종해야 하는 것이 아니라 역사적 인식을 근거로 수립되어야 한다고 보았다. 유럽의 노동자계급이 개별 국가들의 방위 전쟁에 강제적으로 동원될 것이 아니라 자신의 계급적 이해관계를 위해서 국제적 연대를 담아내야 한다는 논리다. 왜냐하면 이미 지적했듯이 세계대전은 자본주의의 세계적 발전으로 발발한 것이기 때문이다.

이러한 차원에서 룩셈부르크는 반전 운동을 전개하기 위하여 독일사회민주당의 반전 세력을 중심으로 스파르타쿠스연맹을 조직하고 기관지인 『인터내셔널』을 창간했다. 스파르타쿠스연맹은 세계대전을 종식하고 평화를 회복하기 위해 국제 노동자계급이 혁명적으로 연대할 것을 제안했다. 제국주의가 자본의 세계적 발전의 산물이며 누적된 모순이 세계대전으로 폭발한 것으로 파악하는 그녀가 세계 노동자들의 연대 투쟁을 제기했던 것은 당연하다. 세계대전에서 어느 쪽이 이기던 국제 노동자계급에게는 치명적 상처만을 준다는 인식이다. 룩셈부르크는 노동자계급이 평화를 얻으려 하거나 전쟁을 끝내려면 지배계급에게 충성할 것이 아니라 국제 노동자계급이 연대해야 한다고 주장했다.

룩셈부르크는 반전 운동을 효과적으로 수행하기 위해서 노동자계급의 행동 지침을 『사회민주당의 위기』의 부록으로 발표했다. 여기서 그녀는 반전 운동의 국제주의적 관점을 강화하고 새로운 인터내셔널을 제안했다.

자본주의 정치질서의 최고 발전 단계이며 최후의 국면인 제국주의
는 국제 프롤레타리아의 공통된 적이다. …… 사회주의의 최종 목
적은 국제 프롤레타리아가 대동단결하여 제국주의에 반대하고 "전
쟁을 반대하는 전쟁"의 구호 아래 최후까지 자기를 희생할 수 있는
정신과 열정을 바쳐 투쟁할 때 비로소 달성될 것이다.(GW 4: 45)

그런데 현실에서 사회주의 운동은 제국주의 세력에게 굴복하여 지리멸렬한
상태이기 때문에 노동자계급의 투쟁을 조직하기 위해서 인터내셔널의 부활을
주장했다. 이미 지적했듯이 세계대전이 발발한 이후 사회주의 세력들은 그들의
선언이나 구호와는 다르게 각자의 '조국'을 위해 전쟁에 협력했다. 이렇게 국제
주의가 철저하게 패배한 현실에서 룩셈부르크가 새로운 인터내셔널 조직을 제
기한 것은 당연하다.

더구나 종래의 인터내셔널을 교훈 삼아 훨씬 높은 차원에서 노동자계급의 이
해관계를 반영하고 강도 높은 국제적 통일성과 규율을 요구했다. 바로 '사회주
의 인터내셔널Sozialistische Internationale'이다. 물론 새로운 인터내셔널은 전쟁이 끝난
이후에 건설되겠지만, 세계대전 한가운데서 사회주의 인터내셔널을 제안하는
것은 룩셈부르크가 맑스주의 역사에서 언제나 국제주의적 관점을 유지한 혁명
가라는 사실을 반증하는 것이다. 하지만 세계대전에서 인터내셔널의 붕괴로 한
계를 보여 주었던 국제주의는 볼셰비키혁명에서 또다시 시련을 맞게 되었는데,
바로 독일 노동자계급이 혁명적으로 후퇴한 것이다.

볼셰비키의 후퇴

반전 운동에 여념이 없던 룩셈부르크에게 볼셰비키혁명은 국제 사회주의의
명예를 살려 준 것이었다. 그러나 '무오류의 권위'를 인정하지 않는 그녀는 볼셰
비키의 경험이 세계의 노동자계급에게 '빛나는 모범'으로 전해지고 권장되는 것
을 경계했다. 왜냐하면 룩셈부르크가 보기에 볼셰비키는 토지의 국유화가 아닌

농민들에 의한 토지의 몰수와 분배, 분리주의적 민족자결권, 제헌의회, 계급독재가 아니라 소수의 독재, 사회주의적 민주주의 등의 문제로 혁명의 진정한 의미를 훼손하고 있었기 때문이다. 특히 그녀는 "정부를 지지하는 인물과 소수 당원"만의 자유를 의미하는 소수의 독재는 자유가 아니며 "생각이 다른 사람의 자유도 인정하는 것이 진정한 자유"라고 주장했다. 자유가 특권이 된다면 이미 자유가 아니라는 지적이다. 그녀에게 계급독재에는 "제한 없는 인민대중의 참여와 제한 없는 민주주의가 전제 조건"인 것이다(GW 4: 363).

룩셈부르크는 사회주의가 완성된 도식을 적용하는 것이 아니라 경험에서 탄생하며 실현 과정에서 형성되는 역사의 산물이기 때문에 노동자계급의 완전한 민주주의가 필요하다고 주장했다. 그렇게 볼 때 러시아의 현실은 사회주의의 대의에서 벗어났다는 것이다.

> 확실히 우리는 형식적 민주주의의 우상숭배자가 아니다. 또한 우리는 결코 맑스주의나 사회주의의 우상숭배자도 아니다. 이러한 사실에서 만일 사회주의가 부적합한 것이라면 우리는 사회주의를 쓰레기 더미에 던질 수 있을 것인가? 트로츠키와 레닌은 이러한 질문에 대한 살아 있는 증거다.(GW 4: 363)

노동자계급에게 실질적 민주주의를 보장하지 못하는 사회주의는 이미 사회주의가 아니라는 비판이다. 사회주의적 민주주의는 특권을 누리는 일부의 사람들에게 "크리스마스 선물"로 주어지는 것이 아니라(GW 4: 362), 계급 지배가 파괴되고 사회주의사회가 건설되기 시작하는 바로 그 순간부터 실천되어야 한다는 것이다. 그녀는 비타협적 민주주의자다.

그러나 룩셈부르크는 볼셰비키혁명의 일탈이 전적으로 볼셰비키의 책임이라고 비판하지는 않았다. 오히려 세계대전, 독일 제국주의의 러시아 침탈, 반혁명의 거센 도전 등 비상한 국면에서 자유를 제한하고 권력을 집중시켜 혁명을 방어한 것을 높이 평가하고 있었다. 이러한 상황에서 순수한 민주주의, 모범적 프롤레타리아독재, 번영하는 사회주의경제를 기대하는 것은 무리라고 생각했다. 그렇지만 이러한 "러시아의 사례"가 사회주의 운동이 반드시 뒤따라가야 할 모범으로 비치고 있는 현실을 경계했다.

여기서 룩셈부르크는 노동자계급의 국제주의적 연대를 제기했다. 러시아혁명을 방어하고 볼셰비키의 일탈을 저지하기 위해서 국제 노동자계급의 투쟁을 독려한 것이다. 그녀는 파리코뮌의 교훈을 주목했다. "우리 모두가 역사의 법칙을 따른다면 사회주의적 질서가 실현될 수 있는 것은 오직 국제적으로만 가능하다."(GW 4: 365) 그녀는 국제주의적 관점에서 러시아혁명을 바라보고 있었다. 유럽의 노동자계급, 특히 독일의 노동자계급이 혁명적으로 진출하는 것이 러시아혁명의 일탈과 패배를 저지할 수 있는 유일한 방법이라고 생각했다. 독일에 혁명이 늦게 일어나서 러시아를 구원하지 못할 것을 우려했던 룩셈부르크다.

그러나 이미 볼셰비키의 사례에 도취한 독일 노동자계급은 스스로들의 정치의식과 혁명적 역량을 넘어서 정치권력을 향해서 달려갔고, 혁명은 실패로 끝났다. 룩셈부르크의 국제주의는 또다시 좌절할 수밖에 없었다. 물론 국제주의가 완전히 실패한 것은 아니다. 볼셰비키혁명 이후에 유럽의 노동자계급이 혁명적으로 진출하여 러시아가 제국주의 세력으로부터 혁명을 지키는 데 일정 수준의 역할을 분담한 것이다. 하지만 국제 노동자계급의 패배로 러시아혁명의 일탈은 수정되지 못했으며, 결국은 러시아가 일국사회주의 노선으로 전락하는 계기를 제공했다. 더구나 독일 노동자계급의 혁명적 패배는 독일에서 사회주의 세력의 급속한 위축을 초래한 것은 물론 룩셈부르크의 목숨까지 앗아갔다.

국제주의의 한계

일반적으로 맑스주의를 '혁명 철학'이라고 말하지만, 역사적으로 노동자계급의 국제주의라는 원칙과 구체적 실천 단위로서의 국민국가 사이의 관계는 수많은 맑스주의자를 깊은 고뇌로 빠뜨렸다. 이러한 차원에서 계급문제와 민족문제의 현실적 갈등도 엿볼 수 있는데, 노동자계급 운동을 강화하는 차원에서 민족운동을 평가한다는 맑스 이후의 원칙에도 불구하고 실천적 긴장을 피할 수는 없었다. 프롤레타리아국제주의 역시 맑스주의 역사에서 선언 이상의 의미를 지니기 어려웠다.

하지만 노동자계급의 국제주의는 자본주의 발전 과정에서 관철되는 자본의 세계성을 통해서 평가될 수밖에 없을 것이다. 따라서 노동자계급의 높은 이상으로만 여겨졌던 국제주의가 자본 운동이 세계화되면서 구체적으로 주목을 받는 것은 당연한 일이다. 맑스와 엥겔스는 국제 노동자계급을 하나로 결합하는 구체적인 수단으로 교통 통신의 발달을 평가했다. "…… 지방도로를 갖고 있던 중세의 시민들에게는 단결을 위해 몇 세기가 필요했다면, 철도를 가지고 있는 현대 프롤레타리아트는 몇 년 만에 단결을 이룩한다."(MECW 6: 193) 따라서 증기력이 제2인터내셔널을 탄생시켰다면, 지구적 인터넷의 발전은 분명 새로운 인터내셔널의 모태가 될 것 이라는 기대가 팽배하고 있다(Lee: 6). 인터내셔널이 상상의 차원에서 구체적 현실로 이동하고 있다는 지적이다.

그러나 세계화는 노동자계급의 이동을 포함하고 있지 않다. 맑스주의의 기대와는 달리 노동자계급은 부르주아지가 계몽하는 국가 이데올로기의 포로가 되어 국민국가의 울타리를 넘지 못하는 것이 현실이다. 오히려 노동자계급의 국제주의는 '이루어져야 하고 이루어질 수밖에 없다는' 강박감이 상황을 과대평가할 수 있기에 경계해야 한다. 더구나 제2인터내셔널의 사례를 주목할 필요가 있다. 제2인터내셔널은 노동자계급의 국제적 연대를 바탕으로 노동자계급의 실천적 과제가 성공적으로 결합해서 건설되었으며, 국제 노동자운동의 역사에서 노동자계급의 국제적 연대 사업이 전성기를 이룬 것으로 평가되었다. 따라서 제2인터내셔널의 맑스주의는 국제주의를 하나의 절대적 원칙으로 받아들이고 있었다. 그러나 이미 지적했듯이 세계대전으로 무참하게 국제주의는 패배했다.

이러한 차원에서 보면 제2인터내셔널을 대표하는 혁명적 사회주의자인 레닌과 룩셈부르크의 차이는 주목된다. 레닌은 원칙적으로 국제주의를 승인하면서도 구체적 현실에서 탄력적으로 적용하려고 했던 데 반해, 룩셈부르크는 비타협적으로 국제주의를 고수했다. 레닌은 개별 국가들의 사회 발전 단계를 차별적으로 평가하고 국제주의 원칙과 민족자결을 전술적으로 응용했으나, 룩셈부르크는 국제주의의 원칙을 고수하기 위해 맑스의 논리조차 비판의 대상으로 포함시켰다. 물론 레닌의 민족자결은 역사적으로 사회주의가 국제 사회주의 운동과 유리되고 국제주의로부터 일탈하는 계기를 제공했다는 비판을 피할 수는 없을 것이다. 하지만 룩셈부르크의 비타협적 국제주의는 1차 세계대전, 볼셰비키혁명, 1918/1919년 독일혁명에서 패배를 경험했다. 노동자계급이 국민국가의 이데올로기의 포로가 되어 있는 상황에서 국제주의는 제한적 의미만 있었던 것이다.

룩셈부르크의 국제주의가 겪은 패배는 세계화의 현실에서 유념할 필요가 있다. 노동자계급의 국제주의가 현실화될 수 있는 바탕이 마련되고 있는 것은 명백하지만, 자본 운동의 일차 공간은 국민국가가 될 수밖에 없기 때문이다. 따라서 프롤레타리아가 자신의 계급적 이해관계를 국제적 차원에서 파악하고 국민국가의 울타리를 극복하는 것은 오랜 시간이 지나야 하는 과제일 것이다. 이 지점에서 룩셈부르크가 맑스주의 역사에서 으뜸가는 국제주의자인 것은 명백하지만 그녀의 국제주의는 세계의 노동자계급이 미성숙했던 역사적 한계를 가지고 전개되었던 것으로 평가할 수 있다. 따라서 그녀는 원칙에서 승리했으나 현실에서 패배한 것이다. 이러한 한계는 세계화의 현실에서도 크게 달라지지 않았다. 노동자계급의 국제주의가 비록 원칙이라고 하더라도, 계급의 국제적 이동이 자유롭지 못한 상황에서 국제주의에 대한 과도한 낙관은 금물이다.

참고 문헌

이갑영 (1), 『로자 룩셈부르크의 재인식을 위하여』, 한울, 1993년.

───, (2), 「로자 룩셈부르크의 자본주의론」, 『경제학의 역사와 사상』 제4호, 한국경제학사학회, 2001년.

홍헌표, 「로자 룩셈부르크의 민족주의관 연구」, 서울대학교 대학원 석사 학위논문, 1990년.

G .D. H. Cole, Chap. XI Poland-Rosa Luxemburg, A History of Socialist Thought Vol. III, Part I : The Second International 1889-1914, London, 1957.

F. Engles, Marx and the Neue Rheinische Zeitung(1848-49), MECW 26.

P. Frölich, Rosa Luxemburg-Gedanke und Tat, Frankfurt/M, 1967.

E. Lee, The Labour Movement and the Internet - The New Internationalism, Pluto Press, 1997.

Rosa Luxemburg, Der Sozialpatriotismus in Polen, GW 1/1, 37-51.

───, Die industrielle Entwickelung Polens, GW 1/1, 115-216.

───, Entwurf zu den Junius-Thesen, GW 4, 43-47.

───, Die Krise der Sozialdemokratie, GW 4, 48-164.

───, Zur russischen Revolution, GW 4, 332-365.

───, Die Akkumulation des Kapitals, GW 5, 5-411.

───, Einführung in die Nationalökonomie, GW 5, 524-778.

K. MacEwan, Globalization and Stagnation, Monthly Review/April, 1994.

K. Marx & F. Engels, Manifesto of the Communist Party, MECW 6.

K. Marx, Speech at the Polish Meeting, MECW 20.

───, Capital III, MECW 36.

V. I. Lenin, The Right of Nations to Self-Determination, LCW 20.

제3편

대중의 깨달은 행동

"프롤레타리아혁명은 소수가 폭력적 방법으로 자신의 이상에 맞는 세상을 건설하기 위해 운명적 시도를 하는 것과는 다르다. 그것은 역사적 소명을 다하기 위해 또한 역사적 필연성을 역사적 현실로 바꾸어 놓기 위해 부름을 받은 수백만 대중 일반의 깨달은 행동일 뿐이다."(「스파르타쿠스연맹은 무엇을 원하는가?」)

제7장 독일공산당을 세우다

룩셈부르크의 독자성

'소비에트 사회주의'*가 붕괴한 이후 자본주의는 역사가 선택한 유일한 생산 양식처럼 보이던 시간도 있었지만, 자본의 세계화가 빠르게 진행되면서 자본주의가 안고 있는 모순, 위기, 갈등도 세계적으로 퍼지고 있다. 이러한 차원에서 대안을 모색하는 경우 '또다시' 사회주의를 주목할 수밖에 없는데, 사회주의는 자본주의가 스스로 잉태한 대안으로 볼 수 있기 때문이다. 다만 지금까지 경험했던 소비에트 사회주의와 사회민주주의를 비판적으로 평가한다면, 룩셈부르크의 사상은 '제3의 사회주의'로 주목받을 수도 있다. 그녀는 맑스주의의 혁명적 전통을 이으면서도 민주주의를 비타협적으로 고수했다.

특히 룩셈부르크는 대중의 자발성을 바탕으로 사회주의를 전망하여 맑스주의 역사에 논쟁을 불러일으켰다.** 그녀가 사회주의자로 살아가면서 쉬지 않고 맞

---

* 과연 붕괴한 사회를 사회주의로 볼 수 있는가라는 논란이 제기될 수 있지만, 널리 쓰이는 "현실사회주의", "역사적 사회주의" 또는 "소련 공산주의"라는 용어도 각각 제한적 의미만 담고 있기 때문에, 이 글에서는 그 체제가 자칭했던 "소비에트 사회주의"를 사용한다.

** 룩셈부르크의 이론 체계를 자발성을 중심으로 한 정치 이론과 『자본의 축적』에서 제기된 자동 붕괴론이라는 경

섰던 것은 바로 독일사회민주당 지도부와 볼셰비키, 특히 레닌이었다. 따라서 룩셈부르크에 대한 평가는 '레닌주의의 상대화'에 머무르는 경우가 많은데, 스스로의 이데올로기를 정당화하는 과정에서 그녀를 반反레닌주의의 전사로 내몰거나(Nettl: 6) 레닌주의의 틀 속에 가두어 버린 것(Frölich; Radczun & Laschitza)이다.

이러한 평가의 밑바탕에는 대중의 자발성에 대한 일정한 이해가 깔려 있다. 반레닌주의자들은 룩셈부르크를 사회주의 운동에서 대중의 주도권을 인정하는 민주주의의 상징으로 보려는 데 반해, 레닌주의자들은 그녀가 혁명을 대중의 자발성에만 맡겨 버린 주의주의자라고 비판한다. 어느 쪽도 룩셈부르크의 사상과 실천이 지니는 독자성을 평가하지는 못하고 있다. 하지만 그녀는 제2인터내셔널의 맑스주의가 맞닥뜨렸던 수정주의 논쟁, 대규모 파업과 당의 관계에 대한 논쟁, 볼셰비키혁명에 대한 평가 등에서 빼어난 통찰력을 보여 주면서 맑스주의 역사에 우뚝 서 있다.

대중의 자발성이 논쟁의 중심에 서게 된 것은 무엇보다도 룩셈부르크가 레닌이 발표한 『무엇을 할 것인가?』에 대해 전면적 비판을 제기했기 때문이다. 그 글에서 레닌은 자발성이란 "미성숙한 의식성"(LCW 5: 418)으로 소박한 계급 감정의 체득이고 표현이기 때문에 전위의 지도를 통해 성숙되어야 한다고 주장한 데 반해, 룩셈부르크에게 자발성은 노동자계급이 스스로 계급적 본질을 인식하고 행동하는 것이기 때문에 당의 역할은 제한적 의미를 지니게 된다. 그녀가 민주주의를 강하게 옹호하게 된 배경에는 노동자계급의 살아 있는 숨소리인 자발성에 대한 깊은 신뢰가 놓여 있는 것이다.

이렇게 보면 노동자계급이 외부의 개입 없이 자신의 계급적 본질을 인식하고 실천한다는 자발성은 룩셈부르크의 사상과 실천에서 핵심 요소일 수밖에 없다.

제 이론으로 구분하고 자발성과 붕괴론을 연결시키려는 시도도 있다. 그러나 대중의 자발성은 레닌과 논쟁하는 과정에서 체계적으로 인식되었으며 자본주의에 대한 붕괴론적 편향은 제2인터내셔널 맑스주의가 지니고 있었던 한계이기 때문에, 자발성과 붕괴론을 직접적으로 연계시키는 것은 적절하지 않은 것으로 판단된다.

그녀는 독일사회민주당 지도부를 비판하면서 대중의 자발성을 주목하기 시작하여, 당 조직 노선과 관련한 레닌과의 논쟁을 통해 그 문제를 더 명확하게 인식했다. 자발성은 레닌의 조직 노선을 비판한 「러시아사회민주당의 조직 문제」와 1905년 러시아혁명을 경험하면서 대규모 파업을 혁명운동의 새로운 무기로 평가한 『대규모 파업, 당, 노동조합』에 체계적으로 나타나고 있다. 더 나아가 룩셈부르크는 '1918/19년 독일혁명'*을 통해 대중의 자발성을 현실로 경험하면서 자신의 이론과 실천을 가다듬게 되었다.

따라서 맑스주의에서 룩셈부르크가 지닌 독자성을 찾는다면 그것은 대중의 자발성을 바탕으로 논의되어야 할 것이다. 그녀가 레닌과의 논쟁을 통해 대중의 자발성을 인식하는 과정과 1918/19년 독일혁명에서 나타난 노동자병사평의회에 대한 룩셈부르크의 평가, 그리고 평의회 운동과 대중의 자발성의 연관성 등을 주목할 필요가 있다. 또한 맑스주의의 혁명적 전통을 이어받고 있는 룩셈부르크가 당의 역할을 "정치적 지도"에 한정하는 것은 대중의 자발성과 어떤 관계를 지니는 것인지 밝혀야 한다. 더구나 룩셈부르크가 1918/19년 독일혁명을 경험하면서 대중의 자발성 신화에서 벗어나 레닌주의로 수렴하게 되었다는 주장(Frölich; Radczun & Laschitza)도 살펴보아야 한다. 이러한 과정에서 대중의 자발성과 사회주의혁명의 관계는 물론 볼셰비키와 차별되는 룩셈부르크의 이행 전략도 확인될 것이다.

당 조직 문제

지도부는 실패했다. 그러나 지도부는 노동자 대중에 의해, 노동자 대중을 통해 새롭게 될 수 있고 그렇게 되어야만 한다. 노동자 대중

---

* 일반적으로 혁명이 1918년 11월에 일어났기 때문에 "11월 혁명" 또는 "독일혁명"이라고도 하지만, 혁명의 성격, 목표, 기간 등을 고려할 때 "1918/19년 독일혁명"으로 부르는 것이 적합하다.

제7장 독일공산당을 세우다 · 181

은 결정적 요소다. 즉 그들은 혁명의 궁극적 승리를 바위처럼 단단하게 세울 것이다. 그들은 그 임무를 맡고 있다. 그들은 국제 사회주의의 자만심과 능력이 초래한 패배가 역사적 패배의 한 부분이라는 것을 받아들였다. 그리고 이러한 패배가 왜 미래의 승리를 위한 원천이 되는지 보여 주었다.(GW 4: 538)

룩셈부르크는 누구보다도 1918/19년 독일혁명의 전개 과정을 냉정하게 파악하고 있었는데, 대중의 정치의식이나 조직 수준이 성숙하지 못했기 때문에 정치권력을 장악하기에는 무리였다고 판단하고 대중에 의해, 대중을 통해 최후의 승리를 기대한 것이다.

룩셈부르크가 대중의 자발성을 주목하게 된 것은 독일사회민주당이 자신의 이념을 구현하기 위해 의회 전술에만 집중하면서 당 지도부와 노동자계급 사이에 가로 놓여 있는 보이지 않는 장벽, 즉 "교양 있는 사람들과 눈먼 대중 사이에 넘기 어려운 벽"(GW 1/2: 394)이 있다는 것을 실감하고, 사회주의정당으로서 획기적인 전술적 전환이 있어야 한다고 생각했기 때문이다. 그녀에 따르면, 당을 지배하고 제국의회에 진출해 있던 당 지도부는 지배계급에 대항하고 노동자계급의 이해관계를 반영하면서 사회주의혁명을 위해 투쟁하기보다는 언론과 의회에 의존하면서 사회 개량에 머물고 있었다.

룩셈부르크가 대중의 자발성에 대해 체계적으로 인식하기 시작한 것은 무엇보다도 러시아사회민주당의 조직 문제를 놓고 레닌과 논쟁했던 시기다. 그녀는 러시아의 사회주의혁명에 대해 깊은 관심을 지니고 있었기 때문에*, 레닌이 『무엇을 할 것인가?』를 통해 러시아사회민주당의 조직 노선을 "중앙집중주의"로 압축했고 2차 당 대회에서 러시아사회민주당이 볼셰비키와 멘셰비키로 분열한 상황에 이르자 「러시아사회민주당의 조직 문제」를 통해 대중의 자발성을 집중적

---

* 룩셈부르크는 러시아의 사회주의혁명운동을 주목하고 있었는데, 그녀는 러시아령 폴란드에서 태어나 폴란드의 혁명운동을 지도하고 있었던 것은 물론 러시아의 사회주의혁명과 폴란드의 사회주의혁명 및 독립이 별개의 문제가 아니라 국제주의적 관점에서 하나로 연계된 것으로 인식했다.

으로 거론하면서 "자율집중주의"를 주장하여 당 조직 문제가 격렬한 논쟁으로 떠오르게 되었다. 노동자계급의 자발성과 의식성에 대해 둘 사이에 인식 차이가 있는 것이다.

레닌에 따르면 노동자계급의 자발성은 본질적으로 미숙한 형태의 의식성을 의미하기 때문에 사회주의 의식은 투쟁 과정에서 자연적으로 발생하는 것이 아니라 외부로부터 노동자계급에게 주어져야 한다. 따라서 사회주의자는 노동자계급에 사회주의 의식을 넣어 주어야 하며, 이러한 차원에서 사회주의자 정당의 조직 원칙은 자발성을 바탕으로 경제투쟁에 집중하는 노동조합과 달리 중앙집중적으로 운영되는 전국 조직이어야 하며 비밀스러운 직업혁명가들로 구성되어야 한다.

그런데 룩셈부르크는 레닌이 주장하는 과도한 중앙집중주의가 러시아 사회주의 운동의 조직 문제를 해결하지 못한다고 지적하면서, 자본주의경제의 영향으로 사회주의 운동에 중앙집중주의 경향이 내재하는 것은 분명하지만 지나치게 되면 노동자계급의 자연스러운 발전과 창의성을 저해할 수 있다고 주장했다(GW 1/2: 108).

> 계급사회의 역사에서 사회민주당 운동은 전체 과정이나 모든 개별적 국면에서 대중의 조직과 그들의 직접적이고 독립적인 행동에 의한 최초의 운동이다. 바로 이러한 이유로 사회민주당은 자코뱅이나 블랑키의 추종자들과 같은 이전의 모든 혁명운동에 공통으로 나타나는 것과는 전혀 다른 조직 유형을 창조했다.(GW 1/2: 109)

레닌은 노동자계급의 자발성에 의존한 투쟁은 단지 노동조합주의를 만들어 낼 수 있을 뿐이라고 지적한 데 반해, 룩셈부르크는 노동자계급이 투쟁을 통해서 계급의식과 조직을 배우고 발전시키기 때문에 입대한 병사들이 훈련소에서 교육받는 것처럼 중앙집중주의적 당이 노동자계급에 가르칠 수 있는 전술은 존재하지 않는다고 지적했다. 계급투쟁의 전술이나 방법도 "격동하는 운동의 자연

발생적 산물"이라는 것이다. 사회주의정당의 조직도 바로 투쟁 과정에서 만들어지고 성장하는 것이기 때문에, 레닌의 중앙집중주의적 당 조직 노선은 대중의 자발성을 질식시키고 노동자계급을 무력하게 만들 것이라고 비판했다.

　룩셈부르크에게 레닌의 조직 노선은 러시아의 미성숙한 노동자운동과 이 운동이 당면한 과제들이 결합하여 생겨난 일종의 "주관주의적 일탈"이었다 (Frölich: 106-115). 따라서 그녀는 중앙집중주의적 조직을 통해 레닌이 러시아의 기회주의와 경제주의를 극복하려는 것은 "순진한 생각"이라고 비판하면서, 러시아의 기회주의와 경제주의는 역사적 산물이며 운동의 불가피한 측면이라고 지적했다. 사회주의 운동에서 의식성을 강조하고 직업혁명가들로 조직된 당을 통해 자발성을 극복하려는 레닌에 대해, 룩셈부르크는 중앙집중주의적 당의 보수적 경향을 경계하면서 대중의 자발성에 바탕을 둔 "자율집중주의"를 주장했다. 그녀에게 사회주의 당은 자기 조직화하는 노동자계급이지 직업혁명가들에 의해 조직되는 노동자계급이 아니기 때문이다(코와코프스키: 139).

> 노동자계급은 실수를 범하면서도 역사의 변증법에서 배울 수 있는 권리를 요구한다. 끝으로 간단히 말하면, 역사적으로 볼 때 혁명운동이 범하는 진정한 오류는 현명한 중앙위원회가 절대적으로 오류를 저지르지 않는 것보다 훨씬 더 큰 성과를 가져올 것이다.(GW 1/2: 134)

　그러면 대중의 자발성을 강조하는 룩셈부르크는 사회주의 운동에서 당의 역할을 부정하는가? 그녀는 사회주의정당이 노동자계급의 전위가 되어야 하고 중앙집중주의적 조직이 되어야 하며 엄격한 규율을 가지고 운영되어야 한다는 점에서 레닌에 동의했다. 「러시아사회민주당의 조직 문제」에서도 러시아와 유럽의 사회주의 운동의 조건을 비교하면서 당의 조직 노선에 대한 레닌의 문제의식을 이해하고 있었다. 다만 그녀가 비판한 것은 과도한 중앙집중주의인데, 이러한 조직 노선을 바꾸지 않으면 사회주의 운동에서 노동자계급의 창조적 주도권이 발휘될 수 없을 것이라고 지적했다(Frölich: 112).

대규모 파업 논쟁

　역사 발전의 동력을 대중의 자발성에서 찾은 룩셈부르크는 1906년에 발표한 『대규모 파업, 당, 노동조합』을 통해 스스로의 논리를 한층 발전시켰다. 그녀는 "미리 준비된 계획도 없었고 조직된 행동도 없었던"(GW 2: 110) 1905년 러시아 혁명을 경험하면서 레닌과 당 조직 문제를 놓고 벌였던 논쟁에서 제기된 수많은 문제의 구체적 해답을 현실에서 확인할 수 있었다. 『대규모 파업, 당, 노동조합』은 룩셈부르크가 노동자계급의 투쟁 전술을 어떻게 인식하고 발전시켰는지, 특히 노동자계급의 일상적 투쟁과 혁명적 투쟁의 관계를 어떻게 이해하고 풀어냈는지 보여 주고 있다.

　대규모 파업은 1839년 영국의 차티스트들이 보통선거권을 획득하기 위한 무기로 사용한 이후 주로 정치 파업으로 전개됐는데, 룩셈부르크는 1902년 벨기에의 파업과 관련하여 대규모 정치 파업을 노동자계급의 특별한 무기라고 지적했다. 즉 대규모 파업은 "특정한 시기에 역사적 필연성을 갖는 사회적 상황에서 비롯되는 역사적 현상"(GW 2: 100)으로 사회주의혁명의 예비 단계로서 의미를 지닌다는 것이다. 하지만 대다수의 사회민주당 지도자들은 무정부주의자들의 대규모 파업 사상을 단호하게 비판했던 엥겔스*에게 의지해, 대규모 파업을 부정적으로 바라보는 것은 물론 궁극적으로 대규모 파업을 사용하지 않기 바라면서 고작 적을 위협하는 무기 정도로, 노동자계급이 지도자들의 명령에 복종하여 질서

---

*　엥겔스는 1873년 「공작 중인 바쿠닌주의자들」에서, 대규모 파업이 자본가계급을 굶주리게 하면 그들이 노동자계급을 공격하게 되고 이에 대항해서 노동자계급이 무기를 들고 무장봉기로 나갈 것이라는 바쿠닌주의자들의 논리를 비판했다. 하지만 룩셈부르크는 엥겔스가 비판한 것은 대규모 파업에 대한 무정부주의자들의 논리, 즉 노동자계급의 일상적 정치투쟁을 통해 사회혁명을 달성하는 것이 아니라 사회혁명을 개시하는 수단으로 대규모 파업을 삼은 것이라 지적했다.(Frölich: 160-162)

있게 수행하는 행동으로 받아들이고 있었다.(Frölich: 164)

이러한 대규모 파업은 1905년 러시아혁명을 통해 전모가 드러났는데, 노동자계급은 어떤 계획을 미리 정하지도 않았고 어떤 당이나 조직의 요청을 받지도 않았다. 이러한 차원에서 룩셈부르크는 러시아 노동자계급을 단결시킨 것은 바로 그들의 자발성이라고 지적하고, 정치투쟁과 경제투쟁의 통일체를 대규모 파업으로 규정하면서 자발성의 외연을 넓혔다.

> 대규모 파업은 혁명의 약동하는 맥박이자 혁명의 가장 강력한 원동력이다. 다시 말해서 대규모 파업은, 러시아혁명에서 나타났듯이, 프롤레타리아 투쟁의 효과를 높이려고 머리에서 쥐어짜 낸 교묘한 방법이 아니라 프롤레타리아 대중의 고유한 운동 방식이고 혁명 과정에서의 프롤레타리아 투쟁의 현상 형태다.(GW 2: 124-125)

> 우리가 본 것처럼, 자발성이란 요소는 추동력으로서, 또는 억제하는 영향력으로서 러시아의 모든 대규모 파업에서 빠짐없이 커다란 역할을 했다. 그러나 이것은 러시아에서 사회민주당이 아직 어리고 약했기 때문이 아니라, 오히려 투쟁의 모든 행동 하나하나에서 수없이 중요한 경제적인, 정치적이고 사회적인, 일반적이고 지역적인, 물질적이고 심리적인 여러 요소가 서로 반작용하여 어느 한 행동도 수학 문제처럼 조정되고 해결될 수 없었기 때문이다. …… 간단히 말해서 러시아의 대규모 파업에서 자발성의 요소는 두드러진 역할을 했는데, 이것은 러시아의 노동자계급이 "무식하기" 때문이 아니라 오히려 혁명이 누구에게도 학교 선생 역할을 허용하지 않았기 때문이다.(GW 2: 131-132)

그런데 룩셈부르크 스스로 "혁명의 약동하는 맥박이자 혁명의 가장 강력한 원동력"이라 한 대규모 파업이 인공적 생산물도 아니고 자의적 의지에 따라 수행될 수도 없고, 더구나 통제 불가능한 복합적 요인들로 결정되는 무의식적 역사 과정의 산물이라면, 그녀는 비판자들이 지적하듯이 객관주의의 늪에 빠진 것이다. 하지만 룩셈부르크는 당이나 조직의 지도를 전적으로 부정하는 주의주의자는 아니다(Jones: 50-51). 즉 대규모 파업은 계급투쟁의 표면적 형태를 의미하며 주어진 정치적 상황과 연계하여 구체화할 수밖에 없기에 룩셈부르크는 자발성을 강조했지만, 의식적 요소를 배제하지는 않았다.

그녀에 따르면 사회주의정당은 가장 계몽되고 가장 계급의식이 투철한 노동자계급의 전위이기 때문에 당은 "혁명적 상황"이 도래하기를 앉아서 기다리면 안 되고 언제나 사태의 발전을 앞지르고 그것을 가속하려고 노력해야 한다.

> 투쟁의 실마리와 방향을 제시하는 것, 투쟁의 모든 국면과 모든 순간에 이미 풀려나 움직이는 노동자계급의 모든 힘이 당의 투쟁 대열 속에서 실현되도록 정치투쟁 전술을 계획하는 것, 사회민주당의 전술이 단호함과 예리함에 바탕을 두고 결정되고 그 단호함과 예리함이 실제 힘 관계의 수준 밑으로 내려가지 않으며 오히려 그 힘 관계를 앞서도록 하는 것 ─ 이것이 대규모 파업 시기에 지도부가 해야 할 가장 중요한 임무다.(GW 2: 133-134)

룩셈부르크는 대중에 대한 당의 영향력을 당 조직의 힘이나 당 자체의 선도적 행동이 아니라 당의 정신과 구호를 통해 행사하는 "정치적 지도"로 인식한 것이다.

> 이제 노동조합과 당의 명령에 따라 인위적으로 발생하는 시위가 동반된 대규모 파업이라는 현학적 도식을 버리고, 절정에 이른 계급적 적대감과 정치적 상황에서 초보적 에너지를 가지고 솟아오르는 대중의 운동이라는 생생한 그림 ─ 경제적으로뿐만 아니라 정치적으로도 대중투쟁과 대규모 파업으로 전진하는 운동 ─ 으로 눈을 돌려보자. 그러면 사회민주당의 임무가 대규모 파업을 기술적으로 준비하고 지도하는 것이 아니라 무엇보다도 먼저 전체 운동에 대한 정치적 지도라는 것이 자명해진다.(GW 2: 146)

이것은 당 조직이 대중의 자발성을 규제하고 억압하는 것이 아니라 조정하고 종합하는 임무를 수행해야 한다는 의미다. 룩셈부르크는 대중의 자발성과 당 지도의 결합을 자율집중주의로 제기하고 있다.

> 사회민주당은 노동자계급의 조직과 결합한 것이 아니고 그 자체가 바로 노동자계급이다. 따라서 사회민주당의 중앙집중주의는 블랑키주의자의 중앙집중주의와 질적으로 다르다. 사회민주당의 중앙집중주의는 가장 의식이 첨예하고 투쟁적인 노동자계급의 선진 부문을 대변하는 개인과 집단들의 집중화된 의지일 뿐이다. 말하자면 노동자계급 선진 부문의 자율집중주의다.(GW 1/2: 429)

룩셈부르크에게 조직이란 당이라는 제도적 구조가 아니라 계급이 객체에서 주체로 전화하는 과정이며, 계급으로서의 경험과 의식의 형성, 계급으로서의 행동이 이루어지는 방식을 의미한다(주정립: 21).

따라서 당의 역할을 "정치적 지도"에 한정하는 룩셈부르크는 무엇보다도 선전 활동이야말로 당의 일차적 임무라고 인식했기 때문에, 행동 통일을 위해 엄격한 규율을 요구하는 중앙집중주의를 고집할 필요가 없었다. 이러한 차원에서 레닌과 룩셈부르크의 차이를 볼 수 있는데, 당의 행정과 일상 활동에 대한 두 사람의 태도는 대조적이다. 레닌은 당 조직의 모든 사소한 일들, 즉 재정이나 회의 등에 대해서도 깊숙이 관여했으나, 룩셈부르크는 독일사회민주당이나 폴란드왕국사회민주당 어디에서도 이런 일에 관여하지 않고 있다. 그녀는 노동자계급에 대한 당의 영향력은 당 조직이나 당 자체의 선도적 행동이 아니라 무엇보다도 당의 사상, 강령 및 구호 등을 통해서 행사되어야 한다고 보았기 때문이다(몰리뉴: 114). 이러한 룩셈부르크의 당의 이해관계와 역할은 평의회 운동을 통해 확인되고 있다.

평의회 운동의 성격

룩셈부르크는 『대규모 파업, 당, 노동조합』을 통해 자발성을 체계적으로 인식한 이후에도 사회주의 운동에서 대중의 자발성이 갖는 의미를 강조했는데, 이러한 논리 때문에 그녀는 신비주의의 늪에 빠졌고 자발성에 얽매인 기계적 유물론자라고 비판받았다. 특히 대규모 파업을 자의적으로 기획할 수 있는 것으로 이해하고 있던 노동조합 지도자들로부터 격렬한 비판에 시달렸지만, 룩셈부르크는 러시아혁명에서 보듯이 대규모 파업은 오히려 미조직노동자들을 조직하고 계급의식을 불러일으키는 한편 기존의 노동조합을 훨씬 강하고 활기차게 만든다고 주장했다.

따라서 1918년 평의회 운동이 일어나자, 노동조합을 자본가들에 대한 공격 무기가 아니라 노동자계급의 조직적 방어 무기라고 이해하고 있었던 룩셈부르크는 누구보다도 평의회 운동을 열렬히 옹호하면서 "모든 권력을 평의회로!"라는 구호를 제시했다. 독일에서 평의회가 처음 나타난 것은 1917년 4월 라이프치히인데, 이후 평의회 운동은 온갖 탄압에도 불구하고 1918년 1월에는 베를린에서 노동자평의회가 조직되면서* 점차 퍼져 전반적으로 상황을 주도했으며, "노동자병사평의회"가 혁명과 동의어로 인식되는 상황에 이르렀다. 1918년 3월 대중의 투쟁 기구로 노동자평의회를 요구하던 스파르타쿠스연맹은 10월에 혁명을 예비하는 기구로 노동자평의회의 건설을 선언했다(Kolb: 40, 59).

베를린의 급진 세력을 중심으로 제기되었던 혁명적 봉기는 북해의 도시 킬에서 일어났다. 11월 3일 병사평의회를 조직한 수병들은 11월 4일 파업에 나선 조선소 노동자들과 함께 노동자병사평의회를 조직했다. 이후 노동자병사평의회가 전권을 장악하면서 불붙기 시작한 혁명의 열기는 대도시와 산업 중심지로 퍼져

---

* 1918년 1월 28일 베를린에는 40여만 명의 노동자들이 파업을 일으켰는데, 파업에서 제기된 문제들을 관철하기 위해 대략 1,000명당 1명의 비율인 414명의 대표가 모여 노동자평의회를 구성했으며, 이에 정부는 직접적 탄압이 곤란하자 매일 노동자 500~600명 정도를 징집하여 전선으로 내보냈다.

나가기 시작하여 뤼벡, 슈투트가르트, 함부르크, 브레멘에서, 그리고 쾰른, 하노버, 뮌헨 등에서 차례로 노동자병사평의회가 조직되었다. 마침내 11월 9일에는 베를린에서 노동자병사평의회가 건설되어, 황제가 물러나고 순식간에 권력은 혁명의 주력인 노동자와 병사들에게 넘어왔다.

여기서 노동자병사평의회들의 요구 사항을 보면, 킬에서는 사병들에 대한 급식의 개선, 휴가 규정의 완화 등을 비롯하여 전쟁 종식, 황제 퇴위 등 정치적 요구도 있었으며, 슈투트가르트 노동자병사평의회는 즉각적 휴전, 노동자병사평의회에 의한 강화 체결, 주의회와 제국의회의 해산 이후 노동자와 병사, 소작인, 농부들로의 정부 이양, 은행과 산업의 노동자계급에 의한 몰수, 군의 대폭 개혁 등 반자본주의적 강령도 채택했다(Klonne: 156). 이렇게 노동자병사평의회들은 대규모 파업 현장에서 항상 등장했던 "빵, 자유, 평화"를 요구한 것은 물론 새로운 경제 질서, 생산수단의 사회화, 사회주의 공화국 등 정치적 요구도 제기했다(Rosenberg: 193, 246).

노동자계급과 병사들의 자발적 봉기인 평의회 운동이 전국적으로 확산하면서 국가권력은 급속하게 붕괴했고, 낡은 정권이 군대와 경찰에 대한 통제력을 상실하자 다수파사회민주당Mehrheits Sozialdemokratische Partei Deutschland과 독립사회민주당Unabhängige Sozialdemokratische Partei Deutschland은 권력의 공백을 노동자병사평의회를 통해 메우려고 했기 때문에 평의회는 전국적으로 빠르게 조직되었다. 그리고 양당의 합의로 1918년 11월 10일 베를린에서 소집된 노동자병사평의회는 인민대표자평의회Rat der Volksbeauftragten를 새로운 정부로 승인했으며, 12월 16일 전국 노동자병사평의회총회가 열릴 때까지 평의회 조직을 대표하도록 했다. 이러한 인민대표자평의회에는 다수파사회민주당과 독립사회민주당이 동등한 권리를 갖는다는 합의를 바탕으로 다수파사회민주당의 에버트, 자이데만, 란쯔베르크 등과 독립사회민주당의 하아제, 디트만, 바트 등 각각 세 명씩 참여했으나, 권력도 동등하게 누린 것은 아니다.

그런데 전국적으로 조직된 평의회들은, "즉흥성과 타협 구조"(Kolb: 85)라는 지적에서 볼 수 있듯이, 평의회 운동의 전진이라는 목적의식성을 가지고 운영되기보다는 상황에 압도되는 경향이 강했기 때문에, 각각의 평의회들은 권한과 목적에서도 상당한 차이를 보이게 되었다. 평의회를 구성하는 위원들을 보면, 중소도시에서는 독립사회민주당이 별다른 조직을 갖추지 못했기 때문에 다수파사회민주당 주도로 공개적 집회에서 구성되었으나, 대도시에서는 집회를 통한 직접선거가 불가능했기 때문에 공장 대표자들과 직종 대표자들이 모인 대규모 집회에서 대표자가 선출되거나 지역의 유력한 정당과 노동조합의 타협으로 선출이 이루어졌다(Kolb: 91-94). 한편 병사평의회는 병사들이 하급 단위부대 또는 수비대에서 위원들을 선출했고, 주둔 군대는 병사평의회가 해당 지역 노동자평의회와 긴밀히 협조하여 노동자병사평의회로 기능하게 되었다.

평의회가 조직되는 과정을 보면 지역별로 노동자운동의 세력 관계가 커다란 변수로 작용했지만, 몇몇 급진적 도시를 제외하고는 다수파사회민주당이 절대적 지위를 차지한 것은 물론이다. 1918년 12월에 개최된 전국노동자병사평의회 총회에 파견된 총 500여 명의 대의원을 정당별로 분류하면, 300여 명이 다수파사회민주당, 100여 명이 독립사회민주당, 10여 명이 스파르타쿠스연맹, 26여 명이 민주당이며, 26명의 노동자 대의원과 49명의 병사 대의원은 자신의 정당을 밝히지 않았다(Kolb: 172). 이렇게 보면 다수파사회민주당이 평의회에서 다수를 차지했기 때문에 평의회의 성격이나 지위에 대해서 제한적으로 평가할 수도 있으나, 전반적으로 평의회는 특정한 정당이나 혁명가들에 의해 지도되거나 계획되기보다는 노동자들의 자발성이 발휘된 것으로 볼 수 있다(Kolb: 168).

하지만 평의회 운동은 투쟁 목표로 제시되기도 했던 노동자병사평의회에 의한 국가권력의 인수나 대공장, 은행, 대토지의 몰수 등 급진적 개혁보다는 전쟁의 패배와 혁명이라는 긴박한 상황에서 질서유지와 안정, 식량 및 에너지 공급의 확대, 군대의 철수를 위한 행정 협조 및 감독에 한정하여 활동을 전개했다. 이러한 임무를 수행하기 위해서 평의회는 다양한 노력을 기울였으나 행정 당국과의 협력은 지역마다 차이가 컸다. 상대적으로 급진주의자들이 우세했던 브레멘,

브라운슈바이크, 라이프치히 등에서는 지역 행정 기구의 방해를 받지 않고 업무를 수행할 수 있었으나, 다수파사회민주당과 독립사회민주당 등이 지배하고 있었던 지역의 평의회는 행정에 대한 감독으로 만족할 수밖에 없었다.(Kolb: 173)

더구나 노동자병사평의회의 업무 영역은 각 지방정부의 법령에 따라 규정되었는데, 11월 13일 프로이센 정부의 포고령에 따르면, 노동자병사평의회의 대표들은 지방장관과 관료들과 협력해야 하고 모든 중요한 회의에 참석해야 했다(E. Kolb: 173). 하지만 대부분 지역에서 노동자병사평의회의 감독 업무에 대해서는 대체로 인정하는 경향이었어도, 그들의 임무나 권한은 여전히 모호한 상태로 남아 있었기 때문에 평의회와 행정 당국의 갈등이 잦았던 것은 물론 평의회에 대한 각 정당의 시각 차이에 따라 다양한 편차가 나타나게 되었다.

이러한 노동자병사평의회의 성격에 대해서는 다양한 시각이 존재하는데, 평의회 운동의 주체는 누구인지, 무엇을 지향했으며, 어떻게 조직되었고, 어떻게 활동했는가에 따라 연구의 초점이 되어 왔다. 평의회에 대한 견해를 크게 분류하면, 노동자계급의 혁명적 투쟁 기구로 파악하는 견해, 사회민주주의를 지향한 기구로 보는 견해, 대중의 직접민주주의 운동으로 해석하는 견해 등이 있다. 하지만 1918/19년 독일혁명에서 노동자계급의 대중행동과 조직의 형태인 평의회가 결정적 요소로 작용했으며, 무엇보다도 평의회 운동이 당이나 노동조합에 의해 계획되거나 지도되지 않고 오로지 노동자와 병사들의 자발성으로 이루어졌다는 점은 주목할 필요가 있다. 따라서 평의회 운동은 노동자계급이 프롤레타리아독재를 지향한 운동으로 파악하기보다는 의회민주주의를 넘어 노동자계급이 스스로 통치하려고 했던 직접민주주의 운동으로 이해할 수 있을 것이다(Rosenberg: 17-19).

당과 대중

평의회 운동이 전개될 때, 독일의 사회주의 세력은 다수파사회민주당, 독립사회민주당, 그리고 스파르타쿠스연맹*을 비롯한 '급진좌파'로 나뉘어 있었다. 다수파사회민주당과 독립사회민주당 우파는 다가오는 전국노동자병사평의회 총회에서 의회주의 공화국으로 가는 토대가 마련되기를 기대했으며, 스파르타쿠스연맹과 독립사회민주당 좌파 등은 평의회 공화국을 의도하고 있었다. 따라서 노동자병사평의회는 러시아의 소비에트와 달리 혁명 기구로 전진하기보다는 사회주의 세력들의 다툼과 분열의 무대로 변질되면서 역사적 임무를 짧게 마감했다. 노동자병사평의회가 이렇게 된 것은 무엇보다도 평의회 운동에 대해 정치 세력들 사이에 차이가 컸기 때문이다.

먼저 다수파사회민주당은 1918/19년 독일혁명 직전에 독일제국 정부에 참여하는 "위로부터의 의회주의"를 주장하면서 혁명의 목표도 국민의회의 설립에서 구했다. 다수파사회민주당은 독일의 볼셰비키화를 우려하면서 스파르타쿠스연맹을 비롯한 급진적 세력의 위협을 효과적으로 제압하기 위해, 미국의 권유를 따라 정치적 민주화와 함께 경제원조도 받게 되었으며,** 이는 독일이 빠르게 보수화되는 계기로 작용했다.(Mommsen: 16)

또한 세계대전을 위한 전쟁 예산에 반대하여 독일사회민주당에서 분리된 독립사회민주당은 좌파와 우파로 나누어져 있었는데, 좌파는 대부분 의회주의 공

---

* 제1차 세계대전이 발발한 이후 "인터내셔널그룹Gruppe Internationale"이라는 명칭으로 반전 운동을 전개하던 룩셈부르크를 비롯한 '급진좌파'는 1916년 1월 1일에 확고한 조직으로 거듭나기 위해 '스파르타쿠스연맹Spartakusbund'으로 명칭을 바꿨다.

** 연합국은 독일과의 휴전 협상에서 독일의 '민주화'를 강제하는 한편 패전 독일의 '볼셰비키화'를 심각하게 경계했다. 특히 미국의 윌슨 대통령은 황제의 퇴위를 요구하는 한편 독일이 절실하게 필요로 했던 식량 원조를 독일의 민주화를 위한 압력 수단으로 이용하면서 1919년 8월까지 282만달러의 필수품을 단계적으로 제공했는데, 여기에는 독일의 볼셰비키화를 방지하기 위한 목적도 있었다. 이러한 과정에서 미국은 러시아가 제안한 열차 두 량 분량의 긴급 식량 원조도 독일이 거절하도록 종용했고, 만일 휴전 이후 독일이 사회주의화된다면 연합군을 독일로 진격시키는 전쟁도 불사하겠다는 강경한 뜻을 전달했다.(Mommsen: 16)

화국 수립에 만족하지 않고 볼셰비키혁명과 호흡을 맞추어 철저한 사회주의국가를 건설하기 위해 국민의회를 거부하고 평의회 공화국을 요구했다(Rosenberg: 22-23). 독립사회민주당 우파는 내전을 우려하면서 다수파사회민주당을 사회주의 정책으로 유도하기 위해 연합 정책을 추진했다(Kolb: 159)*.

한편 평의회 운동에 대한 스파르타쿠스연맹의 견해는 "모든 권력을 평의회로!"라는 구호로 함축되는데, 이는 운동의 지도자인 룩셈부르크의 조직 노선과 혁명관에 바탕을 둔 것이다. 혁명이 일어나고 두 주가 지난 후 그녀는 『적기Rote Fahne』에서, 혁명의 목표로 자본주의를 철폐하고 사회주의를 수립할 것을 제기하고, 이것을 위해 모든 권력을 노동자병사평의회로 집중시켜야 한다고 주장하면서, 모든 노동자계급이 의식적 행동에 나서고 노동자병사평의회를 확대하고 프롤레타리아를 하나의 계급으로 묶어 혁명의 보루로 만들기 위해 전국노동자병사평의회총회의 소집을 주장했다(GW 4: 397-399).

스파르타쿠스연맹은 룩셈부르크의 논리, 즉 평의회 공화국을 건설하기 위해서는 대중이 목적의식적 행동에 나서야 하며 대중의 혁명적 조직체로서 노동자병사평의회를 주목하고 이러한 노동자병사평의회가 모든 권력을 장악해야 한다는 논리를 따르고 있다. 그런데 평의회 운동은 다수파사회민주당을 중심으로 전개되고 있었기 때문에 스파르타쿠스연맹의 기대는 이루어지기 어렵게 되었지만, 그들은 혁명의 미래에 대해 낙관적 신념을 가지고 있었다. 스파르타쿠스연맹을 지도하는 룩셈부르크 역시 독일 노동자들의 정치적 미성숙에도 불구하고 혁명은 끊임없이 전진하며 자신을 발전시켜가는 것이 역사의 법칙이라는 믿음을 갖고 있었다.

이러한 룩셈부르크의 논리는 스파르타쿠스연맹의 강령에서도 확인되고 있다. 강령은 노동자계급이 더는 지배당하는 것을 멈추고 자신의 힘으로 사회를

---

* 독립사회민주당에는 연합 정책보다 두 정당의 통합을 주장하는 사람들도 있었다. 그들은 사회주의 세력을 분열시켰던 전쟁이 종결된 상황에서 두 당의 통합은 자연스러운 일이라고 주장했는데, 독립사회민주당 당원들 사이에 넓은 공감대가 있었으며 카우츠키와 베른슈타인도 통합에 적극적이었다. 특히 베른슈타인은 독립사회민주당 당적을 가지고 있으면서 다수파사회민주당에 가입했다가 선택을 강요받자 다수파사회민주당으로 옮겼다.

운영하고 자신의 운명을 의식적으로 지배하려면 무엇보다도 최고 국가기관으로부터 아주 작은 시골에 이르기까지 종래의 부르주아 지배계급의 기관들을 자신들 계급의 기관인 노동자병사평의회로 대체해야 한다고 주장했다. 특히 룩셈부르크에 따르면 스파르타쿠스연맹의 임무는 노동자계급에게 역사적 임무를 지적해 주는 것이다.

> 스파르타쿠스연맹은 노동자 대중 위에 군림하거나 그들에게서 권력을 빼앗아 오기를 원하는 당이 결코 아니다. 스파르타쿠스연맹은 오직, 전체 노동자계급을 걸음마다 그들의 역사적 임무를 행하도록 인도하고, 혁명의 모든 특별한 계기마다 궁극적인 사회주의의 목표를 제공하며, 모든 민족적 문제들에서 국제 노동자계급 혁명의 관점을 불러일으키기 위해 노력하는, 노동자계급의 가장 자각적이고 목적의식적인 부분일 따름이다.(GW 4: 450)

위의 글에서 룩셈부르크가 말하는 "정치적 지도"가 무엇을 의미하는지 알 수 있는데, 말하자면 당과 대중의 관계를 보여 준다.

따라서 평의회 운동에서 스파르타쿠스연맹이 선전 선동 활동에 치중하고 상대적으로 조직 사업에 소홀했던 것은 바로 대중의 자발성과 관련된 스파르타쿠스연맹의 논리적 산물로 볼 수 있다. 스파르타쿠스연맹의 활동에 대해 "이상하게도 스파르타쿠스연맹은 자신의 기대에 걸맞은 노동자병사평의회를 조직하기 위해 노력하기보다는 거의 선전 활동에 집중했다"(Kolb: 145)라는 지적이 있는데, 그랬던 것은 스파르타쿠스연맹이 노동자계급이 정치적으로 미성숙한 것을 알고 있지만 대중의 자발성에 대한 신뢰를 바탕으로 평의회 운동이 전진하여 궁극적으로 승리할 것이라고 낙관하고 있었기 때문이다. 스파르타쿠스연맹은 전국의 노동자병사평의회에서 자기의 분파를 조직하고 이끌기보다는 노동자병사평의회가 전권을 장악하고 이것을 토대로 사회주의사회를 건설해야 한다는 "그들의 역사적 임무"를 일깨워 주는 활동, 즉 선전과 집회, 거리시위 등의 활동에 치중한 것이다.

이러한 혁명관에 따라 스파르타쿠스연맹은 볼셰비키와 달리 스스로 엄격한 조직을 갖추지 않았으며, 대중운동도 조직 사업이 아니라 선전 활동에 치중했다. 이는 혁명 과정에서 스파르타쿠스연맹과 볼셰비키의 목표가 달랐다기보다는 혁명의 목표를 달성해 나갈 때 대중과 당의 관계에 대한 견해가 차이가 있었기 때문이다. 스파르타쿠스연맹은 자신의 조직을 중앙집중적인 독자적 조직체가 아니라 독립사회민주당 안의 선전 동맹체 정도로 상정하고 있었는데, 이것은 자율집중주의가 중앙집중주의보다 효율적이라고 생각했다기보다는 중앙집중적 조직에는 필연적으로 대중의 자발성을 억압하고 운동의 전진을 가로막는 보수성이 내재해 있다고 보았기 때문이다.

평의회 운동이 일어난 직후 스파르타쿠스연맹은 회의를 통해 스스로 베를린은 물론 전국적으로 대중조직이 없다는 것을 확인했으면서도, 조직 체계를 갖춘 독자적 당을 건설하기 위해 의견을 모은 것이 아니라 가능하면 독립사회민주당 안에서 자신의 견해를 관철하거나 기회주의적 독립사회민주당 지도부를 바꿔야 한다고 보면서 자신의 위상을 "독립사회민주당 내의 결연한 선전 동맹체"로 규정했다(Kolb: 143). 따라서 스파르타쿠스연맹은 혁명 과정에서 선전 활동을 강화하기 위해 베를린 지방신문을 접수하여 『적기』라는 기관지를 발행하고, 학술 주간지, 유년용 신문, 부인용 신문, 병사용 팸플릿, 병사들에 대한 선동을 위한 분과 위원회 등을 설치했던 것이다(Kolb: 43).

독일공산당의 건설

1918년 12월 16일에 개최된 전국노동자병사평의회총회는 평의회 운동에서 결정적 전환점이 되었을 뿐만 아니라 스파르타쿠스연맹의 활동과 조직에도 커다란 충격을 주었다. 무엇보다도 평의회 운동의 진로와 관련해서 가장 중요한 문제, 즉 앞으로 독일의 정체성을 국민의회를 바탕으로 하는 의회주의 공화국으로 할 것인가 아니면 평의회를 토대로 하는 평의회 공화국으로 할 것인가를 결정했기 때문이다. 또한 총회에서는 산업의 사회화, 군대의 개혁 등의 문제에 대해 논의했으며, 평의회의 최고 기관으로 중앙평의회를 조직했다.

하지만 전국노동자병사평의회총회는 개최되기도 전에 이미 결과를 예고했는데, 스파르타쿠스연맹 등 급진적 좌파만 국민의회를 부정하고 평의회 체제를 옹호하면서 평의회가 입법, 사법, 행정 등에서 전권을 지니는 평의회 공화국을 주장했었다. 다수파사회민주당이나 독립사회민주당 우파는 국민의회를 소집하는 일에 집중하면서, 국민의회가 만들어지면 평의회는 자연스럽게 소멸할 수밖에 없다고 생각했다. 특히 총회 대의원 구성을 보면 다수파사회민주당이 압도적 다수를 차지하고 있었는데, 이미 지적했듯이 500여 명의 대의원 가운데 절반이 넘는 288명이 다수파사회민주당의 당원이었으며, 또한 대표로 선출될 당시 공적 관직을 가지고 있던 대의원도 상당수 존재하여, 총회가 보수적이고 관료적인 결정을 내릴 수 있는 여지를 안고 있었다.

이러한 상황에서 룩셈부르크는 노동자병사평의회가 전권을 행사하는 데 반대하는 모든 세력이 국민의회를 개최하는 데 찬성했다고 지적하면서, 국민의회는 부르주아 민주주의의 길이며 자본주의로 돌아가는 길이고 평의회는 진정한 민주주의인 사회주의로 가는 길이라고 주장하고, 노동자계급이 목적의식적으로 일어나 부르주아적 계급 지배 기관들을 축출하고 노동자병사평의회로 대체해야 한다고 주장했다.

> 국민의회는 부르주아적 해결 방법이고, 노동자병사평의회는 사회주의적 해결 방법이다. 우리는 자본가들과 법 테두리 안에서 법에 대하여 논의하지 않을 것이다. 사회주의가 계급투쟁 없이 달성될 수 있다는 생각, 즉 의회 안에서 다수결로 이루어질 수 있다는 생각은 우스꽝스러운 소시민적 망상이다.(GW 4: 409)

전국노동자병사평의회총회가 전적으로 다수파사회민주당의 의도대로 진행되지는 않았지만*, 가장 핵심적 문제인 국민의회인가 평의회 체제인가라는 문제에서 총회는 국민의회를 구성하기 위한 선거를 1919년 1월 19일에 실시하기로 결정하여 다수파사회민주당은 결정적 승리를 거두었다. 또한 총회는 선거를 통해 국민의회가 개최될 때까지 입법권과 행정권을 인민대표자평의회, 즉 임시정부에 넘기기로 하여 노동자병사평의회는 모든 힘을 상실했으며 정치적 기반을 스스로 무너뜨렸다. 룩셈부르크는 이것을 평의회의 "정치적 자살"(GW 4: 470-471)이라고 지적했다. 전국노동자병사평의회총회의 결정은 혁명 세력에게 치명적 타격을 주었으며 혼란은 피할 수 없었다.

특히 스파르타쿠스연맹은 전국노동자병사평의회총회를 통해서 노출된 자신의 취약성과 대중의 정치적 미성숙에 대응하는 돌파구를 마련해야 했다. 룩셈부르크에 따르면 대중의 자발성이 고갈되지 않는 한 노동자계급의 정치권력으로서 평의회는 소멸하지 않고 소멸할 수도 없지만, 스파르타쿠스연맹은 새로운 활로를 뚫어야 했는데 그것은 바로 독일공산당Kommunistischen Partei Deutschlands의 건설로 이어졌다. 물론 당 건설을 전국노동자병사평의회총회의 결과로만 볼 수 없는 측면도 있다. 독립사회민주당 안에 독자성을 갖는 가맹 조직으로 존재하던 스파르타쿠스연맹은 혁명이 일어나자 조직을 효율적으로 이끌기 위해 중앙위원회를 설치하고 12월 14일에는 「스파르타쿠스연맹은 무엇을 원하는가?」라는 강령을 발표했었다. 더구나 스파르타쿠스연맹의 지도자인 룩셈부르크와 레오 요기헤스Leo Jogiches는 여전히 스파르타쿠스연맹을 고립된 소수라고 판단했기 때문에 독자적 당 건설을 반대하고 있었다(갈로: 554-555).

스파르타쿠스연맹이 독일공산당 건설을 결심하게 된 것은 무엇보다도 독립사회민주당과의 혁명 전략 차이에서 비롯되고 있다. 스파르타쿠스연맹은 전국

---

* 총회는 산업을 사회화하는 문제와 군대를 개혁하는 문제 등을 논의에서 제외하려는 다수파사회민주당의 방침에 반하는 결정을 내렸는데, 앞의 문제와 관련해서는 여건이 성숙한 산업분야에서 즉각 사회화 작업에 착수할 것을 압도적 다수로 가결했으며, 뒤의 문제와 관련해서는 최고사령부의 권위를 완전히 무시하고 병사평의회에 전권을 인정하는 결의안을 채택했다.

노동자병사평의회총회가 개최되기 전에 독립사회민주당이 취하고 있던 '국민의회와 평의회'라는 양립 정책을 "모든 권력을 평의회로!"라는 구호로 변화시키기 위해 전당대회를 요구했으나 거절되었고, 총회 결과를 놓고 다시 전당대회를 요구했으나 독립사회민주당 지도부가 국민의회 개최 이후로 미루었다. 이제 스파르타쿠스연맹은 독립사회민주당 안에서 더는 자신의 혁명 전략을 관철할 수 없었기 때문에 독자적 당 건설이 불가피한 상황이었다.

스파르타쿠스연맹 총회 개최를 하루 앞두고 열린 비밀회의에서 독립사회민주당 탈퇴와 독자적 당 건설이 전격 결정되어 독일공산당이 만들어졌다. 이러한 과정에서 스파르타쿠스연맹은 독립사회민주당 좌파의 핵심 세력인 혁명적 노동조합 간부 그룹과 협상이 결렬되자 독일 북부 지역에서 활동하면서 볼셰비키와 긴밀한 관계를 맺어 온 급진적 좌파 그룹과 함께 당을 건설했다.

독일공산당 창당 대회는 1918년 12월 30일부터 이듬해 1월 1일까지 베를린에서 개최되었는데, 대회에는 대의원을 비롯한 150여 명이 참석하여 독립사회민주당 안의 위기, 국민의회 문제, 당 강령과 정세 보고, 조직 문제, 경제투쟁, 국제회의 문제 등을 다루었으나, 주요한 쟁점은 다가오는 국민의회 선거에 대한 참여 문제였다. 전국노동자병사평의회총회가 개최되기 이전까지 스파르타쿠스연맹은 국민의회 소집을 반대했는데, 국민의회는 평의회에 토대한 사회주의 공화국 건설이라는 혁명의 목표를 거스르는 것이기 때문이었다.

그런데 전국노동자병사평의회총회가 끝난 직후 룩셈부르크는 국민의회에 참가할 것을 주장하는 글을 발표했다. 국민의회에 대항해 대중을 동원하고 날카로운 투쟁을 전개하는 데 국민의회 참가가 필요하며 이러한 차원에서 국민의회만큼 유용한 기회가 없다고 주장했다. 무엇보다도 그녀는 대중이 정치적으로 미성숙하고 혁명에 대해 준비가 부족하므로 국민의회를 통해 대중을 정치적으로 교육할 필요가 있다고 보았다.

우리는 지금 혁명의 와중에 있다. 그리고 국민의회는 혁명적 노동자계급에 대항하기 위해 만들어진 반동의 요새다. 우리가 해야 할 일은 이 요새를 혁명의 폭풍으로 몰아쳐서 완전히 허물어 버리는 것이다. 국민의회에 대항해 일어설 대중을 동원하고 그들에게 격렬한 투쟁을 전개하도록 호소하기 위해 우리는 선거와 국민의회 자체를 발판으로 이용해야 한다. …… 국민의회가 가진 모든 교활한 음모를 단호하게 비난하고, 국민의회의 반동적 역할을 대중에게 단계적으로 폭로하며, 대중에게 결단을 호소하는 일, 이것이 국민의회에 참가하는 참된 목표다.(GW 4: 474-475)

하지만 독일공산당 창당 대회에 참석한 많은 대의원과 대표는 원칙적으로 국민의회를 반대하면서 국민의회 선거에 참여한다는 것을 이해하지 못했다. 그들은 러시아에서 볼셰비키가 승리한 것을 뚜렷하게 기억하고 있었지만, 볼셰비키가 승리할 때까지 얼마나 조심스럽고 복잡한 전술이 필요했는지 생각하지 못하고 있었던 것이다(Frölich: 330). 그들 대부분은 독일에서 혁명이 승리할 것을 낙관하고 있었기 때문에, 국민의회 선거 참여는 쉬운 길을 두고 어려운 길을 선택하는 것처럼 느껴졌다. 국민의회 선거 참여를 놓고 격렬하게 논쟁을 벌인 독일공산당은 62 : 23으로 선거 불참을 결정했다.

룩셈부르크를 비롯해 선거 참여를 주장했던 스파르타쿠스연맹 성원들은 전국노동자병사평의회총회 결과를 보면서 독일 노동자계급이 정치적으로 미성숙하기 때문에 혁명은 오랜 시간이 필요하다고 판단하여, 독일공산당이 고립되지 않고 대중과 소통하기 위해 국민의회라는 선거 공간을 활용하여 국민의회에 대한 반대와 평의회의 부활을 선전할 계획이었다. 룩셈부르크를 비롯한 스파르타쿠스연맹은 한 번의 봉기를 통해서는 진정한 권력을 획득할 수가 없으며 부르주아적 지배 질서에 대해 노동자병사평의회를 중심으로 아래로부터 장기적 투쟁을 전개해야만 참다운 노동자계급의 권력을 쟁취할 수 있다고 판단했다. 룩셈부르크는 독일공산당 창당 대회가 국민의회 선거 참여를 부결했지만 곧 올바른 길을 찾을 것이라고 기대하면서도, 사회주의혁명은 골고다 산성으로 향하는 것처럼 쓰라린 고통을 수반하고 거듭되는 패배를 딛고 일어서야 최후의 승리를 얻을 것이라고 주장했다(GW 4: 509-513).

볼셰비키와의 차별성

독일공산당은 체제를 가다듬기도 전에 시련을 맞게 되었다. 베를린에서 '1월 봉기'가 발생한 것이다. 독립사회민주당 소속인 베를린 경찰국장의 해임을 계기로 독립사회민주당 지도부와 노동조합이 대규모 시위를 벌였으며 독일공산당도 여기에 가세하게 되었다. 혁명위원회까지 구성되었지만, 정부의 대대적 탄압으로 봉기는 패배를 맛보았고 이후 잔인한 백색테러가 속출했다. 역사는 1월 봉기를 "스파르타쿠스연맹의 봉기"로 기록하는 때도 있으나, 독일공산당은 무장봉기를 일으킬 계획도 없었고 준비도 하지 않았다. 이러한 사실은 독일공산당의 기관지인 『적기』의 주요한 사설들이 반증하고 있다.* 독일공산당 지도부는 장기간에 걸쳐 혁명을 발전시켜 나갈 계획이었기 때문에 봉기를 일으키지는 않았지만(Frölich: 333), 권력을 장악하려고 봉기한 노동자계급을 지원하여 승리가 아닌 '패배'를 함께할 수밖에 없었다.

이후에도 1월 봉기의 유혈 진압에 대한 항의 시위가 이어지는 동안 독일공산당의 지방 조직들 가운데 특히 급진적 좌파가 주도권을 행사하고 있는 지역을 중심으로 산발적 봉기 시도가 끊이질 않았다. 1월 10일에는 브레멘에서 '사회주의평의회공화국'이 선포되었고, 브라운슈바이크, 하나우, 아이제나하, 쿡스하펜, 만하임, 뒤셀도르프 등의 지역에서도 지역 공산당을 중심으로 즉흥적 봉기가 일어나 평의회에서 다수파사회민주당 대표들을 축출하기도 했으나 정부의

---

* 『적기』의 사설을 보면 1월 1일 「반혁명의 배후」(독일의 반혁명 세력이 러시아에 대해 전쟁을 재개하려는 뜻을 밝힌 공식 문서에 대해 다룸), 1월 2일 「노예 상인들」(1월 1일과 같은 주제), 1월 3일 「제1차 전당대회」, 1월 4일 「이탈리아 혁명의 전망」, 1월 5일 「탄광업자의 하수인들」(루르 지방의 경제투쟁을 다룸), 1월 6일 「실업 문제」 등이다(Frölich: 333).

개입으로 진압되었다. 또한 1919년 3월 3일 베를린에는 '혁명적 평의회'가 조직 되어 총파업을 단행하면서 에베르트 정부와 국민의회의 퇴진을 요구하고 모든 권력을 평의회로 이전하라고 주장했으나, 다수파사회민주당은 군부와 결탁하여 이를 강경 진압했다.

이러한 1918/19년 독일혁명에 대해서는 다양한 시각이 존재하지만, 특히 주 목할 것은 대중의 자발성을 바탕으로 레닌과 당 조직 노선은 물론 사회주의혁명 전략을 놓고 끊임없이 논쟁했던 룩셈부르크가 레닌주의로 접근했다는 주장이 제기된 것이다. 즉 룩셈부르크를 레닌의 '전우Kampfgefährtin'로 이해하고, 그녀가 독일사회민주당에 내재한 모순과 투쟁하면서 사상적으로 발전했고 독일공산당 건설은 사회주의혁명가로 정점에 이른 것이며, 그녀가 레닌과 접근을 이루었다 는 평가가 있다(Radczun & Laschitza). 몰리뉴도 룩셈부르크가 독일공산당을 통 해 레닌과 가장 구체적인 형태로 실천적 유대를 맺게 되었다고 주장했으며(몰리 뉴: 116), 룩셈부르크의 유명한 전기를 쓴 프뢸리히는 그녀가 국민의회와 평의회 의 양자택일을 주장하고 평의회 운동을 경험하면서, 과거에 볼셰비키혁명을 비 판했던 논리를 수정한 것으로 이해했다(Frölich: 313-314).

그러나 룩셈부르크는 레닌과 차별되는 맑스주의적 성찰을 보여 주었다. 볼셰 비키와 스파르타쿠스연맹은 의회를 중심으로 하는 선거주의 전략이 아니라 노 동자계급에 의한 혁명 전략을 구사한 것에서는 똑같지만, 혁명의 성격이나 방식 에서는 커다란 차이를 볼 수 있다. 룩셈부르크는 볼셰비키혁명을 비판한 『러시 아혁명에 대하여』를 통해 사회주의사회는 예정된 도식을 따라가는 것이 아니라 자신의 경험을 통해 탄생하며 사회주의를 실현하는 과정에서 나타나는 역사적 산물이라고 지적했다(GW 4: 360). 따라서 노동자계급의 제한 없는 참여와 민주 주의를 바탕으로 노동자계급 스스로 역사를 만들어간다는 믿음이 있어야 혁명 의 길이 열리고 사회주의가 우뚝 설 수 있다. 그런데도 볼셰비키는 계급독재가 아니라 소수의 독재를 선택했다고 룩셈부르크는 비판했다.

그녀에게 계급독재는 민주주의를 제한하는 것이 아니라 확장하는 것이며, 대중이 이따금 치르는 선거를 통해서가 아니라 직접적 활동을 통해서 정치적 기능을 수행하는 더 고차적인 민주주의를 의미한다. 이러한 "사회주의적 민주주의"는 노동자계급에 능동적이고 제한받지 않으며 열정적인 정치적 생활을 가져다준다. 룩셈부르크는 이것이 바로 사회주의의 본질이고 목적이며 수단이라고 주장했다. 따라서 "사회주의적 민주주의는 계급 지배가 파괴되고 사회주의가 건설되는 것과 동시에 시작되어야 한다."(GW 4: 363)

더구나 그녀는 독일공산당의 강령을 통해 사회주의혁명을 직업혁명가들의 봉기가 아니라 역사적 필연을 역사적 현실로 바꾸기 위한 "대중의 깨달은 행동"으로 인식하고 있다.

> 프롤레타리아혁명은 소수가 폭력적 방법으로 자신의 이상에 맞는 세상을 건설하기 위해 운명적 시도를 하는 것과는 다르다. 그것은 역사적 소명을 다하기 위해 또한 역사적 필연성을 역사적 현실로 바꾸어 놓기 위해 부름을 받은 수백만 대중 일반의 깨달은 행동일 뿐이다.(GW 4: 445)

이러한 차원에서 대중의 자발성을 신뢰하는 룩셈부르크는 대중이 스스로의 역사적 임무를 깨우치고 실천할 수 있도록 "정치적 지도"에 집중했던 것이다. 따라서 룩셈부르크는 전국노동자병사평의회총회가 국민의회 선거 참여를 결정하자 종래의 견해를 바꾸어 선거운동을 통해 노동자계급을 동원하고 그들에게 혁명의 목적과 성격을 교육하고 평의회 운동으로 확보한 현재의 위치를 방어하고 확산시키기 위해 노력했다.

룩셈부르크는 볼셰비키와 달리 봉기를 통해서 정치권력을 장악하는 것은 진정한 사회주의혁명이 아니며, 대중의 자발성을 바탕으로 자본주의 권력의 진지들을 하나씩 노동자계급의 수중에 넣음으로써 사회주의혁명은 승리할 것이라고 생각했다. 따라서 그녀는 준비되지 않은 모험적 행동을 배척하고 시위와 집회, 선전과 선동 등을 통해 혁명적 에너지를 끌어올리는 것을 스스로의 임무로 생각했다. 독일공산당을 조직할 때도 볼셰비키와 달리 지방 조직들이 상대적 자율성을 갖는 조직 노선을 유지했는데, 왜냐하면 혁명운동은 대중의 자발성을 바탕으로 전개되는 것이지 결코 당의 지시나 계획에 의해 이루어지는 것이 아니라고 보았기 때문이다. 따라서 당 지도부에 절대 권력을 부여하는 것을 경계했으며, 당의 각각의 조직들도 혁명의 주도권을 발전시키고 투쟁을 강화하고 주어진 조건과 투쟁 수단들을 활용하기 위해 행동의 자유를 누려야 한다고 보았다.

이러한 차원에서 룩셈부르크가 1918/19년 독일혁명을 거치면서 레닌주의로 접근하게 되었다는 해석은 그녀의 맑스주의를 왜곡하는 또 다른 '레닌주의 상대화'라고 볼 수 있다. 그녀에게 사회주의는 대중의 자발성에 의존하고 있었기 때문에, 그것이 마음껏 발휘될 수 있도록 당을 조직하고 당은 노동자계급이 역사적 임무를 깨우치도록 도와주어야 하는 것이다.

독일공산당이 볼셰비키와 차별되는 사회주의 이행 전략에 주목하게 된 것은 노동자계급과 점차 유리되는 독일사회민주당과 노동조합의 관료주의적 경향을 경험하면서 대중의 자발성에 착안하게 되고 직접민주주의를 지향한 것으로 볼 수 있다. 따라서 독일공산당은 직업혁명가들로 구성되는 레닌주의적 조직이나 노동조합을 바탕으로 하는 사회민주주의적 조직에 만족하지 않고, 혁명을 장기적으로 노동자계급에 대한 교육과 조직, 그리고 혁명에 노동자계급이 직접적으로 개입하는 과정으로 이해했다. 따라서 룩셈부르크는 레닌의 구상처럼 주도면밀한 기획에 따라 엄격하게 통제되고 명령하는 정치적 행동을 공허한 도식으로 규정하고, 대중의 자발성을 바탕으로, 결코 도식화될 수 없는 "대중의 깨달은 행동"을 통해 사회주의혁명을 추진했던 것이다.

> 앞선 모든 혁명에서는 소수 대중이 혁명적 투쟁을 이끌고, 거기에 목표와 방향을 제공했으며, 승리를 통해 그 소수의 이해관계를 실현하기 위해 대중을 이용해 왔을 뿐이다. 사회주의혁명은 거대한 다수 대중의 이해관계를 따르며 그리고 오직 노동자계급의 거대 다수에 의해서만 승리를 가져올 수 있는 최초의 혁명이다. 노동

자계급은 혁명의 목표와 방향을 매우 명확히 해야만 한다. 또한 자주적으로 스스로의 독립적 행동을 통해서 사회주의를 차근차근 실생활에 옮겨야 한다. 사회주의사회의 필수 요소는 노동자 대중이 피지배계급이기를 멈추고 정치경제 생활에서 자주적 삶을 이루어내며 이 삶을 의식적이고 자유로운 방향으로 이끈다는 사실에 있다.(GW 4: 444)

자율집중주의

룩셈부르크는 볼셰비키혁명을 승리로 이끈 레닌과 함께 맑스주의의 혁명적 전통을 이어갔지만, 『대규모 파업, 당, 노동조합』을 발표했을 때는 사회주의혁명을 노동자계급에게 맡겨 버린 '주의주의자'로, 그리고 『자본의 축적』을 발표하고는 자본주의의 자동 붕괴만 기다리는 '기계적 유물론자'라고 비판받았다. 이렇게 극단적 평가를 받게 된 것은 그녀의 맑스주의가 지니고 있는 독자성을 평가하기보다는 레닌주의에 상대화시켰기 때문이다.

하지만 룩셈부르크는 레닌의 오른쪽과 왼쪽 어느 곳에나 어울리는 사회주의자가 아니다. 그녀는 사회주의혁명을 직업혁명가들의 봉기가 아니라 "대중의 깨달은 행동"이라고 보았기 때문에, 혁명은 단기적 봉기로 승리가 결정되는 것이 아니라 아래로부터 자본주의 권력의 고지들을 하나씩 획득해갈 때 진정한 승리를 이룬다고 생각했다. 따라서 노동자계급의 자발성이 자유롭게 발휘될 수 있는 당을 조직하고 운영하며, 교육과 선전을 통해 대중이 정치적으로 성숙하도록 지도하는 일이라고 스스로의 임무를 규정한 것은 물론이다.

이러한 룩셈부르크에게 레닌이 제기한 중앙집중주의 조직 노선은 거부될 수밖에 없었는데, 지도부에 권력이 집중된 당은 필연적으로 대중의 자발성을 말살하고 사회주의혁명운동의 발전을 가로막는 보수화 경향을 내재하고 있다고 판단했기 때문에 자율집중주의를 조직 노선으로 삼은 것이다. 그녀는 스스로의 조직을 엄격한 규율에 묶인 일사불란한 조직체가 아니라 느슨한 형태를 유지하면서 개별 조직들이 투쟁에 유연하게 대응할 수 있도록 고려했다. 독일공산당 역시 분권적 형식을 유지했던 것이다.

룩셈부르크는 『러시아혁명에 대하여』를 통해 볼셰비키혁명을 격렬하게 비판했다. 사회주의사회에서 금서가 되었던(伊藤成彦: 124) 이 팸플릿에서, 룩셈부르크는 볼셰비키혁명이 사회주의의 명예를 살려 주었지만 이 혁명을 비판하는 것이 세계의 노동자계급에게는 최대의 학습이 될 것이라고 주장했다. 무엇보다도 비상한 상황에서 수행된 "러시아의 사례"가 사회주의혁명의 모범으로 제시되는 것을 우려한 것이다. 볼셰비키혁명에 대한 비판을 통해 그 혁명이 지닌 본질적인 것과 군더더기를 가려내고 국제 노동자계급이 혁명적으로 진출하는 것이 볼셰비키의 오류를 치유하는 것은 물론 혁명을 전진시킬 수 있다는 것이다.

『러시아혁명에 대하여』에서 제기한 혁명론의 연장선에서 룩셈부르크는 독일공산당의 강령인 「스파르타쿠스연맹은 무엇을 원하는가?」를 혁명 프로그램으로 제시했다. 종래의 혁명은 소수의 이해관계를 위해 소수가 혁명 투쟁을 이끌면서 '대중'을 이용해 왔지만, 사회주의혁명은 거대한 대중의 이해관계를 따르며 오로지 노동자계급 다수에 의해서만 승리할 수 있는 최초의 혁명이라고 지적했다. 따라서 사회주의 당의 임무는 노동자계급이 수행해야 할 역사적 과업을 설계해 주고 혁명의 단계마다 혁명의 최종 목표를 제시해 주는 노동자계급의 가장 의식된 부분으로 규정된다. 러시아혁명에서의 볼셰비키의 역할과 거리가 느껴진다.

그런데 1918/19년 독일혁명의 과정을 보면 룩셈부르크의 날카로운 혁명적 지성에 의구심이 가기도 하고(이동기: 47-48), 그녀가 사회주의 당의 임무로 삼고 있던 노동자계급에 대한 정치적 지도를 제한적으로 평가할 수도 있지만(주정립: 22-23), 대중의 자발성을 바탕으로 사회주의를 지향했다는 점에서 볼셰비키와 차별되고 있다. 이렇게 보면 제2인터내셔널의 혁명적 전통은 레닌이 지도했던 러시아의 볼셰비키와 룩셈부르크가 지도했던 독일의 스파르타쿠스연맹이 사회주의혁명의 성격이나 형식을 놓고 끊임없이 논쟁하고 대립하면서 전개되었던 것으로 볼 수 있다.

참고 문헌

M. 갈로, 임헌 옮김, 『로자 룩셈부르크 평전』, 푸른숲, 2002년.

J. 몰리뉴, 이진한 옮김, 『마르크스주의와 당』, 책갈피, 1985년.

M. 자이데만, 주정립 옮김, 『나는 지배받지 않는다-어느 여성 혁명가의 사랑과 투쟁』, 푸른나무, 2002년.

B. D. 울프, 박영옥 옮김, 『러시아혁명/레닌주의냐 마르크스주의냐』, 두레, 1989년.

이동기, 「11월 혁명기 로자 룩셈부르크의 혁명적 실천-'민주주의적 사회주의'의 논의와 관련하여」, 『마르크스주의 연구』 제5권 제4호, 한울, 2009년.

주정립, 「로자 룩셈부르크와 민주주의 문제」, 『마르크스주의 연구』 제5권 제4호, 한울, 2009년.

코와코프스키, L., 변상출 옮김, 『마르크스주의의 주요 흐름 2 — 황금시대』, 유로서적, 1976년.

伊藤成彦, 『ローザ·ルクセンブルクの世界』, 社會評論社, 1991年.

P. Frölich, Rosa Luxemburg-Gedanke und Tat, Frankfurt/M, 1967.

G. S. Jones, The Marxism of the Early Lukacs: an Evoluation. New Left Review No.70, 11/12, 1971, 43-67.

E. Kolb, Die Arberräte in der deutschen Innenpolitik 1918-19, Frankfurt/main: Verlag Ullstein, 1978.

V. I. Lenin, What is to be done, LCW 5.

_____, One Step Forward, Two Step Back, LCW 7.

_____, How Vera Zasulich Demolishes Liquidationism, LCW 19.

Rosa Luxemburg, Das belgische Experiment, GW 1/2, 212-219.

_____, Und zum dritten Male das belgisch Experiment, GW 1/2, 229-248.

————, Geknickte Hoffnungen, GW 1/2, 394-402.

————, Organisationsfragen der russischen Sozialdemokratie, GW 1/2, 422-444.

————, Massenstreik Partei und Gewerkschaften" GW 2, 90-170.

————, Zur russischen Revolution, GW 4, 332-365.

————, Die geschichtliche Verantwortung, GW 4, 374-379.

————, Der Anfang, GW 4, 397-400.

————, Die Nationalversammlung, GW 4, 407-410.

————, Was will Spartakusbund?, GW 4, 442-451.

————, Die Wahlen zur Nationalversammlung, GW 4, 474-476.

————, Gründungsparteitag der KPD 1918/1919, GW 4, 481-513.

————, Die Ordnung berrscht in Berlin, GW 4, 533-538.

H. Mommsen, The Rise and Fall of Weimar Democracy. North Carolina, 1996.

J. P. Nettl, Rosa Luxemburg, 2 vols, Oxford university press, London, 1966.

G. Radczun & A. Laschitza, Rosa Luxemburg — Ihr Wirken in der deutschen Arbeiterbewegung, Institut für Marxismus-Leninismus beim ZK der SED, Dietz Verlag, Berlin, 1971.

A. Rosenberg, Entstehung der Weimarer Republik, Frankfurt/Main: Europäische Verlagsanstalt, 1977.

————, Geschichte der Weimater Republik, Frankfurt/Main: Europäische Verlagsanstalt, 1978.

제8장 볼셰비키혁명을 넘어서

『러시아혁명에 대하여』

　맑스주의 역사에서 룩셈부르크는 극단적 평가를 받고 있다. 자본주의의 자동 붕괴만 기다린 '기계적 유물론자'로 이해되거나, 사회주의혁명을 대중의 자발성에 맡겨 버린 '주의주의자'로 비판받기도 한다. 일체의 삶을 사회주의혁명에 바친 그녀에게 복잡한 스펙트럼이 나타나게 된 것은 레닌에 상대화시킨 스탈린의 영향이 크다. 그녀의 이론과 실천이 갖는 독자성을 주목하기보다는 레닌의 사상을 이데올로기로 정당화하는 과정에서 평가한 것이다. 반反레닌주의자들은 룩셈부르크가 '비타협적 민주주의관' 등 레닌주의에 대항할 수 있는 급진주의적 요소를 갖고 있으며 사회민주주의도 볼셰비키주의도 아닌 '제3의 길'을 제시한 것으로 이해한다(Nettle). 반면, 레닌주의자들은 그녀를 기본적으로 레닌주의 안에서 이해하고 있는데, 특히 1918/19년 독일혁명을 거치면서 그녀가 레닌과 일치하게 되었다고 평가했다(Frölich; Radczun & Laschitza).

　이런 문제의식에서 룩셈부르크의 저서 가운데도 「러시아사회민주당의 조직문제」나 『러시아혁명에 대하여』가 크게 주목받는다. 특히 『러시아혁명에 대하여』에 대한 평가는 레닌주의의 입장에 선 룩셈부르크의 상대적 평가의 절정을 이루는데, 소비에트 사회주의에서 이 팸플릿은 금서가 되었으며,* 반레닌주의자들은 이 팸플릿을 근거로 룩셈부르크에게서 비타협적 민주주의의 원형을 찾거나 반레닌주의의 근거를 찾고 있다. 따라서 『러시아혁명에 대하여』는 룩셈부르크의 맑스주의를 이해하는 데 중요한 문서가 될 수밖에 없는데, 볼셰비키혁명에 대한 그녀의 평가는 궁극적으로 사회주의혁명을 넘어 사회주의사회를 어떻게 이해하고 있는지를 함축적으로 보여 주기 때문이다. 특히 그녀는 누구보다도 러시아혁명에 대해 집중하고 있었는데, 그녀는 러시아령 폴란드의 사회주의 운동을 지도하고 있었으며, 러시아의 사회주의혁명과 폴란드의 혁명 및 독립을 하나로 연결된 과제라고 이해했던 것이다.

이렇듯 『러시아혁명에 대하여』는 '비타협적 민주주의관'을 바탕으로 읽히는 경향이 있으며(Nettl: 1-2) 룩셈부르크가 반레닌주의자들에게 적극적으로 평가받는 바탕이 되기도 한다. 그러면 『러시아혁명에 대하여』의 근본 논리를 '비타협적 민주주의관'으로 파악하는 것은 정당한가? 그녀가 민주주의관에 입각하여 볼셰비키혁명을 비판한 것인가에 대한 의문이다. 특히 이 팸플릿과 독일사회민주당 내의 급진적 좌파가 어떤 연관이 있는지 주목할 필요도 있다. 그녀는 스파르타쿠스연맹을 중심으로 독일혁명에 헌신했으며, 1918년에 설립된 독일공산당의 강령도 작성했기 때문이다.

이러한 과정에서 『러시아혁명에 대하여』는 무엇보다도 독일의 노동자계급에게 혁명적으로 진출할 것을 독려한 것이며 그 가운데 볼셰비키를 비판하고 진정한 사회주의혁명 전략을 제기한 것으로 볼 수 있을 것이다. 또한 러시아의 볼셰비키와 독일의 스파르타쿠스연맹의 사상적, 조직적 차이점을 확인하고 이러한 차이가 『러시아혁명에 대하여』에서 볼셰비키를 비판하는 핵심 논리로 등장하고

---

* 『러시아혁명에 대하여』는 사회주의국가에서는 금서였다가 독일민주공화국에서 발간한 『로자 룩셈부르크 전집』(Rosa Luxemburg Gesammelte Werke, Leitung der Redaktion: Dr. Grünter Radczun, Institut für Marxismus-Leninismus beim ZK der SED, Diez Verlag, Berlin, 1974)에 실려 처음으로 발표되었다.

있다는 것을 주목한다면, 이 팸플릿은 비록 룩셈부르크의 작업이지만 스파르타 쿠스연맹의 정치적 유산으로 읽혀야 할 것이다.

비상한 상황

 "모든 권력을 소비에트로!" 룩셈부르크는 볼셰비키혁명을 브레슬라우에 있는 교도소에서 맞이했다. 1차 세계대전을 반대하는 시위를 조직하고 파업을 선동했기 때문이다. 그녀는 볼셰비키혁명을 스스로의 삶이 승리한 것이며 역사가 스스로의 길을 찾은 것으로 받아들였을 것이다. 룩셈부르크는 볼셰비키혁명이 지니고 있는 세계사적 의의와 그것이 사회주의 운동에서 지니는 의미를 명백히 하는 한편, 세계의 노동자들, 특히 독일의 노동자계급이 "러시아의 사례"를 무비판적으로 받아들일 것을 우려하면서 『러시아혁명에 대하여』를 저술했다. 그녀는 볼셰비키혁명의 역사적 조건을 분석하고, 혁명을 방어하려면 세계의 노동자들이 어떻게 해야 하는지를 보여 주려 했던 것이다.

 볼셰비키혁명을 국제적 차원에서 조명하려는 룩셈부르크는 볼셰비키가 혁명을 수행할 때 세계대전과 대량 학살이 자행되고 유럽에서 가장 견고한 러시아의 봉건세력이 위협을 가했으며 세계의 노동자들이 완전히 침묵했던 상상하기 어려운 조건에 직면했기 때문에 '완전한 혁명'을 기대하는 것은 무리라고 지적했다. 이러한 조건에서는 "아무리 원대한 사회주의적 이상과 혁명적 열정이 있더라도 민주주의와 사회주의를 실현할 수 없으며 왜곡된 시도밖에 할 수 없을 것"이며, 특히 세계 노동자들의 단결된 국제적 행동이 없다면 "그것은 필연적으로 자가당착과 엄청난 오류를 불러일으킬 뿐이다."(GW 4: 334) 룩셈부르크는 볼셰비키가 처한 역사적 조건에 대한 이해 없이 모범적 사회주의혁명을 요구하는 것이 무리인 것처럼, 그들이 비상한 상황에서 어쩔 수 없이 선택했던 전략과 전술을 완전무결한 사회주의혁명의 체계로 정식화하는 것은 잘못이라고 지적했다.

세상만사가 역사의 법칙을 따른다고 하더라도, 사회주의적 사회질
서가 실현될 수 있는 것은 단지 국제적으로만 가능하다. 볼셰비키
는 순수한 혁명정당이 역사적 가능성의 한계 내에서 기여할 수 있
는 모든 것을 할 수 있음을 보여 주었다. 그들은 기적을 행해서는
안 되게 되어 있다. 왜냐하면 세계대전으로 탈진될 대로 탈진된 나
라, 제국주의에 의해 억압된 나라, 국제 프롤레타리아에 의해 배반
된 바로 그 고립된 나라에서 과오 없는 모범적인 프롤레타리아 혁
명은 기적일 것이기 때문이다.(GW 4: 364-365)

그녀는 무엇보다도 볼셰비키혁명이 국제적으로 고립될 것을 우려하면서도,
유럽 강대국들의 노동자계급이 사회주의혁명으로 세계대전을 종결시킬 만한 역
량을 갖고 있지 못한 것을 알기 때문에, 차선책으로 독일이 패배하기를 바랐다.
만약 세계대전에서 독일이 승리한다면 볼셰비키혁명이 패배할 것이라고 믿었기
때문에, 러시아의 힘겨운 상황을 알면서도 독일과의 강화조약에 소극적이었으
며 독일 노동자계급의 혁명적 진출을 간절하게 호소했다. "국제 프롤레타리아혁
명의 뒷받침이 없으면 러시아 프롤레타리아독재는 실패할 운명에 놓일 것이다.
파리코뮌의 경험이 이것을 말해 준다."(GW 4: 279) 이렇게 볼셰비키혁명의 고
립을 우려하는 것은 볼셰비키도 똑같았는데, 레닌은 러시아혁명을 유럽 사회주
의혁명의 일부로 이해하면서 세계대전이라는 객관적 상황에 의해 유럽 혁명, 특
히 독일 혁명이 일어날 가능성이 높아지고 있다고 생각했다.

룩셈부르크는 볼셰비키혁명을 방어하려면 무엇보다도 세계의 노동자들, 특
히 독일 노동자계급이 혁명적으로 진출해야 한다고 판단하고, 그들을 독려하기
위해서 볼셰비키혁명을 비판적으로 분석해야 한다고 주장했다. 볼셰비키가 수
많은 난관을 극복하는 과정에서 왜곡과 오류가 나타날 수밖에 없었기 때문에,
볼셰비키혁명을 비판적으로 검토하는 것이 사회주의혁명을 위해 세계의 노동자
들이 해야 할 최우선 과제라는 것이다.

러시아혁명이 걸었던 길을 비판적으로 검토하는 것이 러시아혁명의 사례에 대한 존경과 매력을 약화시킬 것이라고 우려하는 것은 그릇된 것이다. 러시아혁명의 사례만이 독일 대중의 숙명적 무기력함을 극복할 수 있게 할 것이다. 독일 노동자계급의 혁명적 에너지를 각성시키는 일은 독일사회민주당의 후견인적 정신 아래서는 결코 이루질 수 없다. 또한 그 일은 "조직 상층부"나 "러시아의 사례"와 같은 완전무결한 권위에 의해서도 결코 이루어질 수 없다. 또한 혁명적 열기를 창조해 내는 것으로도 이루어질 수 없다. 그것은 오히려 정반대의 방법으로 이루러진다. 즉 독일 노동자계급의 혁명적 에너지를 각성시키는 일은 우려되는 모든 심각한 사태 및 그것과 연관된 과제에 포함된 복합성을 통찰할 때만 가능하며, 정치적 성숙과 독립된 정신의 결과로서, 또한 대중의 비판적 판단 능력의 결과로서 얻어지는 것이다. 대중의 비판적 판단 능력은 수십 년 동안 사회민주당에 의해 여러 가지 구실로 조직적으로 압살되어 왔다. 비판적 판단 능력이 발휘될 때만 역사적 행동을 취할 수 있는 진정한 능력이 독일 프롤레타리아에게 생기는 것이다. 제반 역사적 맥락 속에서 러시아혁명을 비판적으로 분석하고 그것과 스스로를 관계시키는 것은 독일과 국제 노동자계급이 당면 과제를 해결하기 위해 택할 수 있는 최상의 훈련 방법이다.(GW 4: 335)

볼셰비키의 공과

룩셈부르크는 볼셰비키혁명이 사회주의 역사에서 가지는 최대의 공헌은 세부적인 혁명적 전략의 선택이 아니라, 바로 사회주의 권력에 대한 의지와 이것을 실현하려는 노동자계급의 실천적 역량을 현실로 보여 준 것이라고 평가했다. 룩셈부르크에게 볼셰비키의 업적은 정치권력의 장악과 사회주의 실현 문제의 실천적 정착, 전 세계를 통틀어 자본과 노동의 불평등한 관계에 과감히 종말을 가져온 최초의 실천이며 이런 점이 국제 프롤레타리아의 선두에서 앞서 나가는 불멸의 역사적 기여라 할 수 있다.

그녀는 볼셰비키가 제2인터내셔널의 지도적 정당이었던 독일사회민주당을 짓누르고 있던 기계적 결정론과 의회주의 전략을 보기 좋게 극복하여 사회주의의 명예를 지킨 것으로 이해했다. 기계적 결정론에 의지하고 있던 카우츠키와 멘셰비키 등에 따르면, 러시아의 혁명은 사회 발전 수준을 반영하여 부르주아혁명에 머물렀어야 했다. 특히 독일사회민주당의 지도적 이론가인 카우츠키의 역사 발전에 관한 해석은 변증법에 대한 몰이해와 무지에서 비롯된 것인데, 단순히 외부적 모순을 지적해 내는 것으로 그쳐 버렸다.

이들의 논리를 국제주의적 관점에서 비판한 룩셈부르크는 1917년 2월 혁명에서 10월 볼셰비키혁명에 이르는 과정에 대해, 혁명의 발전은 자연스럽게 상승곡선을 그리면서 급진적 목표를 향해서 나아가며 다양한 계급들의 연합 전선이 궁극적으로는 급진 세력의 단독 지배로 전진했다고 지적했다. 다만 혁명 과정에서 "평화와 토지"라는 요구는 이해관계가 다른 혁명 세력을 불가피하게 대립하게 만들었으며 반혁명 세력에게 기회를 제공할 수도 있는 상황이었지만, 볼셰비키는 주저하지 않고 계급 관계를 뒤바꾸기 위해 단호하게 프롤레타리아혁명으로 전진시켰다고 평가했다.

룩셈부르크는 볼셰비키혁명이 이룩한 또 한 가지의 공헌을 지적했는데, 바로 제2인터내셔널과 독일사회민주당을 짓누르고 있던 의회주의 전략을 극복했다는 것이다. 독일사회민주당은 의회투쟁에서 배운 편협한 지식을 혁명 전술에 적용하려고 했으며, 특히 카우츠키는 '혁명적 대기주의'에 입각하여 겉으로는 과격한 이데올로기적 선전을 하지만 속으로는 개량주의적 의회 활동에 안주했다(박호성: 248). 그리하여 당연히 일상적 경제투쟁과 의회투쟁이 중심을 이루게 되었는데, 룩셈부르크는 볼셰비키혁명이 독일사회민주당의 의회주의 전략에 일격을 가한 것으로 평가했던 것이다.

룩셈부르크는 볼셰비키혁명이 사회주의의 명예를 되살린 것이지만, 무엇보다도 중요한 것은 사회주의혁명의 미래를 위해 볼셰비키혁명을 비판적으로 평가하는 일이라고 생각했다. 왜냐하면 볼셰비키의 경험을 비판적으로 검토하면서 세계의 노동자들이 혁명적으로 진출하는 것만이 볼셰비키혁명의 고립을 막는 것은 물론 혁명이 가져온 오류도 치유하고 혁명을 발전시킬 수 있다는 것이다. 이러한 차원에서 그녀는 볼셰비키의 몇 가지 정치적 조치에 대해서 의문을 제기하고 비판했다.

첫째, 토지와 민족자결의 문제에 대한 볼셰비키의 정책 방향은 혁명을 전진시키기보다는 오히려 반혁명 세력에게 동력을 제공할 수 있다고 비판했다. 그녀는 혁명 이후 볼셰비키가 직면한 토지문제가 얼마나 예민하고 험난한 과제인지 알고 있었기 때문에, 토지의 몰수와 분배는 농민들을 혁명의 대열로 통합시키고 갓 태어난 사회주의 정부를 강화시키는 정치적 조치로서 탁월한 전술이라고 지적했다. 다만 이후에 전개될 사회주의적 농업 개혁을 대비해서 필요한 전제 조건을 마련하는 방향으로 조치해야 하며, 적어도 방해가 될 일은 안 하는 것이 원칙이라고 주장했다.

한편 룩셈부르크는 볼셰비키가 민족자결을 슬로건으로 제시하자, 토지문제와 마찬가지로 혁명의 깃발 아래 다양한 민족을 끌어들이려는 의도는 이해하지만 진정한 민족자결은 자본주의 세계에서 실현될 수 없으며 사회주의 세계에서만 가능하다는 원칙을 제시하고 신랄하게 비판했다. 그녀는 계급 적대감이 최고조로 첨예화되어 있는 상황에서 민족주의 슬로건은 단지 부르주아 계급 지배의 수단으로 변화될 뿐이라고 주장하면서, 민족자결은 궁극적으로 러시아 자체의 분열을 초래하는 것은 물론 '적들에게 러시아혁명의 심장부에 꽂게 될 칼을 쥐어 주는 꼴'이라고 비판했다. 그녀의 비타협적 국제주의는 제2인터내셔널 차원에서도 커다란 논란을 불러일으켰다.[*]

---

[*] 룩셈부르크가 '국제주의자'로 알려지게 된 것은 맑스와 엥겔스의 '폴란드 독립론'을 비판하면서인데, 그들은 유럽, 특히 독일에서의 혁명을 위해 반동적 러시아를 몰락시키든지 폴란드를 독립시켜 혁명을 방어할 것을 주장했다. 폴란드 독립을 전략적으로 파악한 이 논리는 혁명운동에서 자연법칙처럼 뿌리내리고 있었으나, 그녀는 자본주의의 발전으로 국가들의 의존관계가 깊어진 상황에서 이 전략은 실천적 의미가 없으며 폴란드 독립은 오직 러시아혁명의 결과로 나타날 수 있다고 비판했다.

둘째, 볼셰비키혁명의 오류를 치유하고 혁명을 전진시키기 위해서는 사회주의적 민주주의인 계급독재를 전면화해야 하는데, 볼셰비키는 계급독재가 아니라 소수의 독재로 전락했다고 룩셈부르크는 비판했다. 볼셰비키혁명에서 사회주의적 민주주의 문제는 수많은 논란을 불러일으켰다. 이것은 볼셰비키가 혁명운동의 상징이었던 제헌의회를 1918년에 해산하면서 시작되었는데, 이러한 사실은 볼셰비키가 국가 형성을 완수했다는 의미를 지니는 한편 유일한 지배 세력으로 등장했음을 예고하는 것이었다(McNeal: 50). 이러한 볼셰비키의 노선에 대해 룩셈부르크는 이미 「러시아사회민주당의 조직 문제」를 통해 비판했지만, 『러시아혁명에 대하여』에서 비판은 절정에 달했다.

룩셈부르크는 무엇보다도 볼셰비키가 부르주아적 독재인 소수의 독재를 선택했다고 지적했다. 그녀에게 프롤레타리아독재는 민주주의를 제한하는 것이 아니라 확장시키는 것이며, 대중이 이따금 치르는 선거를 통해서가 아니라 직접적 활동을 통해서 정치적 기능을 수행하는 더욱 차원이 높은 민주주의 질서를 의미했다. 그와 같은 민주주의는 인민대중의 능동적이고 제한받지 않으며 정력에 넘치는 정치적 삶을 가져다준다. 그녀는 이것이 바로 사회주의의 본질적 목적이며 수단이라고 생각했다. "사회주의사회는 예정된 도식을 따라가는 것이 아니라 스스로의 경험을 통해 탄생하며 사회주의의 실현에서 탄생하는 역사적 산물이기 때문이다."(GW 4: 360) 창조적이고 민주적인 활동을 통해서 노동자계급을 각성시켜야만 지배계급 때문에 생긴 나약함과 악덕을 떨쳐 버리고 그들이 달성해야 할 과업을 추진하는 데 필요한 높은 문화적 수준에 도달할 수 있다고 생각한 것이다.

이와 같이 무제한의 참여와 민주주의를 바탕으로 노동자계급은 역동적 민주정치를 펼칠 수 있으며 노동자계급 자신의 손으로 역사를 만들어 간다는 확신이 있어야 혁명의 길이 열리고 사회주의는 우뚝 설 수 있다고 룩셈부르크는 보았다. 특히 사회주의적 민주주의에서는 대중의 정치적 훈련과 교육이야말로 사활을 좌우하기 때문에 무엇보다도 자유가 소중하다고 주장했다.

친정부 인물과 하나의 당의 당원만을 위한 자유 — 그들의 수가 아무리
많다고 하더라도—는 전혀 자유가 아니다. 생각이 다른 사람의 자유도
인정하는 것이 진정한 자유다. 정치적 자유는 정의라는 개념에 매료되
어서가 아니라 정의에 입각할 때만이 비로소 온전하기 때문이다. 자유
가 특권이 된다면 자유의 효용성은 없어지고 만다.(GW 4: 359)

룩셈부르크는 사회주의적 민주주의의 파괴가 초래할 수밖에 없는 필연적 결
과를 날카로운 혁명적 지성으로 예고했다.

일반적 대규모 선거로 창출된 대의 기구 대신에 레닌과 트로츠키는
노동하는 대중의 유일한 대의체로서 소비에트를 세웠다. 그러나 국
내의 전반적 정치 활동을 억압함에 따라, 소비에트 내의 생활은 점
점 더 기형화될 것이 분명하다. 보통선거, 언론과 결사의 자유, 여론
을 끌어들이기 위한 자유로운 투쟁이 보장되지 않는 상태에서는 모
든 공공 기관 내의 생활은 파괴되고 단지 관료제만이 판을 치는 껍
데기뿐인 정치 활동만 유지된다. 공공 생활은 점차 동면에 들어가
고, 지칠 줄 모르는 정력과 무한한 경험을 지닌 소수 당 지도자들만
이 명령하고 지배하게 될 것이다. 실제로는 그중에서도 몇몇 탁월
한 당 지도자가 전권을 행사할 것이며, 노동자계급 엘리트들은 가
끔 회의에 초대되어 당 지도자의 연설에 손뼉 치고 이미 결론 내려
진 제안을 이의 없이 만장일치로 통과시키는 들러리가 될 뿐이다.
— 이때 밑으로부터 파벌이 생긴다. 확실히 이런 결정 방식은 프롤
레타리아의 독재가 아니라 한줌밖에 안 되는 정치가들의 독재일
뿐이며, 부르주아적 의미 또는 자코뱅적 의미에서의 독재일 뿐이
다.(GW 4: 362)

'독일 볼셰비키'의 반대

볼셰비키혁명의 파장은 독일에서 두드러지게 나타났다. 독일사회민주당에서

맑스주의 중앙파가 탈퇴하여 독립사회민주당을 창설했고, 빌헬름 2세는 위기를 극복하기 위해 「부활절 교서」를 발표했으며, 이를 계기로 베를린과 라이프치히 노동자들을 중심으로 대규모 파업이 일어난 것이다.

첫째, 1917년 4월 카우츠키, 힐퍼딩 등을 중심으로 독립사회민주당이 창설되었다. 독일사회민주당은 제국주의가 강화되고 전쟁이 임박해지면서 세 가지의 정파로 분열되었는데, 제국주의를 지지하는 개량주의자, 전통적 정책을 견지한다고 하나 궁극적으로 베른슈타인의 수정주의로 기울어진 맑스주의 중앙파, 그리고 룩셈부르크, 프란쯔 메링, 칼 리프크네히트 등 혁명적 사회주의를 고수하는 '급진좌파'로 나뉘었다(Frölich: 210).

그런데 제1차 세계대전이 일어나자 독일의 전쟁 도발과 전쟁공채 승인에 반대하여 '급진좌파'는 독일사회민주당을 탈퇴하고 스파르타쿠스연맹을 결성했다. 그들은 전국적으로 노동자들을 조직하여 반전 활동을 전개하면서 1915년 4월 『인터내셔널』을 창간하고 세계대전에 대한 설득력 있는 분석과 결론을 제시했는데, 룩셈부르크는 「인터내셔널의 재건」이라는 글을 통해 독일사회민주당의 패배를 지적하면서 평화를 위한 투쟁과 함께 인터내셔널의 부활을 제기했다(GW 4: 20-32).

스파르타쿠스연맹의 반전 활동에 자극받은 카우츠키 등 맑스주의 중앙파는 세계대전에 협조하고 있던 다수파사회민주당과 갈등을 벌이게 되는데(정현백: 209), 이들은 평화를 위한 강화를 주장하고 전쟁공채 법안에 공개적으로 반대하기도 했다. 다수파는 전쟁을 반대하거나 조기에 강화할 것을 주장하는 세력들에게 계엄령에 따른 보호 구금, 강제징집, 전선에서의 추방 등의 조처를 내리거나 당의 규율이라는 억압 수단을 통해 통제했으나, 맑스주의 중앙파조차 전쟁공채 법안에 반대하자 1916년에 당 소속 국회의원 20여 명을 당에서 제명했다. 다수파사회민주당에서 제명된 맑스주의 중앙파 의원들은 별도로 원내 조직을 결성하여 "합병과 배상이 없는 민주적 평화"를 요구했다.

한편 전쟁이 장기화하면서 생활이나 노동의 조건이 악화되자 전쟁을 반대하는 분위기가 고조되었는데, 독일 정부가 다수파사회민주당의 협력을 얻어 대응 조치를 취하려 하자 맑스주의 중앙파는 1917년 2월 반전 세력들의 결집을 호소했다. 드디어 맑스주의 중앙파는 1917년 4월 고타에서 독립사회민주당을 창설했으며, 스파르타쿠스연맹은 전술적으로 이들과 함께했다. 그들은 아직 지방 조직의 연합에 불과했기 때문에, 비합법적 활동이 갖는 어려움을 덜기 위해 자신의 관점을 보급할 수 있는 강한 조직의 한 부분이 주는 이점을 활용했다.

둘째, 빌헬름 2세는 1917년 4월 8일 부활절을 계기로 계급에 따른 선거법의 폐지와 직접, 비밀선거제도 등을 포함한 개혁적 조치들을 약속했다. 왜냐하면 다수파사회민주당은 전쟁에 협력해야 하는 근거로 러시아의 차리즘에서 조국을 방위한다는 것을 내세웠으나 2월 혁명으로 러시아에 부르주아 정권이 들어서면서 그런 근거가 설득력을 얻기 어려워졌기 때문이다. 더구나 볼셰비키혁명의 파장을 차단하기 위해 선거제도를 개정하는 등 민주적 조치를 주장했다.

다수파사회민주당은 개혁 정책을 추진하기 위해 헌법위원회를 설치했으나, 체제 변혁보다는 러시아혁명으로 나타난 위기를 완화하기 위해 전쟁에서 승리한 이후 민주적 개혁을 추진할 계획이었다. 특히 독일은 러시아와 상황이 다르다는 것을 강조했는데, 맑스주의 중앙파도 독일은 의회주의에 바탕을 두고 있다면서 러시아처럼 체제 변혁을 주장하는 스파르타쿠스연맹을 비판했다(伊藤成彦: 109). 룩셈부르크는 『스파르타쿠스 통신』에 게재된 「두 가지의 부활절 교서」를 통해 빌헬름 2세의 교서가 의도하는 정치적 의미를 꿰뚫고 러시아혁명이 독일에 파급될 수 있음을 밝혔다(GW 4: 269).

셋째, 전쟁 발발 이후 최대 규모의 '4월 파업'이 일어났는데, 러시아혁명 소식이 전해지면서 독일 노동자들이 강한 자극을 받은 것이다. '4월 파업'의 직접적 계기는 '배고픔'이었다. 4월 15일부터 빵 배급량이 1일 200g에서 170g으로 줄든 데 대한 반발로 시작되었지만, 파업이 일어난 것은 전쟁이 장기화하고 희생자가 증대하는 한편 생활 조건이 악화하여 불만이 고조되었기 때문이다. 특히 1916년 가을, 농산물이 흉작을 이루면서 1917년 1월 감자의 배급량이 1/3 삭감

되고 그 대신 순무가 배급되었기 때문에 '순무의 겨울'이라고 불렸다. 독일 정부는 팽배해지는 불만을 억압하기 위해 「전시징용법」 등 강압적 조치들을 시행하면서 대중의 불안과 불만은 한층 고조되고 있었다.

러시아혁명에서 직접 영향을 받은 '4월 파업'의 한 유인물은 이렇게 호소했다. "러시아 노동자들은 차리즘을 분쇄하고 민주공화국과 인민 정부를 위해서 싸웠는데, 우리는 빈곤, 기아, 살상과 같은 고뇌와 고통을 참고 있어야 하는가!" 4월 15일, 베를린의 금속노동자동맹은 파업에 돌입할 것을 압도적으로 찬성했는데, 그 다음 날부터 군수산업체 300여 곳의 노동자들이 파업에 참가했으며, 라이프치히에서도 3만여 명의 노동자들이 파업에 동참했고, 이후 드레스덴, 할레, 브라운슈바이크 등으로 파급되어 전체적으로 30여만 명이 파업에 참여했다. 특히 라이프치히에서는 요구 조건들을 관철하기 위해 노동자평의회를 조직하고 체계적으로 대응했으며 「라이프치히 강령」을 채택했다. 그들의 요구 사항에는 식량이나 연료의 배급뿐만 아니라 합병 없는 평화, 노동자에 대한 법적 제한 철폐, 검열과 포위 상태 철폐, 정치범에 대한 자유, 자유선거 등의 정치적인 것도 포함되어 있었다.

'4월 파업'은 이후에도 지속했는데, 4월 16일 베를린 시장이 파업 노동자들과 교섭하고 식량 배급을 약속하는 등 노력을 기울였으나, 파업 지도자의 석방 문제로 협상이 결렬되어, 4월 18일 4만여 명, 4월 19일 2만5천여 명, 4월 20일 3만여 명, 4월 21일 1만 2천여 명, 4월 23일에는 5천여 명의 노동자들이 파업에 참여했다. 독일 정부는 미취업 노동자들을 징병하고 파업 노동자들에게는 국가반역죄를 적용할 것이라고 공표하면서 파업 공장들을 군대가 관리하기 시작했다. 한편 1917년 6월과 8월에는 킬 등 항구에 정박하고 있던 함대의 수병들이 '4월 파업'에 '함대 파업'으로 호응하려고 독립사회민주당 지지와 강화를 요구하는 서명운동을 전개했으나 노동자운동과 연계되지 못하고 당국의 탄압으로 해산되었다(伊藤成彦: 112).

또한 1918년 1월에는 전국적으로 100여만 명이 참여한 대규모 파업이 일어났는데, 이는 독일 노동자운동의 역사에서도 유례가 없는 파업으로, 파업 노동자들은 합병 없는 평화, 노동자대표의 강화회의 참여, 풍부한 식량 공급, 계엄령 폐지, 정치범의 즉각 석방, 국가의 민주화와 선거제도 개혁 등을 요구했다. 노동자들의 저항이 강한 만큼 군부의 반응도 신속하고 예민했지만, 독일의 사회정치적 위기가 첨예화하고 있다는 뚜렷한 증거였다(Grebing: 147).

이러한 상황에서 룩셈부르크는 반전 투쟁을 전개하다가 1916년 7월 10일 체포되어 감옥에 있었지만, 누구보다도 러시아에서 일어난 2월 혁명을 분석하기 위해 골몰했다. 혁명의 성격과 목적에 관한 일반적 관점은 볼셰비키와 의견을 같이하면서, 4월에 「러시아혁명」을 발표하여 러시아 노동자계급의 일차적 과제는 전쟁을 종결시키는 것이라고 지적하면서 부르주아지에 대항하고 국가권력을 장악하기 위한 혁명적 계급투쟁이 러시아혁명 발전의 길이라고 밝혔다. 특히 그녀는 러시아혁명을 전진시키고 세계대전을 끝내기 위해서는 세계의 노동자들이 혁명적으로 진출해야 한다고 판단했기 때문에 유럽의 노동자들, 특히 독일 노동자들이 행동에 나설 것을 독려했다.

1917년 8월 『스파르타쿠스 통신』에 발표한 「오늘의 가장 불꽃 튀는 문제들」은 2월 혁명에 대해 총체적으로 정리하고 있으며 러시아혁명에 대한 그녀의 체계적 관점을 보여 주고 있다. 룩셈부르크는 러시아의 2월 혁명이 "세계대전으로 사회주의 운동이 파산한 이후에 최초로 노동자계급의 계급적 의지를 단호하게 보여 준 것이며, 평화를 향한 투쟁이고 합병과 배상이 없는 민주적 평화"라는 강화 조건을 제시한 것이라고 세계사적 의미를 부여했다(GW 4: 275-276).

하지만 평화를 달성하는 데는 현실적 어려움이 클 것이라고 보았다. 러시아가 전쟁을 계속한다면 이것은 혁명을 방어하는 데 도움이 되는 것이 아니라 영국, 프랑스 등의 제국주의 세력에게 이익을 가져다줄 것이며, 반대로 러시아가 군사행동을 중단한다면 전쟁을 끝낼 수 있는 것이 아니라 독일 제국주의에 기회를 줄 것이라고 주장하면서 러시아는 진퇴양난에 직면했다고 파악했다(GW 4: 277-278).

러시아의 2월 혁명은 이후에 룩셈부르크가 전망하고 희망했던 것처럼 노동 자계급의 혁명인 10월 혁명으로 전개되었다. 그녀는 1918년 1월에 발표한 「역사적 책임」을 통해, 볼셰비키혁명을 구원하기 위해서는 누구보다도 독일의 노동 자계급이 혁명적으로 진출해야 한다고 역설하면서 세계혁명론자로서 일관된 논리를 전개했다. 왜냐하면 볼셰비키가 제국주의 세력에 포위되어 있으면서 사회주의혁명을 지키고 프롤레타리아독재를 하는 것은 불가능하다고 보았기 때문이다. 이러한 시각은 1918년 9월에 발표한 「러시아의 비극」에서도 나타나고 있는데, 그녀는 이 글에서 오류가 없는 혁명은 존재하지 않는다고 지적하고 이렇게 주장했다.

> 볼셰비키의 오류에 대한 책임은 볼셰비키에게 있는 것이 아니라 궁극적으로 세계의 노동자들에 있으며 특히 독일사회민주당의 이루 말로 할 수 없는 비열함에 있다.(GW 4: 391-392)

그러면 볼셰비키혁명에서 오류는 무엇인가? 또한 볼셰비키의 오류는 세계의 노동자들, 특히 독일의 노동자계급과 어떤 관계가 있는가? 이것을 구체적으로 밝히려는 시도가 바로 『러시아혁명에 대하여』다. 따라서 『러시아혁명에 대하여』는 사회주의혁명가로서 룩셈부르크가 볼셰비키혁명을 어떻게 평가하고 어떤 과제가 있는지를 보여 주면서 무엇보다도 세계혁명, 특히 독일에서의 혁명을 겨냥하고 저술된 것이라고 할 수 있다. 왜냐하면 독일의 혁명 세력들은 러시아에서 벌어진 경이로운 사건에 넋을 잃었고, 더구나 볼셰비키에게 가해지기 시작한 러시아 안팎의 시련에 관한 사려 깊은 분석도 없이 볼셰비키의 정치적 조치들을 비판 없이 절대화하는 경향도 보였다.

그녀는 독일의 혁명 세력들이 자신을 뒤돌아보지 않고 러시아의 역사적 경험과 자신들의 투쟁을 구분하지 못하고 있는 것을 주목했다. 룩셈부르크는 역사의 합법칙적 발전과 대중의 혁명성에 대한 믿음을 바탕으로 정치의식과 조직 수준에 따른 혁명운동을 주장했다. 이러한 차원에서 볼 때 그녀에게 세계의 노동자들, 특히 독일 노동자계급의 '볼셰비키 따라 하기'는 위험천만한 일이었다. 볼셰비키혁명에 대한 룩셈부르크의 이러한 인식은 독일의 혁명 세력들과 상당한 차이가 있는 것인데, 1918년 3월 레오 요기헤스가 체포된 이후 스파르타쿠스연맹을 이끌고 있던 파울 레비와도 룩셈부르크는 견해 차이가 컸다. 따라서 그녀는 동지들에게 볼셰비키혁명의 성격을 이해시키고 설득하기 위해 1918년 가을에 『러시아혁명에 대하여』를 집필하기 시작했다. 『러시아혁명에 대하여』는 학생용 공책에 37페이지는 연필로, 71페이지는 펜으로 쓴 글인데, 1922년 파울 레비에 의해 미완성으로 출판되면서 전설의 팸플릿이 되었다.

룩셈부르크가 『러시아혁명에 대하여』를 미완성으로 남기게 된 것은 볼셰비키혁명에 대한 그녀의 관점이 차츰 변화했기 때문이라는 지적도 있고, 무엇보다도 '독일 볼셰비키'의 극렬한 반대가 원인일 수도 있으나, 그녀의 사회주의혁명관, 조직 노선이나 사상 노선을 고려할 때 근본적 관점이 바뀌었다고 볼 수는 없을 것이다. 왜냐하면 사회주의혁명에 대한 그녀의 이론과 실천, 특히 『러시아혁명에 대하여』에 나타난 볼셰비키에 대한 비판 논리는 이후에 독일공산당의 강령에도 반영되었기 때문이다. 더구나 룩셈부르크가 볼셰비키혁명을 보다 총체적으로 분석하는 작업을 생각하고 있었다는 레오 요기헤스의 주장을 유의하면, 『러시아혁명에 대하여』가 미완성으로 끝날 수밖에 없었던 것은 1918/19년 독일혁명으로 완성할 수 있는 계기를 마련하지 못한 것으로 보인다.

파울 레비는 서문에서 『러시아혁명에 대하여』의 집필 배경을 이렇게 설명하고 있다. "1918년 여름 룩셈부르크는 브레슬라우 감옥에서 『스파르타쿠스 통신』에 기고할 글을 쓰는 가운데 볼셰비키의 정치적 조치들을 비판적으로 전개했다. 그녀의 동지들은 이 글을 발표할 시기가 아니라고 생각했고 나도 그렇게 판단했다. 하지만 룩셈부르크가 완강하게 발표를 주장했기 때문에 나는 1918년 9월에 브레슬라우 감옥으로 찾아가서 장시간 이야기를 나눈 후에 출판을 포기하도록 설득했다."(伊藤成彦: 122)

그런데 감옥에 있는 룩셈부르크와 스파르타쿠스연맹 지도부의 연락 담당자가 1918년 8월에 면회를 가서 트로츠키의 『10월 혁명에서 브레스트-리토프스크까지』를 전해 주었더니 룩셈부르크는 무척 기뻐했다고 한다. 룩셈부르크가 『러시아혁명에 대하여』를 작업하는 데 이 책은 많은 영향을 주었는데, 그녀가 이것을 읽고 볼셰비키혁명에 대해 포괄적 비판을 계획했다면 『러시아혁명에 대하여』를 쓴 것은 주로 1918년 9월쯤으로 추측할 수 있다. 따라서 파울 레비가 브레슬라우로 찾아왔을 때는 이미 『러시아혁명에 대하여』의 집필에 착수했거나 아니면 상당한 정도로 작업이 진행되었을 것으로 추측된다(伊藤成彦: 123). 이러한 『러시아혁명에 대하여』가 금서로 묶여 있다가 사회주의국가에서 처음으로 햇빛을 보게 된 것은 독일민주공화국 사회주의통일당 중앙위원회 부속 맑스-레닌주의연구소에서 편집 간행한 『로자 룩셈부르크 전집』에서다.

레닌주의의 상대화

맑스주의 역사에서 룩셈부르크는 객관적 평가를 받지 못했는데, 그녀의 이론과 실천 간의 괴리를 찾아내던지, 애써 레닌과 유사점을 확인하려고 하던지, 러시아와 독일의 사회정치적 차이로 이해하던지, 아니면 아예 반反레닌주의 전선에 출전시키는 예도 있다(이갑영: 217). 이러한 차원에서 볼 때, 룩셈부르크를 통해 반레닌주의를 읽고 있는 네틀의 연구(Nettl, J. P. , Rosa Luxemburg, 2 vols, Oxford University Press, London, 1966)와 룩셈부르크와 레닌을 기본적으로 일치하는 것으로 파악하는 『로자 룩셈부르크 전집』의 편집자 라춘과 라쉬차의 연구(G. Radczun & A. Laschitza, Rosa Luxemburg – Ihr Wirken in der deutschen Arbeiterbewegung, Institut für Marxismus-Leninismus beim ZK der SED, Dietz Verlag, Berlin, 1971)는 대조적이다. 그들은 룩셈부르크에 관한 입장, 방법, 평가에서 커다란 차이를 보인다. 네틀은 룩셈부르크를 통해 민주사회주의의 원형을 보려 하고, 라춘과 라쉬차는 레닌주의적 관점을 고수하면서 맑스주의자로서 그녀의 역사적 지위를 주목하기 때문에, 『러시아혁명에 대하여』는 물론 룩셈부르크와 레닌이 끊임없이 논쟁했던 조직 노선 등에 대한 해석에서도 차이를 보였다.

네틀은 룩셈부르크를 오류의 체계로 규정한 스탈린주의의 논리를 비판하고 있다. 룩셈부르크는 맑스주의의 전통인 민주주의 원칙을 비타협적으로 고수하여 레닌주의에 대항할 수 있는 좌파적 관점을 풍부하게 갖고 있다면서 그녀는 사회민주주의도 볼셰비키주의도 아닌 "제3의 길"(Nettl: 751, 786)을 제시한 것으로 평가했다. 특히 룩셈부르크와 레닌의 차이는 독일과 러시아의 객관적 조건의 차이 때문이라고 보면서, 레닌의 중앙집중주의 조직 이론도 러시아적 특수성의 반영이라고 주장했다. 그는 맑스주의자로서 룩셈부르크는 맑스와 같은 과학적 사고를 하고 있는 데 반해 레닌은 실제적이고 선택적인 정치 이론가였다고 지적하고(Nettl: 841), 『러시아혁명에 대하여』를 통한 볼셰비키 비판에 대해서는 전반적으로 룩셈부르크의 논리에 공감하면서도 다만 그녀는 레닌보다 권력 문제에 대한 실천적 의지가 약했던 것으로 인식했다.

라춘과 라쉬차는 룩셈부르크를 레닌의 "전우Kampfgefährtin"로 이해하고 그녀의 혁명 투쟁과 유산은 사회주의혁명을 통해 독일민주공화국에서 실현되고 있기에 독일민주공화국의 "역사이며 동시에 현실이고, 유산이며 동시에 실현"(Radczun & Laschitza: 11)이라고 주장했다. 그들은 과학적 사회주의의 역사에서 룩셈부르크를 평가한다는 관점을 지니고 있어서, 맑스-레닌주의의 태도를 고수하여 네틀과 차이를 보인다. 그들은 룩셈부르크가 독일사회민주당에 내재하고 있던 모순에 대해 투쟁하면서 사상적으로 발전했고, 독일공산당의 창립은 혁명가로서 정점에 이른 것이며, 결국 레닌과 접근한 것으로 평가했다.

특히 그들은 룩셈부르크가 세계대전이라는 제국주의 전쟁의 원인, 성격, 법칙성과 사회주의 운동의 선택으로서 '제국주의냐 사회주의냐? 문명이냐 야만이냐?'를 제시하며 레닌과 일치했다고 평가하고(Radczun & Laschitza: 352-353,

357, 412, 414), 이러한 그녀의 인식은 스파르타쿠스연맹의 혁명 프로그램을 통해 "인간 해방의 강령"으로 발전했다고 지적했다. 다만 『러시아혁명에 대하여』에서 볼셰비키를 제한 없는 민주주의 관점에서 "자코뱅적 지배Jakobinerherrschaft"라고 비판한 것은 그녀가 부르주아 민주주의와 프롤레타리아독재를 구분하지 못했기 때문이라고 지적하여 네틀과 현격한 차이를 보였다.

이렇게 룩셈부르크에 대한 평가는 레닌주의로 상대화되는 경향이 짙으므로 볼셰비키혁명을 비판한 『러시아혁명에 대하여』는 핵심적 저술이 될 수밖에 없었다. 특히 이 팸플릿은 집필은 물론 발표까지 전설에 쌓였는데, 이러한 요인은 팸플릿의 평가에도 상당한 영향을 미쳤다. 왜냐하면 1921년 독일공산당 및 코민테른 지도부와 대립하게 된 파울 레비가 자신의 입장을 정당화하는 논거로 『러시아혁명에 대하여』를 간행했기 때문이다. 레닌의 권위가 버티고 있는 코민테른 지도부에 파울 레비는 룩셈부르크의 권위로 대항한 것이다.

1918년 9월 브레슬라우 감옥에서 룩셈부르크에게 팸플릿의 발표를 단념하라고 설득했던 파울 레비는 3년 후 자신의 입장을 세우기 위해 팸플릿을 간행했다. 파울 레비가 팸플릿을 간행하자 룩셈부르크의 동지였던 아돌프 바르스키Adolf Warski는 「혁명의 전술 문제에 관한 룩셈부르크의 입장」을 발표했으며, 클라라 체트킨Clara Zetkin은 「러시아혁명에 관한 룩셈부르크의 입장에 대해서」라는 팸플릿을 간행했고(伊藤成彦: 124), 루카치György Lukács도 룩셈부르크의 논리를 비판했는데, 레닌이 "룩셈부르크는 그 잘못에도 불구하고 역시 독수리였고 지금도 독수리다"(LCW 33: 210)라고 그녀를 평가했던 시기다.

이러한 과정에서 레닌주의의 영향을 강하게 받은 아돌프 바르스키 등은 룩셈부르크가 볼셰비키혁명이 일어났을 때 감옥에 있었기 때문에 충분한 정보를 얻을 수 없어서 혁명에 대해서 잘못된 판단을 내렸지만 이후 독일에서 혁명을 거치면서 자신의 논리를 수정하여 볼셰비키에 완전히 동조했다고 평가하고는 룩셈부르크와 레닌의 기본적 일치를 강조했다. 하지만 루카치는 룩셈부르크가 독일혁명을 통해 견해들을 바꾸었다고 해도 그녀의 사상에는 레닌의 사상과 일치하지 않는 점이 있다면서 『러시아혁명에 대하여』를 비판했다(루카치 (1)). 이렇게 『러시아혁명에 대하여』는 1922년 출판 이후 논쟁의 표적이 되었는데, 이후에도 "볼셰비키와 러시아혁명을 절대적으로 옹호하는 입장에 선다는 것은 무엇보다도 『러시아혁명에 대하여』를 금서로 취급한다는 의미를 지니게 된 것이다"(伊藤成彦: 124).

그런데 『러시아혁명에 대하여』를 단순히 레닌주의에 상대화시키기보다는 룩셈부르크의 관점에서 이해할 필요가 있다. 잘 알려져 있듯이 그녀는 사회주의혁명에서 대중의 자발성과 혁명성을 신뢰하고 대중에 대한 당의 역할을 "정치적 지도"에 한정했기 때문에, 레닌과는 혁명관, 조직 노선, 당의 역할, 사회주의적 민주주의 등에서 근본적 차이가 있다. 룩셈부르크는 이미 1904년에 레닌의 『무엇을 할 것인가?』와 『한 걸음 앞으로 두 걸음 뒤로』에 담긴 조직 노선을 비판하기 위해 「러시아사회민주당의 조직 문제」를 발표했는데, 그녀는 레닌의 주장에서 "유물론으로부터의 주관주의적 일탈"을 보고, 사회주의 운동에서 투쟁의 전술과 조직은 "운동 과정에서 나타나는 자연발생적 산물"이라고 주장하면서 레닌의 중앙집중주의에 대해 "자율집중주의"를 대안으로 제시했었다.

그런데 볼셰비키의 혁명관과 조직 노선 등에 대해 비판적인 것은 룩셈부르크에만 한정된 것이 아니라 레오 요기헤스 등 스파르타쿠스연맹 지도부도 일정 수준에서 공유하고 있었다. 특히 룩셈부르크에게 절대적 영향을 주고 있었던 레오 요기헤스는 볼셰비키혁명 이후 스파르타쿠스연맹에게 "무슨 일이 있어도 우리는 러시아 볼셰비키의 지부로 행동해서는 안 될 것입니다"라고 하며 그들의 조직이 볼셰비키 영향권에 들어가는 것을 경계했다. 그는 룩셈부르크와 함께 지도하는 폴란드사회민주당이 1906년 레닌이 지도하는 러시아사회민주당과 통합했을 때 러시아사회민주당의 지도부가 러시아 전체를 포용하는 당을 만들기보다는 운동에 대한 독점적 지배만 추구했던 것을 기억해 낸 것이다(자이데만: 247-248).

레오 요기헤스와 레닌은 러시아사회민주당을 통해 치열하게 논쟁했는데, 레닌은 권위적으로 지도되는 당을 만들기 위해 진력했던 반면 레오 요기헤스는 당을 민주적으로 운영하여 견해 차이를 당에서 충분히 논의할 필요가 있다고 생각했다. 이렇게 레닌과 차별되는 조직 노선을 지니고 있던 레오 요기헤스는 룩셈부르크의 '특별한 동지'였기에 그녀가 대중 앞에서 연설하는 내용 한 구절 한 구절은 물론 그녀의 많은 저작도 두 사람 공동의 숙고에서 생겨난 것들을 담았기 때문에, 『러시아혁명에 대하여』 역시 레오 요기헤스의 정치적 유산을 구현한 것으로 볼 수 있다.

이렇게 보면 『러시아혁명에 대하여』에서 볼셰비키를 비판했던 원칙들은 룩셈부르크 혼자만의 논리가 아니라 레오 요기헤스를 비롯한 스파르타쿠스연맹 지도부의 논리라고 볼 수 있는데, 그녀가 반혁명 세력들에게 동력을 제공할 것으로 우려했던 토지문제, 민족자결 문제, 사회주의적 민주주의 문제 등에 대한 견해는 룩셈부르크를 비롯한 스파르타쿠스연맹 지도부가 함께했던 견해다. 이러한 사상 노선은 룩셈부르크가 작성했고 독일공산당의 강령으로 채택된 스파르타쿠스연맹의 혁명 프로그램에도 반영된 것은 물론이다.

스파르타쿠스연맹의 유산

제1차 세계대전과 볼셰비키혁명으로 자본주의 세계가 위기를 맞으면서 유럽은 혁명운동에 휩싸였다. 특히 1918/19년 독일혁명*에서 주목할 것은 평의회 운동**이다. 기존의 정당이나 노동조합의 지도가 아니라 노동자와 병사들의 자발적 봉기(Rosenberg (1): 262)라는 대중운동 형식으로 전개되었으며, 조직적 표현이

---

* 일반적으로 '11월 혁명'이라고도 하지만 혁명의 성격과 목표와 기간을 고려할 때 '1918/19년 독일혁명'으로 부르는 것이 적합한 것으로 판단한다.

** 평의회 운동Rätebewegung에 대해서는 볼셰비키적인 프롤레타리아독재를 지향하는 운동 또는 부르주아 의회주의 국가에서 사회민주주의를 지향하는 운동으로 보는 경우도 있으나, 대중의 자발성을 바탕으로 의회주의를 넘어 '대중 스스로 통치'를 지향했던 직접민주주의 운동으로 볼 수 있다(Rosenberg (1): 262).

바로 노동자병사평의회이었기 때문이다. 따라서 이러한 평의회 운동과 스파르타쿠스연맹의 관계를 분석하면 볼셰비키혁명에 대한 룩셈부르크의 비판이 어떻게 현실화되었는지 알 수 있을 것이다.

앞서 보았듯이 독일에서 평의회는 1917년 4월에 일어난 라이프치히의 파업을 계기로 4월 18일 베를린에 공장평의회가 처음 구성되었으나 1918년 1월 베를린에서 조직된 노동자평의회가 더 광범한 규모와 활동을 보여 주었다.[*] 이후 평의회 운동은 점차 확산하여 전반적 상황을 주도하는 수준에 이르렀고, '노동자병사평의회'가 '혁명'과 동의어로 사용되었다(Kolb: 59). 1918년 3월 최초로 혁명적 투쟁 기구로서 노동자평의회의 건설을 요구했던 스파르타쿠스연맹은 "모든 권력을 평의회로!"라는 구호를 제시하기에 이르렀다(GW 4: 397).

스파르타쿠스연맹은 평의회 운동을 창조적이고 자발적인 대중의 혁명적 계급의식이 발현된 것으로 보았다. 스파르타쿠스연맹을 지도한 룩셈부르크의 혁명관에 따르면, 대중은 투쟁 과정을 통해 혁명적 계급의식을 획득하고 자신의 조직을 만들어가며, 대중은 당의 지시나 계획이 아니라 자신의 창의성과 자발성을 바탕으로 혁명을 지평을 열어 가는 것이다.[**] 여기서 당의 역할은 레닌과 달리 대중에게 지령을 하달하거나 대중을 조직하는 것이 아니라 혁명 투쟁에 슬로건을 제시하고 방향을 제시하는 것이다. 이러한 혁명관을 바탕으로 스파르타쿠스연맹은 노동자병사평의회가 모든 권력을 장악해야 한다고 선언했다.

킬에 정박한 함대의 수병들이 영국과의 결전을 위한 출항을 거부하면서 시작된 독일의 1918/19년 혁명은 11월 9일 황제를 퇴위시키고 실질적 권한을 노동자병사평의회에 넘겼다. 이런 상황에서 룩셈부르크는 11월 18일 『적기』에 발표한 글을 통해 스파르타쿠스연맹의 혁명적 과제를 자본주의 철폐와 사회주의 실

---

[*] 독일의 노동자병사평의회는 볼셰비키가 권유하거나 러시아를 의도적으로 모방한 것이기보다는 러시아의 소비에트가 2월 혁명을 통해 독일에 알려진 상태에서 혁명운동이 전개되면서 자연스럽게 나타난 것으로 볼 수 있다(Kolb: 56).

[**] 이러한 논리가 레닌의 『무엇을 할 것인가?』와 『한 걸음 앞으로 두 걸음 뒤로』의 조직론을 비판하면서 룩셈부르크가 1904년에 발표한 「러시아사회민주당의 조직 문제」의 핵심이다.

현으로 설정한 이후, 독일의 노동자계급을 하나로 조직하기 위해 전국노동자병사평의회총회를 개최를 주장했고, 나아가 세계노동자대회를 제안하여 1918/19년 독일혁명의 사회주의적 성격과 국제주의적 성격을 천명할 것을 주장했다 (GW 4: 397-398).

노동자병사평의회는 스파르타쿠스연맹보다는 독일사회민주당이 전반적 주도권을 장악하고 있었는데,[*] 그들은 가능한 한 빨리 헌법 제정을 위한 국민의회를 구성하여 국가를 의회주의 공화국으로 확정하고 노동자병사평의회를 무력화시키려고 했다. 따라서 스파르타쿠스연맹은 스스로의 의지대로 평의회 운동을 이끌어가기는 어려운 상황이었기 때문에 룩셈부르크를 비롯한 지도부는 혁명이 이른 시간에 이루어질 것으로 기대하지 않았다. 무엇보다도 그들은 대중의 정치의식과 조직 수준에 유의하고 있었다.

1918년 12월 16일 개최된 전국노동자병사평의회총회는 혁명의 진로와 관련하여 중요한 전환점이었는데, 바로 향후 독일을 의회주의 공화국으로 할 것인가 아니면 평의회 공화국으로 할 것인가를 결정했기 때문이다. 하지만 총회가 열리기 전에 이미 결과는 예견될 수밖에 없었는데, 총회에 참석하는 절대다수의 대표가 독일사회민주당 당원이었던 것이다. 총회는 '국민의회인가 평의회인가?'라는 문제(Lösche: 215-236)에 대해 국민의회를 위한 선거를 1919년 1월 19일에 실시하기로 하고 그때까지는 입법권과 행정권을 임시정부에 넘기기로 하여 독일사회민주당은 완벽한 승리를 거두었다.

전국노동자병사평의회총회의 결정은 스파르타쿠스연맹에게 커다란 충격을 주었고 룩셈부르크는 "평의회의 정치적 자살"(GW 4: 470-471)이라고 비판했다. 하지만 이는 스파르타쿠스연맹이 자신의 목표를 위해 평의회에 조직적으로 대응하지 못하고 선전, 집회, 시위에만 집중했던 당연한 결과일 수도 있다. 평의회를 토대로 혁명을 의도했던 스파르타쿠스연맹은 평의회의 권력이 사실상 해

---

[*] 전국노동자병사평의회총회에 참석할 대표자 대부분은 대중의 직접선거에 의해 선출된 것이 아니라 부르주아의회 선거와 같이 지리적 단위를 바탕으로 지역의 노동자병사평의회에서 간접적으로 선출했다.

체된 상황에서 스스로의 진로를 모색하게 되는데, 그 하나로 1918년 말에 독일 공산당을 창립하게 되었다. 룩셈부르크와 레오 요기헤스는 스파르타쿠스연맹이 여전히 고립된 소수파라고 판단했기 때문에 독자적 당 건설이 시기 상조라고 생각했으며, 당의 명칭도 '사회당'이나 '스파르타키스트연맹'을 선호했으나 관철되지 않았다.

독일공산당 창당 대회에서 가장 쟁점이 된 것은 다가오는 국민의회 선거에 참여할 것인가의 문제였다. 물론 전국노동자병사평의회총회가 열리기 이전까지 스파르타쿠스연맹은 국민의회를 반대했으나, 이제 룩셈부르크는 선거에 참여할 것을 호소했다. 그런데 부르주아 의회주의에 빠져들자는 것이 아니라 국민의회에 대항할 대중을 동원하고 격렬한 투쟁을 호소하기 위해서 선거와 국민의회를 발판으로 이용해야 한다는 주장(GW 4: 474-475)은 부결되었다.

룩셈부르크를 비롯한 스파르타쿠스연맹 지도부는 전국노동자병사평의회총회를 경험하면서 혁명이 많은 시간이 필요하다고 판단하고, 고립에 빠지지 않고 대중과 접촉하면서 국민의회 선거 공간을 국민의회 반대와 평의회 선전에 활용하려 했었다. 하지만 독일공산당에 새롭게 참여한 급진적 좌파와 젊은 당원들은 국민의회 선거 참여를 사회주의적 원칙의 포기로 받아들이는 극좌적 급진주의에 빠져 있었는데, 그들은 볼셰비키혁명을 염두에 두고 봉기를 꿈꾸면서 독일혁명의 승리를 낙관하고 있었다.

더구나 독일공산당은 체제를 갖추기도 전에 시련을 맞게 되었는데, 베를린에서 1월 봉기가 일어난 것이다. 역사는 1월 봉기를 "스파르타쿠스연맹의 봉기"로 기록하는 때도 있으나, 독일공산당은 무장봉기를 일으킬 계획도 없었고 준비도 안 했다. 이러한 사실은 독일공산당의 기관지 『적기』의 주요한 사설이 반증한다. 독일공산당의 지도부는 장기간에 걸쳐 혁명을 발전시켜나갈 계획이었기 때문에 베를린 시가지에서 무장투쟁을 전개할 의도가 없었다(Frölich: 332-333). 독일공산당은 노동자 대중의 정치의식과 조직 수준이 아직 정치권력을 장악할 만한 단계에 도달하지 못했다고 판단했지만, 권력 장악을 목표로 봉기한 노동자들을 지원하여 승리가 아닌 '패배'를 나눌 준비를 할 수밖에 없었다.

1918/19년 독일혁명에서 룩셈부르크를 비롯한 스파르타쿠스연맹은 러시아 혁명을 이끈 볼셰비키처럼 단기적 봉기를 통해서 정치권력을 장악하는 것은 진정한 사회주의혁명이 아니며 대중의 자발성을 바탕으로 자본주의 권력의 진지들을 하나씩 노동계급의 수중에 넣음으로써 사회주의혁명은 진정으로 성공할 것으로 생각했다. 베를린 봉기가 실패한 이후 지방에서는 독일공산당을 중심으로 작은 봉기가 시도되었으나, 이러한 봉기 전술은 스파르타쿠스연맹 지도부의 견해와는 다른 것이었으며 당 강령에도 어긋나는 것이다.

> 스파르타쿠스연맹은 노동자 대중 위에 군림하거나 그들에게서 권력을 빼앗아 오기를 원하는 정당이 결코 아니다. 스파르타쿠스연맹은 오직, 전체 노동자 대중을 걸음마다 그들의 역사적 임무를 향하도록 인도하고, 혁명의 모든 특별한 계기마다 궁극적 사회주의의 목표를 제공하며, 모든 민족적 문제들에서 국제 노동자계급 혁명의 관점을 불러일으키기 위해 노력하는, 노동자계급의 가장 자각적이고 목적의식적인 부분일 따름이다. 스파르타쿠스연맹은 독일의 프롤레타리아 일반이 명백하고 분명한 의지를 표방하거나 스파르타쿠스연맹의 의도, 목적, 투쟁 방법을 의식적으로 승인할 때까지는 결코 정치권력을 장악하지 않을 것이다.(GW 4: 450)

이렇게 스파르타쿠스연맹은 노동자계급을 통해 권력을 장악하지만 노동자계급의 압도적 다수가 프롤레타리아독재를 지지하고 준비되지 않은 모험적 봉기를 배척하고 권력을 획득할 때까지는 시위, 집회, 선전, 선동, 조직을 통해 혁명적 에너지를 고양하는 것을 임무로 삼았다. 이러한 지도부의 입장은 독일공산당을 창당할 때와 같은 것으로 정치권력을 장악하기 위한 상황이 성숙할 때까지 당은 선전 선동 활동과 조직 사업에 집중해야 했다. 이렇게 볼셰비키와 달리 '아래로부터의 혁명'이라는 관점을 견지하고 있었기 때문에 룩셈부르크는 살해당하기 하루 전에 발표한 최후의 글 「베를린의 통치 질서」를 통해서도 독일혁명이 패배한 이유를 봉기한 노동자들을 진압하는 데 동원된 병사들의 정치적 미성숙과 농촌 지역의 정치적 미성숙에서 찾았다.

혁명 프로그램

독일공산당은 1918/19년 독일혁명이 실패한 이후 룩셈부르크와 리프크네히트 같은 지도자들을 잃은 것은 물론 안팎의 영향으로 볼셰비키화의 길을 걷게 되는데, 볼셰비키에 비판적인 좌파들은 독일공산당의 초기 모습을 통해 볼셰비키에서 볼 수 없는 유형의 인간적이고 민주적인 공산주의를 읽고 있다. 독일공산당이 볼셰비키와 사회주의혁명관에서 커다란 차이를 보이는 된 이유는 그들만의 특수한 역사적 조건, 즉 노동자 대중으로부터 점차 유리되는 독일사회민주당과 노동조합의 관료주의적 경향을 경험하면서 대중의 자치에 근접하는 직접민주주의를 지향한 것으로 볼 수 있다. 따라서 독일공산당은 레닌주의적 조직이나 전통적 사회민주당 조직 형태에 만족하지 않고, 혁명을 노동자 대중에 대한 장기적 교육과 조직, 그리고 대중이 직접 개입하는 과정으로 이해했다.

특히 룩셈부르크는 1905년 러시아혁명을 통해 대중의 자발성을 주목했기 때문에, 레닌이 생각한 것과 같은 주도면밀한 계획에 따라 당 최상층의 명령으로 엄격하게 통제되는 정치적 행동을 공허한 도식으로 규정하고, 결코 도식화될 수 없는 "대중의 깨달은 행동"을 통해 사회주의혁명을 추진했다. 이러한 그녀의 논리는 레닌으로부터 "맑스주의의 속류화"(LCW 7: 482)라는 비판도 받았으나, 상대적으로 중앙집권적 당의 역할은 작아질 수밖에 없었다. 물론 대중의 자발성을 강조했다고 룩셈부르크가 당의 역할을 전적으로 부정하는 것은 아니며, 다만 당은 대중의 자발성이 올바른 방향성을 갖도록 "정치적 지도"에 머물러야 한다는 것이다.

투쟁의 실마리와 방향을 제시하는 것, 투쟁의 모든 국면과 모든 순간에 이미 풀려나 움직이는 노동자계급의 모든 힘이 당의 투쟁 대열 속에서 실현되도록 정치투쟁 전술을 계획하는 것, 사회민주당의 전술이 단호함과 예리함에 바탕을 두고 결정되고 그 단호함과 예리함이 실제 힘 관계의 수준 밑으로 내려가지 않으며 오히려 그 힘 관계를 앞서도록 하는 것 — 이것이 대규모 파업 시기에 지도부가 해야 할 가장 중요한 임무다. 일관되고 단호하며 진보적인 사회민주당의 전술은 대중에게 안정감과 자신감과 전투 정신을 부여한다. 우유부단하고 나약한 전술, 노동자계급의 힘에 대한 과소평가에 기초한 전술은 대중을 어지럽히고 약화한다. 당이 올바른 전술을 제시할 때 대규모 파업은 "자발적으로", 그리고 "적시에" 터지지만, 그렇지 않을 때는 당이 아무리 대규모 파업을 호소해도 대중은 호응하지 않는다.(GW 2: 133-134)

대중의 자발성과 혁명성에 대한 이해를 바탕으로 스파르타쿠스연맹을 이끌었던 룩셈부르크의 혁명관은 볼셰비키혁명과 1918/19년 독일혁명을 경험한 이후 1918년 12월 14일에 발표한 「스파르타쿠스연맹은 무엇을 원하는가?」를 통해 더 체계화되고 있는데, 이것은 이후에 독일공산당의 강령으로 채택되었다. 이 강령에서 룩셈부르크는 스파르타쿠스연맹의 임무가 사회주의사회를 건설하는 것이라고 명확히 하고, 이것은 오로지 노동자 대중 스스로에 의해 수행될 수 있다고 주장했다. 특히 『러시아혁명에 대하여』의 논리를 냉철하게 되뇌듯 "대중"을 강조하면서 사회주의사회의 성격을 규정했다.

앞선 모든 혁명에서는 소수 대중이 혁명적 투쟁을 이끌고, 거기에 목표와 방향을 제공했으며, 승리를 통해 그 소수의 이해관계를 실현하기 위해 대중을 이용해 왔을 뿐이다. 사회주의혁명은 거대한 다수 대중의 이해관계를 따르며 그리고 오직 노동자계급의 거대 다수에 의해서만 승리를 가져올 수 있는 최초의 혁명이다. 노동자계급은 혁명의 목표와 방향을 매우 명확히 해야만 한다. 또한 자주적으로 스스로의 독립적 행동을 통해서 사회주의를 차근차근 실생활에 옮겨야 한다. 사회주의사회의 필수 요소는 노동자 대중이 피지배계급이기를 멈추고 정치경제 생활에서 자주적 삶을 이루어 내며 이 삶을 의식적이고 자유로운 방향으로 이끈다는 사실에 있다.(GW 4: 444)

이러한 사회주의사회를 이룩하기 위해 노동자계급은 국가의 최고권력기관에서 작은 부락공동체에 이르기까지의 일체의 부르주아 권력 기구를 노동자병사평의회로 대체해야 하며, 평의회를 통해 노동자계급의 이해관계와 사회주의적 과업을 위해 필요한 조치들을 취해야 한다. 사회주의사회는 대중 일반과 권력을 장악한 노동자병사평의회 사이에 지속적이고 활발한 상호 소통이 있어야 건강하게 운영될 수 있다는 것이다. 볼셰비키가 혁명 이후에 사회주의적 민주주의를 전진시키기보다 소비에트 민주주의를 소멸시키고 소비에트를 기형적으로 만들어 버렸다고 비판했던 『러시아혁명에 대하여』의 논리적 연장선에 있는 것이다.

노동자계급이 창조적 주도권을 행사할 수 있어야만 사회주의사회이며, 그때 비로소 사회는 사회주의적 도덕심으로 가득 차고 발전한다는 것이다. 이와 같이 사회주의혁명에 대한 일반적 지도 원리를 밝힌 스파르타쿠스연맹의 강령은 1918/19년 독일혁명을 발전시키는 한편, 정치권력을 장악하고 사회주의경제를 준비하기 위한 정치적 조치들을 제시했으며, 대중문화의 수준을 높이기 위한 구체적 요구들도 열거했다. 이 가운데는 『러시아혁명에 대하여』에서 볼셰비키의 오류라고 지적했던 토지문제, 민족자결문제, 민주주의 문제 등에 대해서도 사회주의적 원칙들을 보여 주고 있다. 또한 강령은 스파르타쿠스연맹 자신을 혁명의 단계마다 노동자계급이 수행해야 할 역사적 과업을 설계해 주고 혁명의 단계마다 사회주의의 최종 목표와 국제 문제에서 세계혁명을 지향하는 목표를 제시해 주는 노동자계급의 가장 의식된 부분으로 규정하고 있다. 이러한 차원에서 스파르타쿠스연맹은 러시아혁명에서의 볼셰비키의 역할과 커다란 차이를 보이는 것이다.

룩셈부르크는 이 강령을 독일공산당 창당 대회에서 당의 강령으로 제시하면서 이것은 맑스의 『공산주의 선언』의 기본 원리가 부활한 것이라고 주장했는데, 그녀는 대중의 자발성과 혁명적 주도권을 바탕으로 볼셰비키와 차별되는 사회주의혁명을 주목했다. 무엇보다도 혁명을 볼셰비키와 달리 역사적 필연을 역사적 현실로 바꾸기 위한 대중 일반의 깨달은 행동으로 인식하여 커다란 차이를 보였다.

> 프롤레타리아혁명은 소수가 폭력적 방법으로 스스로의 이상에 맞는 세상을 건설하기 위해 운명적 시도를 하는 것과는 다르다. 그것은 역사적 소명을 다하기 위해 또한 역사적 필연성을 역사적 현실로 바꾸어 놓기 위해 부름을 받은 수백만 대중 일반의 깨달은 행동일 뿐이다.(GW 4: 445)

따라서 룩셈부르크는 사회주의혁명을 위해 대중의 자발성과 혁명성이 발휘될 수 있도록 민주주의를 비타협적으로 고수하게 된 것인데, 노동자계급의 혁명적 에너지가 자연스럽게 분출될 수 있도록 열어 주는 것이 민주주의의 핵심이라고 이해했다. 특히 혁명 이후에 사회주의적 민주주의는 비타협적으로 전면화되어야 한다고 보았는데, 이는 민주주의를 혁명을 방어하고 전진시키는 중요한 수단으로 인식한 것이다. 사회주의사회를 건설하려면 수 세기에 걸친 부르주아지의 계급 지배로 황폐해진 노동자계급의 정신적 변화가 필요하며, 그 이유는 바로 제한 없는 민주주의를 통해 노동자계급의 정치적 활동이 자유롭게 발현되어야 하기 때문이라고 보았고, 또한 민주주의를 통해 대중의 창조적 주도권이 강화되면 관료제의 함정에서 벗어날 수 있다고 보았다.

이러한 차원에서 『러시아혁명에 대하여』와 마찬가지로 「스파르타쿠스연맹은 무엇을 원하는가?」라는 독일공산당의 강령에서도 민주주의에 대한 논리가 강조되고 있다.

혁명 과업을 위해 충분한 정치권력을 장악한 노동자 대중으로 조직된 장치 — 이것이 노동자계급의 독재이며 진정한 민주주의다.(GW 4: 447)

이렇게 보면 『스파르타쿠스연맹은 무엇을 원하는가?』는 『러시아혁명에 대하여』에서 볼셰비키를 비판했던 논리가 바탕을 이루고 있으며 그것을 한층 구체화한 혁명 프로그램이라고 볼 수 있다. 또한 이러한 혁명 프로그램은 독일공산당의 강령으로 채택되었기 때문에 『스파르타쿠스연맹은 무엇을 원하는가?』의 원형이라고 할 수 있는 『러시아혁명에 대하여』는 룩셈부르크는 물론 스파르타쿠스연맹의 정치적 유산으로 평가되는 것이다.

진정한 혁명

소비에트 사회주의가 붕괴한 이후 맑스주의를 통해 자본주의를 분석하고 미래를 전망하는 것이 한껏 위축된 듯이 보이지만, 사회주의적 논의에서 룩셈부르크를 비껴갈 수는 없을 것이다. 그녀는 일체의 삶을 사회주의 혁명에 바쳤으면서도 볼셰비키와는 차별되는 이행 전략을 보여 주었다. 바로 대중의 자발성을 주목하고 대중의 혁명적 주도권을 비타협적으로 고수했는데, 『러시아혁명에 대하여』는 바로 이러한 혁명관을 바탕으로 볼셰비키혁명을 분석한 것이다. 룩셈부르크는 볼셰비키혁명이 가져온 불멸의 공헌은 기존의 계급 관계를 뒤바꾸는 사회주의혁명을 현실에서 이룩한 것이라고 평가하는 한편, 제2인터내셔널과 독일사회민주당 지도부가 의존했던 의회주의 전략과 기계적 결정론을 극복한 것이라고 주장했다.

그녀는 『러시아혁명에 대하여』에서 볼셰비키의 정치적 조치들을 비판했지만, 무엇보다 비정상적 조건에서 혁명이 일어났음을 주목하고 오히려 볼셰비키가 오류를 범할 수밖에 없는 상황을 만드는 데 함께한 세계의 노동자, 특히 독일

노동자계급을 질책했다. 따라서 볼셰비키혁명을 방어하고 전진시키기 위해 룩셈부르크는 독일혁명을 독려하면서 「스파르타쿠스연맹은 무엇을 원하는가?」를 혁명 프로그램으로 제시했는데, 그녀는 여기서도 혁명은 소수가 이끄는 것이 아니라 혁명적 주도권을 바탕으로 역사적 필연을 역사적 현실로 바꾸어 놓는 "대중의 깨달은 행동"이 이끄는 것이라고 규정하여 볼셰비키와 차이를 보인다. 특히 노동자계급의 창조적 주도권을 위해 제한 없는 민주주의를 비타협적으로 고수했다.

이러한 스파르타쿠스연맹의 혁명 프로그램은 룩셈부르크가 『러시아혁명에 대하여』에서 볼셰비키 비판에 사용했던 논리를 독일 상황에서 구체화하고 있는 것으로 볼 수 있다. 일체의 권력을 당이 아닌 노동자병사평의회가 장악할 것과 사회주의혁명을 발전시키기 위해 국제적 연대를 공고히 하며 토지를 몰수하여 사회주의 농업공동체를 조직할 것을 요구했다. 무엇보다도 룩셈부르크는 혁명을 대중의 깨달은 행동이라고 인식했기 때문에 단 한 번의 봉기를 통해서는 정치권력을 장악할 수 없다고 보았으며, 장기간에 걸쳐 부르주아국가기구와 지배체제를 하나씩 장악해 가는 것을 진정한 사회주의혁명으로 생각했다. 사회주의혁명의 동력을 자각된 대중행동에서 찾고 대중의 혁명성과 자발성을 바탕으로 사회주의를 설계했기 때문에 볼셰비키혁명을 비판했던 『러시아혁명에 대하여』와 독일혁명을 선동했던 「스파르타쿠스연맹은 무엇을 원하는가?」는 논리적으로 동질성을 갖고 있다.

따라서 『러시아혁명에 대하여』는 단순히 룩셈부르크의 저서 가운데 하나로 한정되기보다는 그녀가 지도했던 스파르타쿠스연맹과 공유했던 것으로 볼 수 있으며, 스파르타쿠스연맹의 정치적 유산으로 평가될 수 있다. 물론 스파르타쿠스연맹의 강령은 베를린 1월 봉기 이후 퇴색되었으며, 독일공산당도 볼셰비키 등 안팎의 도전으로 시련을 겪었다. 하지만 맑스주의 역사는 제2인터내셔널의 혁명적 좌파를 대표하는 볼셰비키와 스파르타쿠스연맹이 사회주의혁명을 위해 투쟁했지만 혁명의 성격이나 전략에서는 커다란 차이가 있다는 것을 기억하고 있다.

참고 문헌

M, 갈로, 임헌 옮김, 『로자 룩셈부르크 평전』, 푸른숲, 2002년.

구학서, 「바이마르 공화국」, 『독일사의 제국면』, 느티나무, 1991년.

독고종, 『볼셰비즘을 넘어서』, 과학과 사상, 1994년.

G. 루카치, (1) 박정호·조만영 옮김. 「로자 룩셈부르크의 『러시아혁명 비판』에 대한 비판적 고찰」, 『역사와 계급의식』, 1986년.

_____ (2), 박정호·조만영 옮김. 「맑스주의자로서의 로자 룩셈부르크」, 『역사와 계급의식』, 거름, 1896년.

R. 룩셈부르크, 박영옥 옮김, 「러시아혁명」, 『러시아혁명/레닌주의냐 마르크스주의냐』, 두레, 1989년.

박호성, 「독일사회민주당의 수정주의 연구」, 『역사비평』 4호, 역사문제연구소, 1989년.

M. 자이데만, 주정립 옮김. 『나는 지배받지 않는다-어느 여성 혁명가의 사랑과 투쟁』, 푸른나무, 2002년.

이갑영, 「로자 룩셈부르크의 유산」, 『동향과 전망』 통권 제32호, 한국사회과학연구소, 1996년.

정현백, 「독일노동운동과 사회민주당」, 『독일사의 제국면』, 느티나무, 1991년.

정해본, 『독일근대사회경제사』, 지식산업사, 1990년.

伊藤成彦, 『ローザ·ルクセンブルクの世界』, 社會評論社, 1991年.

H. Grebing, "Konservative Republik oder soziale Demokratie?", E. Kolb(hrsg.), Vom Kaiserreich zur Weimarer Republik, Köln, 1972.

E. Kolb, Die Arberräte in der deutschen Innenpolitik 1918-19, Frankfurt/main: Verlag Ullstein, 1978.

V. I. Lenin, One Step Forward, Two Step Back, LCW 7.

_____ , How Vera Zasulich Demolishes Liquidationism, LCW 19.

_____ , Notes of a Publicist, LCW 33.

P. Lösche, Der Bolschewismus im Urteil der Sozialdemokratie, Berlin, 1967.

Rosa Luxemburg, Und zum dritten Male das belgisch Experiment, GW 1/2, 229-248.

_____, Organisationsfragen der russischen Sozialdemokratie, GW 1/2, 422‒444.

_____, Massenstreik Partei und Gewerkschaften, GW 2, 90‒170.

_____, Der Wiederaufbau der Internationale, GW 4, 20‒32.

_____, Entwurf zu den Junius‒Thesen, GW 4, 43‒47.

_____, Zwei Osterbotschaften, GW 4, 265‒269.

_____, Brennende Zeitfragen, GW 4, 275‒290.

_____, Zur russischen Revolution, GW 4, 332‒365.

_____, Die geschichtliche Verantwortung, GW 4, 374‒379.

_____, Die russische Tragödie, GW 4, 385‒392.

_____, Der Anfang, GW 4, 397‒400.

_____, Was will der Spartakusbund?, GW4, 442‒451.

_____, Ein Pyrrhu Sieg, GW 4, 470‒473.

_____, Die Wahlen zur Nationalversammlung, GW 4, 474‒476.

_____, Die Akkumulation des Kapitals, GW 5, 5‒411.

R. H. McNeal, The Bolshevik Tradition: Lenin, Stalin, Khrushev, Brezhnev, New Jersey: Prentice‒Hall Inc, 1975.

J. P. Nettl, Rosa Luxemburg, 2 vols, Oxford university press, London, 1966.

P. Frölich, Rosa Luxemburg‒Gedanke und Tat, Frankfurt/M, 1967.

G. Radczun & A. Laschitza, Rosa Luxemburg — Ihr wirken in der deutschen Arbeiterbewegung, Institut für Marxismus‒Leninismus beim ZK der SED, Dietz Verlag, Berlin, 1971.

A. Rosenberg (1), Entstehung der Weimarer Republik, Frankfurt/Main: Europäische Verlagsanstalt, 1977.

_____ (2), Geschichte der Weimater Republik, Frankfurt/Main: Europäische Verlagsanstalt, 1978.

R. Rürup, Probleme der Revolution in Deutschland 1918‒1919, Wiesbaden, 1968.

제9장 "모든 권력을 평의회로!"

역사의 원동력

맑스가 살아 있다면 룩셈부르크를 어떻게 평가했을까? 맑스주의 역사에서 유난히 극과 극을 오가는 평가에 시달린 그녀는 "맑스와 엥겔스의 과학적 후계자 가운데 가장 뛰어난 두뇌"(Frölich: 173)라고 불릴 정도로 혁명에 헌신했으며 뒤따라가는 사람들이 배우고 깨우칠 만한 성과도 많이 보여 주었다. 무엇보다도 민주주의와 국제주의를 완고하게 지키면서 사회주의혁명에 삶을 바친 룩셈부르크는 러시아령 폴란드에서 나고 자랐지만 맑스와 엥겔스의 '폴란드 독립론'조차 가차 없이 비판할 정도로 '무오류의 권위'를 인정하지 않았다.*

제2인터내셔널에서 룩셈부르크가 주목받게 된 것은 베른슈타인이 제기한 수

---

* 맑스와 엥겔스에 따르면 유럽의 혁명, 특히 독일의 혁명을 위해서는 반동적 러시아를 몰락시키든지 아니면 두 나라 사이에 있는 폴란드를 독립시켜 혁명을 방어해야 한다. 이 논리는 러시아, 독일, 오스트리아의 지배를 받고 있던 폴란드 독립을 전략적으로 바라보는 것인데, 유럽의 혁명 세력들은 이를 하나의 자연법처럼 여겼으나 룩셈부르크는 자본주의적 생산이 발전하여 개별 국가들의 경제적 상호 관계가 깊어진 상황에서 이러한 전략은 실천적 함의가 없다고 비판하면서 국제주의 관점에서 폴란드 독립은 오로지 러시아혁명의 결과로 나타날 수밖에 없다고 주장했다(GW 1/1: 14-36, 37-51, 115-216).

정주의를 정면에서 비판한 것이 계기가 된 것은 분명하지만, 사회주의혁명가로서의 그녀의 사상, 특히 혁명이나 조직과 관련된 문제 등은 레닌과 지속해서 논쟁하면서 독자적 체계를 보여 주었다. 물론 두 사람은 사회주의가 "크리스마스 선물"이 아니라(GW 4: 362) 혁명을 통해서만 이루어질 수 있다는 데 동의했고, 1906년에는 룩셈부르크가 이끄는 폴란드사회민주당과 레닌이 지도하는 러시아 사회민주당이 통합하기도 했었다.

하지만 폴란드사회민주당 지도부는 볼셰비키가 폴란드령을 포함한 러시아 전체를 포용하는 정당을 만드는 데 힘쓰기보다는 혁명운동을 독점적으로 지배하는 데만 관심을 둔다고 느꼈다(자이데만: 247-248). 즉 레닌은 권위를 바탕으로 움직이는 사회주의정당을 만들기 위해 애쓴 반면, 룩셈부르크의 '특별한 동지' 레오 요기헤스* 등은 독일사회민주당과 비슷하게 민주적으로 운영되면서 다양한 의견이나 정책들이 공존하는 가운데 마음껏 토론하고 자유롭게 논의할 수 있는 정당을 희망했다.

레닌은 볼셰비키혁명을 비판한 룩셈부르크의 전설적 팸플릿 『러시아혁명에 대하여』를 파울 레비가 출판하자, 자기가 느꼈던 그녀의 문제점들을 낱낱이 지적하면서도 그녀가 진정한 혁명가라고 평가했다. "폴란드 독립 문제에서, 1903년 멘셰비키주의를 평가할 때, 1914년 7월에 플레하노프, 카우츠키 등과 함께 멘셰비키와 볼셰비키의 통합을 변호할 때, 그리고 1918년 옥중 서신에서도 오류를 범했지만 그런데도 세계의 공산주의자들은 혁명의 독수리로 기억할 것이다." (LCW 33: 210)

이렇게 두 사람은 서로에 대해 존중하는 마음은 잃지 않았지만, 혁명운동에 대해서는 뚜렷한 견해 차이가 있었는데, 특히 '대중'이 차지하는 지위와 역할에 대해서는 첨예하게 대립했다. 레닌이 전위의 지위를 절대화시켰다면, 룩셈부르

---

* 레오 요기헤스Leo Jogiches는 룩셈부르크의 연인으로 알려진 폴란드의 혁명적 사회주의자이며, 룩셈부르크가 볼셰비키혁명을 비판한 『러시아혁명에 대하여』조차 두 사람의 공동 작업이라고 할 정도로 모든 부문에서 긴밀하게 함께했다.

크는 대중을 통해서 사회주의라는 역사적 필연을 역사적 현실로 바꿀 수 있다고 믿었다. 그녀에게 대중은 혁명운동의 바탕이며 역사의 원동력이다.

> 인간은 자신의 의지에 따라 역사를 만드는 것은 아니다. 그렇지만 인간은 역사를 만든다. 프롤레타리아의 주체적 행동은 사회 발전의 정도에 의존한다. 그러나 사회 발전은 프롤레타리아와 동떨어진 채 일어나는 것이 아니다. 프롤레타리아는 사회 발전의 산물이자 결과인 동시에 그것의 동력이고 원인이다. 우리가 자신의 그림자를 뛰어넘을 수 없는 것처럼 프롤레타리아의 행동이 역사적 발전을 뛰어넘을 수는 없다 하더라고 그 발전을 가속하거나 감속할 수는 있다.(GW 4: 61)

룩셈부르크는 자본주의적 생산이 발전하고 그에 따라 모순도 증가하게 되면서 노동자들은 역사를 인식하고 실천하는 주체로 나서게 된다고 주장했다.

이렇게 노동자 대중을 중심에 놓는 룩셈부르크의 사회주의혁명관은 1905년 러시아혁명을 겪으면서 강한 믿음으로 변했는데, 이는 볼셰비키혁명을 비판할 때와 1918/19년 독일혁명을 위해 혁명 프로그램을 작성할 때도 반영되었다. 또한 그런 믿음은 세상을 뜨기 보름 전쯤에 탄생시킨 독일공산당 강령에도 핵심적 사상으로 담긴 일관된 것이다. 그녀에게 노동자 대중은 사회주의혁명의 시작이며 끝이라고 볼 수 있다. 룩셈부르크는 종래의 혁명이 소수의 이해관계를 위해서 대중을 동원했다면 사회주의혁명은 다수인 대중의 이해관계를 따르는 최초의 혁명이라고 보았다.(GW 4: 444)

"정치적 지도"의 문제

룩셈부르크가 노동자 대중을 중심에 놓고 혁명운동을 벌였지만, 그렇다고 정당이나 전위의 역할을 무시하고 배제하는 어리석음까지 저지른 것은 아니다. 사회주의자로서 그녀는 폴란드의 프롤레타리아혁명사회당에서 시작하여 폴란드 사회민주당, 독일사회민주당, 독일공산당으로 이어지며 평생 한 번도 사회주의 정당을 떠나 본 적이 없었다. 룩셈부르크가 계급투쟁이나 혁명운동에서 당의 지도적 역할을 부정하고 객관적 요인들을 과대평가했으며 의식적이고 조직적인 행동들의 중요성을 간과하면서 역사 발전의 필연성이라는 깊은 함정에 빠졌다는 비판은 정당하지 않다.

오히려 그녀는 『러시아혁명에 대하여』를 통해 볼셰비키가 사회주의 역사에 공헌한 것 가운데 하나는 바로 제2인터내셔널과 독일사회민주당을 짓누르고 있던 의회주의 전략을 극복한 일이라고 말했다. 그녀는 독일사회민주당 지도부는 의회투쟁에서 습득한 지식들을 혁명 전술로 활용하려고 했으며, 특히 '맑스주의의 교황'으로 군림했던 카우츠키는 '혁명적 대기주의'에 입각하여 겉으로는 과격한 혁명적 수사를 날리지만 속으로는 일상적 경제투쟁과 의회투쟁에 안주하고 있다고 비판했다. 그녀는 독일사회민주당의 보수화를 꿰뚫어 보고 있었다.

룩셈부르크가 노동자 대중을 혁명의 핵심으로 이해했던 이유는 자본주의의 발전이 자기 부정적 계기도 안고 있다고 보았기 때문이다. 그녀는 자본의 출현이 역사의 필연이라면 노동자가 자본의 무덤을 파는 것도 마찬가지라고 보면서, 역사적 변증법은 모순 가운데 운동하면서 모든 필연에 대해 그 대립물도 만들어 낸다고 생각했다. 자본을 축적하는 과정에서 나타날 수밖에 없는 노동자들에 대한 착취와 억압 그리고 불평등이 노동자 대중의 자발적 봉기를 부른다는 것이다. 그녀는 사회주의를 지향하는 노동자 대중의 혁명적 에토스와 행동 프로그램도 자발적 봉기 가운데 만들어지는 것으로 보았다.

레닌은 노동자 대중의 자발성에 의존하는 투쟁은 경제투쟁에 집중되고 조직도 노동조합밖에는 만들어 낼 수 없다고 비판하면서 의식성에 바탕을 두는 중앙집중주의를 조직 원리로 제시했다. 이에 반해, 룩셈부르크는 노동자 대중이 투쟁을 통해서 계급의식을 획득하고 조직을 발전시킬 수 있어서 정당이 중앙집중주의로 운영되어서는 안 된다고 보았다. 계급투쟁의 전술이나 방법이 "격동하는 운동의 자연발생적 산물"인 것은 물론이고 사회주의정당의 조직도 투쟁 과정에서 만들어지고 성장하는 것이기 때문에, 레닌의 조직 노선은 노동자 대중의 자발성을 질식시키고 무기력하게 만들 것이라고 경고했다. 룩셈부르크에 따르면 의식화하지 않은 노동자 대중이 의식화된 소수에 앞서고, 역사 발전의 논리가 그 과정에 참여하는 인간의 주관적 논리를 앞서는 것이다(GW 1/2: 432).

이렇게 혁명운동에서 사회주의정당, 특히 지도부의 순기능보다는 역기능을 경계했던 룩셈부르크는 이후 『러시아혁명에 대하여』에서도 똑같은 논리로 레닌을 비롯한 볼셰비키를 비판했다. 레닌의 논리대로 하면 사회주의혁명이란 것은 이미 준비된 공식이기 때문에 호주머니 속에 가지고 있다가 과감하게 실천에 옮기기만 하면 된다. 하지만 그녀에게 사회주의의 실현은 완전히 알 수 없는 미래에 감춰져 있는 것이며, 우리가 강령에 담고 있는 것이라고는 그 방향을 보여 주는 약간의 단서들뿐이다. 사회주의라는 것은 사회주의사회를 실현하려는 과정에서 만들어지는 것이며, 그런 의미에서 사회주의는 역사의 산물이고 그럴 수밖에 없다는 것이다. 따라서 제한 없는 참여와 제한 없는 민주주의만이 노동자들에게 창조적 힘을 발휘하게 하고 오류조차도 자연스럽게 바로잡을 수 있으며, 그렇지 않으면 사회주의는 소수의 지식인 손에 놀아날 수밖에 없다는 것이다.

1904년 「러시아사회민주당의 조직 문제」를 통해 레닌의 조직 노선을 비판했던 룩셈부르크는 1905년 러시아혁명을 경험한 이후에는 『대규모 파업, 당, 노동조합』을 통해 다시 레닌의 중앙집중주의가 혁명운동에서 대중의 자발성과 창조성을 억압할 것이라고 비판했다. 노동자 대중의 혁명적 주도권은 그녀의 정치사상과 정치 행동에서 핵심적 지위를 차지했다. 그렇다면 혁명 정당의 본질은 무엇인가, 어떤 역할을 맡게 되는 것일까? 룩셈부르크는 혁명 정당이나 정치적 지도를 철저하게 배제한 순수한 혁명 이론을 제시한 적이 없다. 그녀는 "태초에 행동이 있었다!"를 좌우명으로 삼고 있을 정도로 행동하고 싶어 했고 행동하게 하고 싶은 욕망이 가득했다.

룩셈부르크도 사회주의정당의 조직 원리로서 중앙집중주의가 불가피하다는 것은 여러 곳에서 밝히고 있었다. 무엇보다도 자본주의적 생산은 대도시를 중심으로 이루어지기 때문에 혁명운동도 대도시 노동자 대중의 계급적 이해관계를 중심으로 끌어내게 된다는 것이다. 그녀는 「러시아사회민주당의 조직 문제」에서 사회주의정당은 일반적으로 지방분권주의나 연방주의와 적대적일 수도 있다고 말하면서, 종교, 직업, 인종, 국적과 관계없이 모든 노동자 대중과 노동자 조직을 단일한 정당으로 묶어 내려고 노력하는 것이 사회주의정당이라고 지적했다. 또한 『대규모 파업, 당, 노동조합』에서는 노동조합이 사회주의정당의 질서 속에서 통일된 행동을 취해야 한다고 역설했는데, 노동조합은 다양한 집단들의 이해관계와 노동자운동의 특정한 발전 단계를 나타내지만, 사회주의정당은 노동자계급과 계급해방의 이해관계를 담고 있어서 사회주의정당과 노동조합의 관계는 전체와 부분의 관계라고도 할 수 있다는 것이다.

한편 룩셈부르크는 제2인터내셔널이 제국주의에 굴복한 이후 새로운 인터내셔널을 건설해야 한다고 역설하면서, 조직 형태를 종래처럼 느슨한 연합 형식이 아니라 훨씬 강하게 만들어야 한다고 주장했다. 새로운 인터내셔널은 노동자 대중의 이해관계와 과업에 맞는 통일된 이념을 갖고 전쟁 시기이든 평화 시기이든 언제나 즉각 행동할 수 있는 통일된 전략과 전술을 가지고 있어야 한다면서 국제적 규율을 강조했다. 노동자 조직의 중심인 인터내셔널은 평화 시기에는 군국주의, 식민지정책, 무역정책 및 노동절 기념 등에 대해 개별 국가의 전술들을 결정하고, 전쟁이 일어났을 때는 일반적인 공동의 전략과 전술을 결정해야 한다고 했다. 인터내셔널이 혁명을 수행해야 하는 의무는 조직을 유지하기 위한 그 어떤 의무보다도 우선하는 것이라 했고, 세계 노동자 대중의 조국은 사회주의 인터내셔널이며 모든 것은 이것을 수호하는 데 종속되어야 한다고 했다.

이렇게 보면 룩셈부르크도 노동자 대중의 계급투쟁은 혁명 정당의 지도를 받을 필요가 있다는 것을 인정한 것이다. 다만 레닌과 차이가 있다면, 그것은 어떤 유형의 정당인가, 그리고 그 정당의 임무는 무엇인가에 대한 문제만 남는 것이다. 그런데 그녀가 의도하는 사회주의정당의 중앙집중주의를 한눈에 알아볼 수 있는 전제 조건이 있다. 사회주의정당에서 중앙집중주의가 제대로 작동하려면 무엇보다도 정치투쟁 과정에서 단련된 다수의 노동자 집단이 있어야 하고, 둘째는 노동자 대중이 정당의 공개 활동들에 대해 직접 영향력을 행사하면서 자기들의 정치투쟁을 펴 나갈 기회를 얻어야 한다. 왜냐하면 노동자 대중은 정당의 중앙위원회가 아니라, 자본주의사회가 강요했던 복종, 순종, 노예근성 등을 자기해방을 위한 계급투쟁에서 송두리째 뽑아 버릴 수 있는 자기 훈련을 받을 것이기 때문이다. 따라서 룩셈부르크가 말하는 중앙집중주의는 절대적인 것이 아니라 오히려 계급투쟁 과정에서 단련된 노동자 대중의 정치적 훈련과 그것이 성숙되는 수준에 따라 현실화될 수 있다.

그녀는 누구보다도 노동자 대중의 혁명성을 믿었고 그들의 자발성과 창조성을 바탕으로 혁명운동을 전망했기 때문에, 사회주의정당은 노동자 대중에게 행동하라고 지령을 내리거나 투쟁을 조직하기보다는 "정치적 지도"에 집중해야 한다고 했다. 룩셈부르크에 따르면, 사회주의정당이야말로 가장 계몽되고 계급의식이 투철한 노동자 대중의 전위이기 때문에 대중의 자발성이 하늘에서 떨어지기를 기다리면 안 되고 언제나 사태의 발전을 앞지르고 가속시키려고 노력해야 한다.

사회주의정당은 혁명의 시기가 필연적으로 도래하고 도래할 수밖에 없는 사회적 관계들을 분석하고, 노동자 대중에게 혁명의 정치적 귀결이 어떻게 나타날 것인지 명확하게 제시해 주어야 한다. 투쟁의 슬로건을 제시하고 방향을 부여하며, 노동자 대중의 폭발적 힘이 정당의 전투력과 결합할 수 있도록 전술을 세우고, 단호하고 예리하게 마련된 전술이 실질적 세력 관계를 앞서 나가게 하는 것이 정당의 가장 중요한 임무다. 사회주의정당의 일관되고, 단호하며, 선진적 전술은 노동자 대중에게 안정감, 자신감, 전투 정신까지 불러일으킬 수 있게 된다(GW 2: 133-134). 룩셈부르크는 사회주의정당이 노동자 대중의 자발성과 창조성을 억압할 것이 아니라 그것을 가속하고 종합하는 역할을 수행해야 한다는 차원에서 "자율집중주의"를 조직 대안으로 제시했다.

　레닌이 중앙집중주의를 역설하는 것은 무엇보다 혁명운동에서 조직을 보존하고 행동을 통일시키기 위해서 그런 것인 데 반해, 룩셈부르크의 자율집중주의에서는 노동자 대중을 정치적으로 지도하는 것이 일차적 임무였기 때문에 엄격한 규율이 필요하지 않았다. "정치적 지도"는 일반적으로 투쟁의 계기를 분석하고 투쟁의 구호를 제시하고 투쟁을 가속하고 투쟁의 성과를 알리는 선전 활동을 주요 사업으로 전개하기 때문에, 레닌의 정당처럼 엄격한 규율보다는 자유스럽게 토론하고 논의하는 자율적 규율이 작동되는 정당이 어울리는 것이다. 사회주의정당의 성격에 대한 두 사람의 차이는 정당을 운영하는 과정에서도 그대로 반영되고 있는데, 레닌은 정당의 사소한 활동까지 일일이 챙겼지만 룩셈부르크는 폴란드사회민주당이나 독일사회민주당 어디에서도 정당의 재정이나 회의 준비 등에 깊이 관여하지 않았다. 그녀는 노동자 대중에 대한 정당의 역할은 조직적 힘이나 선도적 행동이 아니라, 무엇보다도 정당의 사상, 강령, 슬로건 등을 통해서 행사되어야 한다고 믿었다.

역사적 관점

　룩셈부르크가 노동자 대중을 통해 사회주의혁명을 전망하는 것은 그녀의 맑스주의 방법에서도 유감없이 관철되고 있지만, 이론과 실천의 문제는 현실 인식 또는 당면 과제들과 유기적으로 결합되면서 역사적으로 상대화되어 나타나고 있다. 그녀의 '방법'을 보면 수정주의 논쟁 시기에는 이론에 강조점을 두어 노동자 대중이 과학적 이론들을 철저하게 학습할 것을 역설했으며, 제국주의 위기가 몰려오면서부터는 실천을 강조하여 노동자 대중 스스로 전위가 될 수밖에 없다고 주장했고, 세계대전이 일어나자 절망감에 사로잡힌 나머지 노동자 대중에게 전쟁을 막지 못했으니 자기비판을 하라고 강조하면서 세계 노동자들이 함께 일어날 것을 독려했다. 더불어 독일사회민주당의 역사를 세운 맑스와 라쌀레에 대한 평가도 역사적으로 상대화되고 있는데, 맑스에서 라쌀레로 높은 평가가 옮겨졌다가 세계대전을 맞으면서는 맑스와 라쌀레를 넘어 노동자 대중을 주목했다.

룩셈부르크는 맑스주의를 화석처럼 굳은 결과가 아니라 언제나 살아 있는 연구 방법이라고 받아 들였다.

> 맑스의 논리에서 가장 핵심적인 것, 즉 변증법적 유물론은 전혀 알려지지 않은 새로운 세계에 대한 전망을 부여하고 자립적 행동에 대해 무한한 가능성을 열어 주며 미지의 영역으로 대단하게 전진하도록 고무하는 연구 방법일 뿐이다.(GW 1/2: 364)

그녀에게 방법은 고정된 대상을 분석하는 수단이 아니라 역사 전체 또는 역사 발전에 대한 인식과 연관되어 있어서, 맑스주의가 도전을 받거나 위기에 처하게 되면 그녀는 방법에 집중했다. 즉 폴란드 혁명 문제나 수정주의와 관련된 논쟁, 제국주의의 출현 등에 직면했을 때 맑스주의에 대한 방법을 재인식했는데, 그것은 구체적으로 이론과 실천의 결합 문제 또는 맑스와 라쌀레에 대한 평가로 나타났다.

맑스주의 역사에서 가장 광범한 논쟁을 불러일으켰던 베른슈타인의 수정주의는 독일사회민주당에 커다란 충격을 안긴 것은 물론 제2인터내셔널 차원으로 논쟁을 확산시켜 국제적으로 퍼져 나가게 했고 모든 맑스주의 이론가와 정치가들이 논쟁에 휘말리게 되었다. 수정주의는 자본주의경제에 나타나는 경험적 사실들을 바탕으로 과학적 사회주의를 비판했는데, 룩셈부르크는 수정주의자들이 이론과 실천의 변증법적 통일, 그리고 그것에 바탕을 둔 사고방법을 이해하지 못했다고 지적했다. 그리하여 변증법적 유물론이라는 보편적 관점을 깨우치지 못한 채 경험적 사실만 가지고는 맑스 같은 천재도 과학적 사회주의를 창조할 수 없었을 것이라고 비판했다(GW 1/2: 138). 이러한 차원에서 그녀는 사회주의 이념과 노동자운동, 이론과 실천 등의 변증법적 통일을 주장했다. 노동자 대중은 철학적 인식을 통해서, 철학은 노동자 대중을 통해서 스스로를 실현하고 서로를 규정하면서 인간 해방이 이룩될 수 있다는 변증법적 귀결이야말로 맑스주의의 영혼이며 방법의 특성이라는 것이다.

따라서 룩셈부르크는 이론은 외면한 채 실천만 주목하는 베른슈타인의 수정주의는 결국 기회주의에 논리적 근거를 마련해 줄 것이라고 비판했다. 맑스주의의 가면을 쓰고 기회주의를 이론적으로 정당화시키는 베른슈타인의 수정주의에 대항하려면 무엇보다도 노동자 대중이 이론적 논쟁에 적극적으로 개입해야 할 것이다. 그녀는 『사회 개량이냐 혁명이냐?』의 머리말에서 이론적 논쟁이 지식분자들만의 몫이라는 주장은 노동자 대중에 대한 모욕이며 악의에 찬 비방이라고 지적하고, 노동자운동의 힘은 이론적 인식에서 나오는 것이라고 역설했다. 노동자 대중이 과학적 사회주의로 무장할 때 기회주의가 버티고 설 자리는 없어진다는 것이다. 만약 이론과 실천이 변증법적으로 통일되지 못한다면 노동자운동은 이론이라는 나침판도 없이 경험이라는 넓은 바다로 밀려나게 될 것이라고 우려했다. 기회주의의 위험에 노출된다는 의미다.

그녀는 수정주의를 비판하는 가운데 기회주의를 강하게 의식하면서 이론이 단순히 지식인들만의 전유물이 아니고 노동자 대중도 맑스의 이론을 깨우쳐야 한다고 역설하면서 이론과 실천의 통일을 주장했다. 더구나 수정주의 논쟁은 맑스주의가 지식인을 벗어나 노동자 대중으로 확산되는 과정에서 빚어진 것이고 베른슈타인의 문제 제기도 이론과 실천을 통일적으로 이해하지 못해서 나타난 것이기 때문에, 노동자 대중의 이론적 각성은 멈출 수 없는 과제였다.

이러한 논리는 맑스와 라쌀레에 대한 평가에도 반영되었다.

> 인간은 자신의 역사를 만들지만 자유자재로 만드는 것은 아니라고 맑스와 엥겔스는 말했다. 이것을 통해 그들은 한평생 유물론적 역사 서술을 옹호했다. 그러나 라쌀레는 인간은 자유자재로 만드는 것은 아니지만 스스로 역사를 만든다고 강조하여 일생의 과업으로 "개인의 결의"와 "위대한 행동"을 옹호했다.(GW 1/2: 155)

여기서 룩셈부르크는 맑스를 역사적 유물론이나 이론적 계기의 선구자로 인식하는 한편, 라쌀레를 "위대한 행동"으로 상징되는 실천적 계기의 선구자로 평가하면서도, 라쌀레를 통해 이론 없는 실천을 경계하고 있다. 라쌀레는 맑스주의적 계급운동도 없고 사회주의 이론도 없는 곳에서 생산협동조합과 공채를 구호로 내걸고 그 이론에 반대했으며, 오히려 그러한 오류를 통해 최초로 맑스주의 이론의 길을 개척했다(GW 1/2: 157). 그녀는 라쌀레의 실천 내용이 아니라 실천 행위 자체를 높이 평가한 것이다. 이와 같이 수정주의 논쟁을 거치면서 보여 준 그녀의 방법은 노동자 대중의 이론적 각성을 통한 이론과 실천의 통일이었다.

하지만 제국주의가 팽창하고 독일사회민주당이 체제 안의 정당으로 빠르게 변화되면서 룩셈부르크의 방법은 실천으로 강하게 기울게 되었다. 그녀는 독일사회민주당에서 벌어지고 있는 맑스와 라쌀레의 평가에 대한 논쟁을 의식하면서 스스로의 논리를 세웠다.[*]

> 맑스와 엥겔스가 인간은 스스로의 역사를 만들지만 자유자재로 만드는 것은 아니라는 말로 감상적 혁명가들에게 행동을 중단할 것을 요구한 데 반해, 라쌀레는 독일의 노동자계급에게 정열적인 말로 인간은 자유자재로 만드는 것은 아니지만 스스로 역사를 만든다고 설명하여 충분한 주도권, 혁명적 에너지, 결의의 중요성을 선동했다.(GW 3: 182-183)

이러한 논리는 수정주의를 비판할 때 보인 주장과 유사하게 보이지만 미묘한 변화를 감지할 수 있다. 종래에는 이론과 실천, 맑스와 라쌀레의 일치를 강조하는 가운데 수정주의를 의식하면서 이론의 역할을 반복해서 강조했고, 맑스를 높

---

[*] 1913년 『새 시대Die Neue Zeit』를 통해 프란츠 메링과 카우츠키는 맑스와 라쌀레에 대한 평가를 놓고 논쟁을 벌였다. 이 논쟁은 독일사회민주당이 안고 있던 여러 가지 문제들을 드러냈고, 사회주의 운동과 맑스주의의 본질에 대한 인식의 문제도 대두하게 만들었다. 특히 1911년에서 세계대전까지는 독일사회민주당이 우파, 중앙파, '급진좌파'로 분열하는 한편 당이 체제 내의 정당을 넘어서 권력을 장악한 전환기였다.

게 평가했었다. 그런데 룩셈부르크는 이론적으로는 혁명 노선을 고수하면서도 실천하지 않는 독일사회민주당과 카우츠키 등을 겨냥하면서 라쌀레의 불같은 열정을 평가한 것이다. 라쌀레가 건설했던 독일노동자총연맹을 기념하는 글에서는 이렇게 썼다. "이 세계사적 순간을 새롭게 만든 것은 라쌀레의 대단한 결단과 민첩한 행동이었다. 그리고 독일 노동자계급은 맑스의 경고에 반하더라도 이 불멸의 운동을 수행하고 불같은 실천력을 발휘한 것에 대해 영원히 감사를 표하고 있다."(GW 3: 209) 수정주의 논쟁 시기에는 "오류를 통해서" 맑스의 길을 열었다고 평가했던 라쌀레를 여기서는 "맑스의 경고에 반하더라도" "불같은 실천력"으로 노동자 대중을 독일노동자총연맹으로 조직해 냈다며 적극적으로 평가한 것이다. 그녀는 스승들인 맑스와 엥겔스, 라쌀레의 역사적 업적은 상호 분리할 수 없다고 지적하면서도 맑스와 라쌀레에 대한 상대적 평가에서 변화를 보였다.

나아가서 룩셈부르크는 제국주의를 의식하면서 역사적 관점을 제시했다. 제국주의가 각축하는 현실에서 당 건설이나 의회 진출에 머무는 것은 수동적 태도이며, 지배계급에 대한 직접적이고 전면적 투쟁을 전개해야 한다는 것이다. 이러한 역사적 상대화는 계속되어 이렇게 말한다. "오늘날에는 어떠한 라쌀레도 없다. …… 우수한 개인이나 전위적인 지도자의 시대는 끝났다. 왜냐하면 오늘날에는 노동자 대중 스스로가 지도자이며 기수이고 돌격병이며 라쌀레이기 때문이다."(GW 3: 211) 노동자 대중 스스로 라쌀레라는 것은 노동자 대중이 지금이야말로 '깨달은 노동자 대중'이 되고 맑스와 라쌀레에 필적하는 자신의 힘을 자각해야 할 시기가 도래했다는 것이다. 또한 대중 일반이 스스로 라쌀레라는 주장은 이론과 실천에서 실천으로의 질적인 도약이며, 이는 룩셈부르크의 독자적 관점이라고 할 수 있다.

독일사회민주당이 전쟁에 찬성했다. "프롤레타리아 조직의 보석"이며 "유럽 사회주의자들의 귀감"이었기에 "인터내셔널의 자랑"(GW 4: 55)이었던 정당이 호전적 사회주의자들의 소굴로 전락한 것이다. 무서운 절망감에 사로잡혀 있던 룩셈부르크는 독일사회민주당이 붕괴하던 바로 그날 스파르타쿠스연맹의 깃발을 올리고 반전 투쟁을 시작하면서 독일사회민주당과 제2인터내셔널의 붕괴를 선언했다.

> ……맑스주의는 사회과학으로서 근대 노동자운동의 역사에서 최초로 이론적 인식과 프롤레타리아의 혁명적 행동을 결합하는데, 이를 통해 인식과 행동이 상호 의존하면서 풍부해질 것이다. …… 독일사회민주당은 반세기 동안 맑스주의의 이론적 인식에 관해서 가장 풍부한 과실을 수확하고 그 영양분으로 강력한 몸을 갖게 되었다. …… [그러나-인용자] 거대한 역사적 시련에 직면하여 노동자계급 운동의 두 가지 요소를 이해할 뿐 그 역사를 창출하는 정열적 의지가 완전히 결여되어 있다는 것을 반증했다.(GW 4: 31)

지배적 맑스주의의 명확한 결함을 실천의 결여에서 보았기 때문에 그녀는 행동을 외칠 수밖에 없었다.

더구나 「사회민주당의 위기」를 통해서는 노동자 대중의 "자기비판"을 강조하여 제국주의 전쟁과 독일사회민주당의 붕괴가 카우츠키뿐만 아니라 명백하게 노동자 대중에게도 책임이 있다는 논리를 전개했다. "역사적 경험이 그들의 유일한 스승이며, 자기해방의 길은 끝없는 고난과 무수한 잘못에서 스스로 교훈을 얻을 수 있는가에 달려 있다. 가차 없는 자기비판, 사물의 근본을 추구하는 자기비판은 노동자운동의 생명의 원천이요 생명의 불이다."(GW 4: 53) 대중의 자기비판을 강조하는 것은 앞에서 언급했듯이 노동자 대중의 행동이 바로 역사의 결정적 요소라고 보았기 때문이다. 만약 노동자 대중이 침묵하는 경우 자본주의사회는 '사회주의로 이행인가 야만으로 역행인가?'라는 갈림길에 설 수밖에 없는데, 제1차 세계대전이야말로 야만으로 역행하는 것이라고 주장했다. 따라서 이제 노동자 대중은 역사의 발전을 인식하여 스스로를 비판하고 행동에 나서라는 것이다(GW 4: 163-164).

반反볼셰비키

룩셈부르크는 볼셰비키혁명을 스스로의 삶이 승리한 것이며 역사가 자신의 길을 찾은 것으로 받아들였으나, 노동자 대중의 자발성과 창조성이라는 면에서 보면 그것은 오류로 점철된 것이라 생각했다. 물론 볼셰비키가 처한 역사적 조건에 대해서 충분히 알지 못하면서 모범적 혁명을 요구한다면 그것은 무리일 수밖에 없다고 이해하면서도, 그들이 어쩔 수 없는 상황에서 어쩔 수 없이 선택했던 전략과 전술을 모범적 체계라고 정식화하는 것은 잘못된 일이라고 지적했다. 그녀에 따르면, 볼셰비키가 수많은 난관을 헤쳐 나가면서 피할 수 없었던 군더더기들을 찾아내고 혁명의 미래를 위해 배우고 깨우칠 교훈을 마련하기 위해서도 혁명에 대한 비판적 분석은 필수적이다. "러시아의 사례"를 통찰하고 세계의 노동자 대중이 혁명적으로 진출하는 것만이 볼셰비키혁명의 고립을 막을 수 있는 것은 물론 혁명으로 인해 엎질러진 잘못도 치유하고 혁명도 전진시킬 수 있다는 것이다. 이러한 차원에서 룩셈부르크는 몇 가지 의문을 제기했는데, 무엇보다도 볼셰비키가 계급독재가 아니라 소수의 독재로 전락했다는 것이다.

그녀에게 계급독재는 민주주의를 제한하는 것이 아니라 확장하는 것이며, 고작 이따금 치르는 선거가 아니라 노동자 대중의 직접 활동을 통해 정치적 기능을 수행하는 더 고차원적인 민주주의를 의미했다. 그와 같은 민주주의는 노동자 대중에게 능동적이고 무제한적이며 열정이 넘치는 정치 생활을 가져다줄 것이다. 이것이 바로 사회주의의 본질적 목적이며 수단이라고 생각했다. 창조적이고 민주적인 정치 활동을 통해서 노동자 대중을 각성시켜야만 부르주아적 억압에서 생겼던 나약함과 악덕들을 떨쳐버릴 계기가 마련될 수 있는 것이다.

왜냐하면 "사회주의에는 오랫동안 부르주아 계급 지배를 통해 자본주의적 속성에 길든 대중의 완전한 정신적 혁명이 필요하기 때문이다. 개인주의적 성질이 아닌 사회적 본성을, 그리고 타율성에 길들지 않은 노동자 대중의 창발성과 주도권을 요구한다."(GW 4: 360-361) 제한 없는 참여와 제한 없는 민주주의를 바탕으로 노동자 대중은 역동적 민주정치를 펼칠 수 있으며, 노동자 대중 스스로 역사를 만들어간다는 확신이 들어야 혁명의 길이 열리고 사회주의도 우뚝 설 수 있다는 것이다.

그런데 독일의 혁명 세력들은 러시아에서 벌어진 경이로운 사건에 넋을 잃었고, 더구나 볼셰비키에게 가해지고 있던 안팎의 어려움을 동정하는 눈으로 바라보다가 볼셰비키의 정치적 조치들을 비판 없이 절대화하는 경향조차 보였다. 룩셈부르크는 '독일의 볼셰비키'들이 스스로의 역량을 뒤돌아보지 않는 것은 물론 러시아의 역사적 경험과 자신들의 투쟁도 구분하지 못하고 있는 것을 안타까워했다. 역사 발전과 노동자 대중의 혁명성에 대한 믿음을 바탕으로 정치의식과 조직 수준에 따른 혁명운동을 전개해야만 했다. 룩셈부르크는 세계의 노동자 대중, 특히 독일 노동자 대중의 '볼셰비키 따라 하기'를 어린아이의 불장난처럼 위험천만한 일로 느꼈다. 따라서 동지들에게 볼셰비키혁명의 성격을 이해시키고 설득하기 위해 『러시아혁명에 대하여』를 집필하게 되었다.

『러시아혁명에 대하여』는 단순히 볼셰비키혁명에 대한 비판으로만 읽을 것이 아니라, 거기에 담긴 룩셈부르크의 의도를 주목할 필요가 있다. 이미 지적했듯이 그녀는 노동자 대중의 혁명성에 대한 믿음을 바탕으로 자발성과 창조성을 중심에 놓고 당의 역할도 "정치적 지도"에 한정하고 있었다. 이러한 관점에서 볼 때, 『러시아혁명에 대하여』에는 볼셰비키혁명을 비판하려는 의미도 있었지만, 근본적인 것은 독일 노동자 대중에게 혁명적으로 진출하라고 선동하는 한편 어떻게 행동하고 혁명을 전진시켜야 하는지를 보여 주려는 것이었다. 『러시아혁명에 대하여』에 담긴 비판적 논리는 스파르타쿠스연맹 지도부도 공유하고 있었는데, 볼셰비키혁명 이후 레오 요기헤스가 스파르타쿠스연맹에게 "무슨 일이 있어도 우리는 러시아 볼셰비키의 지부로 행동해서는 안 될 것입니다"(자이데만: 247-248)라고 말한 것을 보면, 그들이 러시아혁명을 어떻게 이해하고 있었는지 미루어 짐작이 간다.

세계대전과 볼셰비키혁명으로 자본주의 세계가 위기를 맞으면서 유럽은 혁명적 열기에 휩싸였다. 특히 1918/19년 독일혁명에서 주목할 것은 평의회 운동인데, 그 운동은 11월 9일 황제를 퇴위시켰다. 평의회 운동은 기존의 정당이나 노동조합이 아니라 노동자와 병사들의 자발적 봉기라는 대중운동 형식으로 전개되었으며, 조직적 표현은 노동자병사평의회였다. 이러한 평의회 운동과 스파르타쿠스연맹의 관계를 보면 볼셰비키혁명에 대한 룩셈부르크의 비판이 구체적 현실에서 어떤 모습으로 나타나는지 알 수 있다. 혁명 투쟁 기구로서 노동자 평의회 건설을 최초로 요구했던 스파르타쿠스연맹은 "모든 권력을 평의회로!"라는 슬로건을 제시하기에 이르렀다(GW 4: 397). 왜냐하면 스파르타쿠스연맹에게 평의회 운동은 창조적이고 자발적인 노동자 대중의 혁명적 계급의식이 발현된 것으로 인식됐기 때문이다.

그런데 '국민의회인가 평의회인가?'라는 결정에 직면했던 전국노동자병사평의회총회에서 독일사회민주당은 완벽한 승리를 거두어 국민의회 선거를 하기로 했는데, 평의회를 토대로 혁명운동을 전개하려던 스파르타쿠스연맹은 사실상 평의회가 해체된 상황에서 1918년 말 독일공산당을 창립하게 되었다.* 독일공산당 창당 대회에서 가장 쟁점이 된 것은 다가오는 국민의회 선거 참여 문제였다. 종래까지 스파르타쿠스연맹은 국민의회를 반대했으나, 룩셈부르크를 비롯한 스파르타쿠스연맹 지도부는 평의회 운동을 경험하면서 독일혁명이 성공하려면 아직도 많은 시간이 필요하다고 생각하여, 독일공산당이 고립에 빠지지 않고 노동자 대중과 접촉하려면 국민의회 선거 공간을 국민의회 반대와 평의회 선전에 활용할 필요가 있다고 생각했다. 하지만 독일공산당에 새롭게 참여한 급진적 좌파와 젊은 당원들은 국민의회 선거 참여를 사회주의 원칙의 포기로 받아들였는데, 그들은 볼셰비키혁명을 염두에 두고 봉기를 꿈꾸면서 독일혁명의 승리를 낙관하고 있었다.

---

* 룩셈부르크와 레오 요기헤스는 스파르타쿠스연맹이 여전히 고립된 소수파라고 판단했기 때문에 독자적 당 건설은 시기상조라고 생각했으며, 정당의 명칭도 '사회당'이나 '스파르타키스트연맹'을 선호했으나 관철되지는 않았다(갈로: 554~555).

하지만 독일공산당 지도부는 러시아혁명을 이끈 볼셰비키처럼 단기적 봉기를 통해서 정치권력을 장악하는 것은 진정한 사회주의혁명이 아니며 노동자 대중의 자발성을 바탕으로 자본주의 권력의 진지들을 하나씩 노동자 대중의 수중에 넣음으로써 혁명은 진정 성공할 것으로 생각했다. 이렇게 독일공산당에서는 인간적이고 민주적인 공산주의를 느낄 수 있는데, 그들이 볼셰비키와 사회주의 혁명관에서 커다란 차이를 보이게 된 것은 그들만의 특수한 역사적 조건 때문이라는 점을 주목할 필요가 있다. 그들은 노동자 대중에게 점차 유리되는 독일사회민주당과 노동조합의 관료주의적 경향을 경험하면서 노동자 대중의 자치에 근접하는 직접민주주의를 지향한 것으로 볼 수 있다. 따라서 독일공산당은 레닌주의적 조직이나 전통적 사회민주당 조직 형태에 만족하지 않고, 혁명을 장기적으로 노동자 대중에 대한 교육, 조직, 그리고 실질적으로 노동자 대중이 과정에 개입하는 것으로 이해했다.

노동자 대중의 자발성과 창조성에 대한 신뢰를 바탕으로 스파르타쿠스연맹을 이끌었던 룩셈부르크의 혁명관은 볼셰비키혁명과 1918/19년 독일혁명을 경험한 이후 발표한 「스파르타쿠스연맹은 무엇을 원하는가?」를 통해 더 체계화되고 있는데, 이 글은 이후에 독일공산당의 강령이 되었다. 이 강령에서 그녀는 스파르타쿠스연맹의 임무가 사회주의사회를 건설하는 것이라고 명확히 하고, 이것은 오로지 노동자 대중 자신의 힘으로 수행될 수 있다고 주장했다.

> 앞선 모든 혁명에서는 소수 대중이 혁명적 투쟁을 이끌고, 거기에 목표와 방향을 제공했으며, 승리를 통해 그 소수의 이해관계를 실현하기 위해 대중을 이용해 왔을 뿐이다. 사회주의혁명은 거대한 다수 대중의 이해관계를 따르며 그리고 오직 노동자계급의 거대 다수에 의해서만 승리를 가져올 수 있는 최초의 혁명이다. 노동자계급은 혁명의 목표와 방향을 매우 명확히 해야만 한다. 또한 자주적으로 스스로의 독립적 행동을 통해서 사회주의를 차근차근 실생활에 옮겨야 한다. 사회주의사회의 필수 요소는 노동자 대중이

피지배계급이기를 멈추고 정치경제 생활에서 자주적 삶을 이루어 내며 이 삶을 의식적이고 자유로운 방향으로 이끈다는 사실에 있다.(GW 4: 444)

독일공산당의 강령에 따르면 사회주의사회를 이룩하기 위해서 노동자 대중은 최고의 권력기관에서 작은 부락 공동체에 이르기까지 일체의 부르주아 권력 기구들을 노동자병사평의회로 대체해야 하며, 평의회를 통해 노동자 대중의 이해관계와 사회주의적 과업을 위해서 필요한 조치들을 취해야 한다. 사회주의사회는 노동자 대중과 권력을 장악한 노동자병사평의회 사이에 지속적이고 활발한 상호 소통이 있어야 건강하게 운영될 수 있다는 것이다. 이러한 주장은 볼셰비키가 혁명 이후 사회주의적 민주주의를 전진시키기보다 소비에트를 기형적으로 만들어 버렸다고 비판했던 『러시아혁명에 대하여』의 논리적 연장선에 있는 것이다. 노동자 대중이 창조적 주도권을 행사할 수 있어야만 사회주의사회이며, 그때 비로소 사회는 사회주의적 도덕심으로 가득 차고 발전한다는 것이다.

더구나 독일공산당은 강령을 통해 자신의 임무를 규정하고 있는데, 혁명의 단계마다 노동자 대중이 수행해야 할 역사적 과업을 설계해 주고 혁명의 단계마다 사회주의의 최종 목표와 국제 문제에서 세계혁명을 지향하는 목표를 제시해 주는 노동자 대중의 가장 의식된 부분으로 규정하고 있다. 이러한 차원에서 독일공산당은 러시아혁명에서의 볼셰비키의 역할과 커다란 차이를 보였다. 무엇보다도 혁명을 볼셰비키와 달리 역사적 필연을 역사적 현실로 바꾸기 위한 대중의 깨달은 행동으로 인식하였다.

프롤레타리아혁명은 소수가 폭력적 방법으로 스스로의 이상에 맞는 세상을 건설하기 위해 운명적 시도를 하는 것과는 다르다. 그것은 역사적 소명을 다하기 위해 또한 역사적 필연성을 역사적 현실로 바꾸어 놓기 위해 부름을 받은 수백만 대중 일반의 깨달은 행동일 뿐이다.(GW 4: 445)

따라서 룩셈부르크는 사회주의혁명을 위해 노동자 대중의 자발성과 혁명성을 발휘될 수 있도록 정당의 민주주의를 비타협적으로 고수하게 된 것인데, 노동자 대중의 혁명적 에너지가 자연스럽게 분출될 수 있도록 열어 주는 것이 민주주의의 핵심이라고 이해했다. 특히 혁명 이후에 사회주의적 민주주의는 즉시 전면화해야 하는데, 민주주의는 혁명을 방어하고 전진시키는 중요한 수단으로 인식한 것이다. 독일공산당의 강령에 규정한 것을 보면, "혁명 과업을 위해 충분한 정치권력을 장악한 노동자 대중으로 조직된 장치 — 이것이 노동자계급의 독재이며 진정한 민주주의다."(GW 4: 447) 이렇게 보면 「스파르타쿠스연맹은 무엇을 원하는가?」의 원형이라 할 수 있는 『러시아혁명에 대하여』는 룩셈부르크의 정치적 유산이라고 볼 수 있다.

룩셈부르크의 메시지

> 지도부는 실패했다. 그러나 지도부는 노동자 대중에 의해, 노동자 대중을 통해 새롭게 될 수 있고 그렇게 되어야만 한다. 노동자 대중은 결정적 요소다. 즉 그들은 혁명의 궁극적 승리를 바위처럼 단단하게 세울 것이다. 그들은 그 임무를 맡고 있다. 그들은 국제 사회주의의 자만심과 능력이 초래한 패배가 역사적 패배의 한 부분이라는 것을 받아들였다. 그리고 이러한 패배가 왜 미래의 승리를 위한 원천이 되는지 보여 주었다.(GW 4: 538)

누구보다도 1918/19년 독일혁명을 꿰뚫어 보고 있던 룩셈부르크는 노동자 대중의 정치의식이나 조직 수준을 볼 때 권력을 장악하는 것은 무리였다고 판단하고, "노동자 대중에 의해, 노동자 대중을 통해" 최후의 승리가 올 것을 전망했다.

이렇게 그녀는 최후를 맞을 때까지 '대중은 스스로 길을 찾는다!'고 믿었기 때문에 마음에서 노동자 대중을 놓을 수 없었다. 아니 놓지 않았기 때문에 '주의주의자'라는 명예롭지 못한 놀림도 받았을 것이다. 더구나 레닌주의에 상대화되면서 노동자 대중의 자발성과 창조성을 강조한 룩셈부르크의 사상은 '오류의 체계'로 낙인찍히던가 아니면 독일혁명 이후 레닌주의로 수렴되었다는 평가를 받고 있다. 그녀의 정치적 유산으로 불리는 『러시아혁명에 대하여』가 '사회주의 조국'에서 금서로 지정된 것은 당연한 일이다. 룩셈부르크를 적극적으로 평가하려는 사람들도 형편은 비슷한데, 기껏해야 '반反레닌주의 전사'로 출전시키는 게 고작이다.

룩셈부르크를 비롯한 스파르타쿠스연맹이 볼셰비키와 전혀 다른 조직 노선을 견지한 것은 고도의 자본주의국가에서 팽창하는 관료주의와 위계에 의한 개인의 소외와 좌절, 이데올로기적 급진성과 개량주의적 실천이라는 독일사회민주당의 모순적 발전 구조를 비판하고, 더구나 노동귀족에게 찌든 노동조합을 격렬하게 비판하면서, 노동자 대중에 의한 직접민주주의를 지향하기 위한 것이다.

이러한 이념을 바탕으로 독일공산당은 볼셰비키의 봉기 전술과 달리 혁명을 장기에 걸친 역사적 과제로 인식하고, 노동자 대중을 통해 역사적 필연을 역사적 현실로 바꾸려고 했다. 그들에 대한 교육과 선전, 시위를 통해 자본주의 권력의 진지를 하나씩 수중에 넣으면서 혁명을 전진시키려는 것이다. 이러한 차원에서 제2인터내셔널의 혁명적 사회주의는 볼셰비키와 스파르타쿠스연맹으로 기억될 수 있다.

그러면 룩셈부르크의 메시지는 무엇인가? 우리 사회에서 룩셈부르크는 인기 있는(?) 혁명가는 아니다. 사회문화적으로 '정통'이나 '원조'를 떠받드는 풍토에서, 패배한 혁명가, 그것도 절대적 지위를 차지하고 있는 볼셰비키와 다른 목소리를 내는 그녀를 반길 형편은 못되었다. 하지만 역설적으로 레닌주의에 취하면 취할수록, 레닌주의가 유일한 대안으로 느껴지면 느껴질수록, 룩셈부르크를 어떻게 하면 레닌주의 앞에 무릎을 꿇게 할 것인가 고민할 것이 아니라 자신을 뒤돌아보는 차원에서 그녀의 사회주의 사상이 주는 메시지를 주목할 필요가 있다.

그녀는 사회주의가 반드시 혁명을 통해서 달성될 수 있다고 믿었던 것을 제외하면 레닌과 유사점이 많지 않을 수도 있기 때문이다.

그녀는 사회주의혁명운동에서 전위와 대중의 역할과 임무를 굳이 구분하고 있지는 않다. 대중보다 한발 앞서나가는 전위가 아니라 대중과 함께 어깨를 나란히 하면서 혁명의 계기를 분석하고 혁명운동의 방향을 제시하고 혁명의 미래를 보여 주는 전위를 그리는 것이다. 나아가 역사적 관점에 따라 때로는 전위와 대중을 구별되지 않아 대중이 전위이고 전위가 대중인 독자적 관점을 보여 주기도 했으나, 계급투쟁이나 혁명운동에서 룩셈부르크가 결정적 요소라고 생각하는 것은 전위가 아니라 바로 대중이었다.

룩셈부르크의 논리에 따르면, 사회주의 세력들은 무엇보다도 노동자 대중을 주변화시킬 것이 아니라 한가운데 놓고 사고해야 하며, 사회경제적 현실에 대한 구체적 분석을 통해 노동자 대중에게 자본주의가 극복될 수밖에 없는 사회라는 근거를 전달할 필요가 있다. 사회가 보수화할수록 삶의 바탕에 깔린 자본 관계는 가려지는 경향이 있기 때문이다. 그리고 주목해야 할 것은 우리의 정치의식과 조직 수준인데, 역량을 벗어난 맹목적 낙관주의나 조급한 모험주의는 그녀가 가장 경계한 것이다. 노동자 대중에게는 명왕성보다 더 멀리 느낄지도 모르는 '역사적 법칙'이나 '역사적 필연'만 남발하는 것은 대중의 전위화를 가속하는 것이 아니라 대중으로부터 고립되는 지름길이다. 대중은 투쟁을 통해서 배우고 깨우치는 것이다.

그녀가 사회주의정당이나 전위의 지도를 인정하지 않았거나 과소평가했기 때문에 혁명에서 패배했다는 것은 레닌주의적 편향에 따른 평가다. 무엇보다도 룩셈부르크는 사회주의혁명이 노동자 대중의 정치의식과 조직 수준에 따라 전개될 수밖에 없다고 이해하고 있었다. 특히 사회주의혁명은 선행적으로 마련된 도식이 아니라 살아 숨 쉬는 유기체이며 사회주의사회도 실현 과정에서 만들어지는 역사의 산물이라는 그녀의 메시지에 귀를 기울여야 한다. 우리를 맑스주의로 인도하는 것은 맑스도 아니고 룩셈부르크도 아닌 바로 우리의 현실이다.

무엇보다도 우리 사회의 발전 수준에 따른 역사적 관점을 획득하는 것이 중요하다. 우리 사회는 지금 어디쯤 가고 있는 것인지, 우리의 정치의식이나 조직 수준은 어느 정도인지, 우리의 사회주의 세력들이 그리는 사회는 어떤 사회인지, 그 사회를 어떻게 달성할 수 있는 것인지, 그렇다면 지금은 무엇을 할 것인지, 이런 것을 끊임없이 묻고 답해야 할 것이다. 이러한 과정에서 선험적 논리나 경험들은 비판적으로 검증될 수 있을 것이며, 우리의 계급투쟁이나 혁명운동도 풍부해질 것이다. 화려하고 장엄한 혁명 현장에서 꺼져 버린 불꽃, 룩셈부르크는 스스로의 현실을 역사적으로 인식하라고 주문하고 있다.

참고 문헌

M. 갈로, 임헌 옮김, 『로자 룩셈부르크 평전』, 푸른숲, 2002년.
M. 자이데만, 주정립 옮김. 『나는 지배받지 않는다 – 어느 여성 혁명가의 사랑과 투쟁』, 푸른나무, 2002년.

V. I. Lenin, Notes of a Publicist, LCW 33.
Rosa Luxemburg, Neue Strömungen in der polnischen sozialistischen Bewegung in Deutschland und Österreich, GW 1/1, 14-36.
———, Der Sozialpatriotismus in Polen, GW 1/1, 37-51.
———, Die industrielle Entwickelung Polens, GW 1/1, 115-216.
———, Aus dem Nachlaß unserer Meister, GW 1/2, 148-158.
———, Stillstand und Fortschritt im Marxismus, GW 1/2, 363-368.
———, Organisationsfragen der russischen Sozialdemokratie, GW 1/2, 422-444.
———, Massenstreik, Partei und Gewerkschaften, GW 2, 90-170.
———, Karl Marx, GW 3, 178-184.
———, Nach 50 Jahren, GW 3, 208-211.
———, Der Wiederaufbau der Internationale, GW 4, 20-32.

——, Die Krise der Sozialdemokratie, GW 4, 49-164.

——, Zur russischen Revolution, GW 4, 332-365.

——, Der Anfang, GW 4, 397-400.

——, Was will der Spartakusbund?, GW 4, 442-451

——, Die Ordnung herrscht in Berlin?, GW 4, 533-538.

로자 룩셈부르크에게 보내는 편지

대중운동

로자 룩셈부르크! 당신의 시간이 다가오고 있습니다. 2017년이면 볼셰비키혁명 100주년이 되기 때문입니다. 그때가 되면, 한편에서는 새삼스럽게 볼셰비키의 어두운 모습을 드러내는 데 온 힘을 다할 것이고, 다른 한편에서는 볼셰비키혁명을 옹호하거나 변명하기 위해 바쁘게 움직일지도 모릅니다. 물론 볼셰비키혁명은 100년 전 일인 데다가 아직도 맑스주의에 호기심을 가지고 있는 사람이 있을지 모르지만, 볼셰비키혁명을 비판하는 사람이나 옹호하는 사람이나 당신을 비켜가기는 어려울 것이라고 생각합니다.

그들은 모두 자기 정당성을 위해서라도 잠자는 당신을 흔들어 깨워 일으킬 것으로 보입니다. 당신이 레닌과 영원한 맞수이기 때문입니다. 세상이 다 아는 것처럼 당신은 오직 혁명을 위해서 살았고 혁명 현장에서 최후를 마쳤지만, 레닌과는 혁명 문제를 놓고 끊임없이 논쟁했습니다. 두 사람 모두 사회주의혁명가로 동지였지만, 혁명 방식에 대해서는 한 치의 양보도 없이 대립한 것으로 보입니다. 이렇게 보면 레닌주의자들이 당신을 낮게 평가하려 했던 것은 옳고 그름을 떠나 피하기 어려웠을 것으로 보입니다.

당신은 사회주의가 레닌 생각처럼 예정된 도식을 따라가는 것이 아니라 자신의 경험에서 생겨나고 실현하는 과정에서 탄생하는 역사의 산물이라고 주장했습니다. 특히 혁명의 주체와 관련해서 레닌은 직업혁명가를 중심에 놓고 그들을 조직하고 단련하기 위해서 애썼지만, 당신은 대중의 혁명성을 신뢰하면서 대중은 투쟁을 통해서 깨우치고 조직될 수 있다고 보았습니다. 따라서 일체의 삶을 혁명에 걸었던 두 사람은 평생 서로 다른 길을 걸었습니다.

당신은 1905~07년 러시아혁명, 1917년 볼셰비키혁명, 1918/19년 독일혁명을 경험하면서 많은 것을 깨우치고 단련된 것으로 보입니다. 특히 1905~07년 러시아혁명을 경험한 이후 대규모 파업을 주목하면서 독일사회민주당 지도부와 논쟁을 벌였고, 레닌과는 조직 노선은 물론 볼셰비키혁명을 놓고 논쟁했기에, 전설의 팸플릿 『러시아혁명에 대하여』는 결국 독일민주공화국에서 당신의 『전집』에 실릴 때까지 소비에트사회주의공화국연방에서 금서로 남을 수밖에 없었습니다.

당신은 사회주의혁명의 역사에서 독자성을 지닌 사람이라고 생각됩니다. 당신은 당에 대해서는 일정한 역할을 부여하지만, 관료화된 노동조합은 "역사적 필요악"이라고 비판했습니다. 그리하여 당신과 당신이 이끌었던 스파르타쿠스 연맹은 독일사회민주당이나 노동조합이 지닌 관료주의적 질서에서 개인이 소외되고 좌절하는 것에 반발하면서 독일사회민주당의 의회주의 전술은 물론 레닌의 볼셰비키와도 차이가 있는 사상 노선과 조직 노선을 갖게 된 것으로 보입니다. 당신에게 혁명은 레닌의 봉기와 달리 대중을 중심에 놓는 장기간의 운동으로, 자본주의 고지를 하나씩 점령하여 사회주의 권력을 세우는 것이었습니다.

1905~07년 러시아혁명을 분기점으로 당신은 사회주의 운동이 "대중운동"이라는 강한 인상을 받은 것으로 보입니다. 혁명의 주체와 관련하여 종래와 달리 조직 밖에 있는 대중도 주목하는 변화를 보였습니다. 당신에게는 혁명 주체가 노동자계급에서 대중, 인민대중 같은 것으로 변화했던 것입니다. 이러한 생각은

점점 강화되어 1918/19년 독일혁명에서는 사회주의혁명이란 "대중의 깨달은 행동"이라고 주장하면서 대중의 혁명성에 대한 신뢰를 바탕으로 혁명 프로그램을 제시하기도 했습니다.

그런데 그때나 지금이나 자본 관계는 매일매일 변하고 있습니다. 당신이 사회주의혁명에서 그토록 신뢰했던 노동자 대중도 많이 변했습니다. 투쟁으로 깨우치고 투쟁으로 단련되고 투쟁으로 결합해야 할 노동자 대중이 대열에서 점점 멀어지는 듯 보입니다. 자본 관계가 세계적으로 확대되었으며, 생산과정에서 자본의 유기적 구성도 크게 높아졌습니다. 자본주의를 상대로 투쟁하던 시기가 아련하게 느껴질 정도이며, 고작 노동조건을 중심으로 투쟁하는 노동자 대중도 자본의 논리에 포섭된 듯 보이지만, 어느덧 다수가 된 불안정노동자들은 스스로 깨우치고 단련되고 연대할 기회를 찾지 못하는 것으로 보입니다.

당신이 혁명적으로 기대했던 노동자 대중 가운데 일부는 그때와 마찬가지로 자본과 '갈등하는 공생 관계'로 전락하고 있습니다. 따라서 노동자 대중은 맑스의 주장처럼 자본주의의 무덤을 파는 일보다 자본 관계에서 불안정노동자를 아래에 깔고 자신의 지위를 유지하고 강화하는 데 힘을 쏟는 것으로 보입니다. 하지만 자본주의사회에서 노동자 대중이 투쟁을 멈춘 적은 없지 않습니까! 불안정노동자처럼 자본 관계의 주변부에 머물게 된 노동자들, 그리고 자본 관계를 단절하기 위해 다양한 도전에 열을 올리고 있는 사람들을 주목할 필요도 있을 것입니다.

1905~07년 러시아혁명 이전

1905~07년 러시아혁명을 겪기 이전에 당신은 맑스주의 전통에 충실하면서 사회주의혁명 투쟁에 몰입한 것으로 보입니다. 엥겔스에게 영향을 받았던 베른슈타인이 "사회주의의 궁극적 목표가 무엇이든지 그것은 나에게 의미가 없다. 문제는 운동 그 자체"라면서 "맑스주의의 수정"을 들고 나오자 당신은 수정주의

를 비판하기 시작했습니다. 당신의 논리는 베른슈타인도 인정했듯이 가장 날카로운 비판으로 알려지면서 당신은 제2인터내셔널의 주요 이론가로 떠올랐습니다.

베른슈타인은 자본주의가 끊임없이 발전하면서 고질병들에 대한 적응 능력이 높아졌고 노동자 대중 생활도 나아졌기 때문에 이제는 혁명이 아니라 투표용지만 가지고도 얼마든지 사회주의로 갈 수 있다고 주장했습니다. 베른슈타인은 사회민주당이 시대에 뒤떨어진 혁명이라는 낡은 구호를 집어던지고, 당시의 모습도 그렇지만 미래에 바라는 모습인 민주사회주의 개량 정당으로서 진정한 모습을 용기 있게 밝힌다면 훨씬 강력해질 것이라고 점잖게 훈계했습니다.

그때 당신은 자본주의가 몰락할 수밖에 없으며 필연적으로 사회주의로 이행한다는 것을 반증해서 맑스주의를 지키려고 했습니다. 수정주의 논쟁을 할 때의 개량과 혁명에 대한 논리에 잘 나타나고 있다고 생각됩니다. 여기서 사회주의의 과학적 기초를 세 가지로 보았습니다. 자본주의가 발전하면서 자본주의경제의 무정부성이 증가해서 자본주의를 붕괴로 내몬다는 것, 미래 사회의 바탕이 되는 생산과정의 사회화가 증대하고 있다는 것, 다가오는 혁명을 짊어질 노동자 대중의 힘과 계급의식이 증가한다는 것입니다.

당신은 가난한 사람을 부유하게 만들 수 있다는 가능성에서 사회주의를 평가한 베른슈타인을 비판하면서, 무엇보다도 노동자들의 계급투쟁이 발전하면서 얻은 성과는 자본주의에서 사회주의를 실현하기 위한 토대를 발견한 것이라고 보았습니다. 그리하여 사회주의는 인간의 이상에서 역사의 필연이 될 수 있었습니다. 베른슈타인이 사회주의의 가능성을 자본주의 적응 능력에 따른 계급 대립의 완화에서 찾았다면, 당신은 거꾸로 계급의식이 성장하면서 솟구치는 계급투쟁에서 사회주의의 필연성을 확인했다고 봅니다.

베른슈타인이 혁명을 개량으로 대체하려고 한 데 반해, 당신은 혁명은 사회주의 운동의 목표이고 개량은 사회주의 운동의 수단이라고 보았습니다. 따라서 당신은 개량과 혁명을 변증법적 총체로서 사회주의 운동을 구성하는 중요한 계기로 파악했습니다. 베른슈타인의 주장처럼 혁명이라는 최종 목표를 포기하게 되면 사회주의 운동은 존재할 수 없다고 지적했는데, 혁명이라는 최종 목표가 사회주의를 위한 투쟁의 정신과 내용을 구성하고 그것을 계급투쟁으로 발전시키기 때문이라고 했습니다.

당신은 사회주의가 자동적으로 이루어지거나 개량을 위한 노동자들의 일상적 투쟁에서 얻어질 수 있는 게 아니라고 했습니다. 사회주의는 자본주의경제의 모순이 첨예해지는 가운데 사회혁명으로 자본주의를 무너뜨려야 가능한 것, 즉 노동자계급의 깨달음과 혁명운동이 전제되어야 가능한 것이었습니다. 또한 사회주의가 혁명으로 이루어질 수밖에 없지만 결코 한 번의 봉기로는 실현될 수 없기에 대중을 조직해야 한다고 보았습니다. 당신은 장기간에 걸친 투쟁을 그리면서 레닌과 다른 길을 걸었습니다.

무엇보다도 사회주의를 위해서는 노동자계급을 중심으로 대다수 대중을 사회주의 운동에 결합해야 하고 일상적 투쟁 역시 혁명으로 이어지도록 노력해야 한다고 했습니다. 특히 사회주의 운동이 성장하면서 가장 어려운 것은 바로 대중성을 포기하거나 최종 목표를 포기하는 일이라고 지적하면서, 무엇보다도 "사회주의 운동은 대중운동"이라고 주장했습니다. 당신은 대중성을 포기하는 것이나 최종 목표를 버리는 것을 똑같이 생각할 정도로 대중성을 강조했습니다.

> 사실, 승리를 향한 노동자계급의 세계사적 전진은 "그렇게 간단한 일"이 아니다. 이 운동의 특수성은 역사상 처음으로 대중이 스스로 모든 지배계급에 대항해서 자신의 의지를 관철해야 하며 이 의지를 현실 사회의 저편으로, 즉 현실 사회를 초월해 밀고 나가야 한다는 데 있다. 대중은 기존 질서와 끊임없이 투쟁함으로써만 이러한 의지가 고유한 형태를 갖출 수 있게 한다. 기존 사회질서를 뛰어넘는 목표와 인민대중의 광범한 결합, 거대한 세계혁명과 일상적 투쟁의 결합, 바로 이런 것들이 사회민주주의 운동의 커다란 문제다. 사회민주주의 운동은 분명 그 발전 과정에서 두 개의 난관, 즉 대중적 성격을 포기하는 것과 부르주아 개량주의나 종파주의 또는 무정부

주의나 기회주의에 오염되어 최종 목표를 포기하는 것 사이에서 발
전을 길을 모색해야만 한다.

당신이 대중을 바라보는 시각은 이미 『사회 개량이냐 혁명이냐?』에서부터 레
닌이나 독일사회민주당 지도부와는 다르게 느껴집니다. 특히 사회주의 운동에
서 무엇보다도 대중성을 강조하는 것은 당신의 혁명 노선을 미루어 짐작하게 합
니다. 당연히 레닌의 중앙집중주의를 조직 노선으로 동의하기는 어려웠을 것입
니다. 레닌의 조직 노선을 블랑키주의 조직 원리라고 비판한 당신의 논리는 당
시에는 주목받지 못했으나, 볼셰비키혁명은 물론 소비에트 사회주의가 붕괴한
이후에도 커다란 논쟁거리로 남아 있습니다.

당신은 사회주의 조직에서 중앙집중주의가 불가피한 측면도 있지만, "사회주
의 운동은 계급사회의 역사에서 대중의 독자적 행동에 의지하는 최초의 운동"이
기 때문에 그 운동은 조직도 다를 수밖에 없었다고 주장했습니다. 왜냐하면 사
회주의는 역사적으로 계급투쟁에서 태어났기 때문에, 노동자계급은 중앙위원회
의 지시나 가르침을 통해서가 아니라 투쟁하는 과정에서 계급의식을 단련했고
목표를 깨우쳤으며 동지를 얻었고 조직되었기 때문에, 노동자계급의 투쟁, 교
육, 조직은 같은 차원에서 봐야 한다고 지적했습니다.

특히 1896년 러시아 페테르부르크에서 일어난 파업을 비롯한 다양한 투쟁들
을 주목하면서, 노동자들이 활용한 전술들은 중앙조직의 지시나 가르침에 따른
것이 아니라 투쟁 과정에서 자연발생적으로 나타났다는 것을 눈여겨보았습니
다. 파업 노동자들 스스로 파업 현장에서 투쟁 전술을 만들어 내고 사용한 것입
니다. 특히 당신은 파업 투쟁에서 계급의식으로 무장한 지도부가 별다른 역할을
못한 것으로 평가했습니다.

일반적으로 사회민주당 전술 방침은 고안될 수 있는 성질의 것이
아니라, 오히려 이전의 투쟁 경험에서 얻을 수 있거나 때로는 일련

의 자생적 계급투쟁에서 발견되는 창조적 행위의 산물이다. 무의식
이 의식에 선행하며, 역사 발전의 논리가 그 과정에 참여하는 인간
의 주관적 논리에 앞선다.

당신은 대중의 자발성을 놀라운 모습으로 바라보았을 것입니다. 더구나 사회
주의 조직은 투쟁 과정에서 성장하기 때문에 사회주의 운동은 계급의식이 넘치
는 노동자계급이나 미조직노동자를 엄격하게 구분할 수는 없다고 지적했습니
다. 사회주의 운동은 대중의 직접투쟁에 의지하는 최초의 운동이기 때문에, 계
급의식으로 무장한 노동자계급은 물론 미조직노동자도 투쟁을 통해서 단련되고
조직될 기회는 얼마든지 있습니다.

대중의 자발성은 당신의 상징입니다. 사회주의 운동은 페테르부르크의 파업
투쟁에서 보듯이 대중의 창조성과 자발성이 마음껏 발휘될 수 있다면 결코 경직
될 수 없는 것입니다. 따라서 사회주의 조직은 대중의 뜻을 받아서 실천하고 대
중이 더 높은 통찰력으로 사회주의에 대한 의지를 다지도록 도와주는 것이지,
레닌 생각처럼 소수의 뜻을 사회주의 조직에 전달하는 것이 아니라고 주장했습
니다. 노동자 대중은 역사의 변증법에서 자신들의 오류를 직접 배우고 깨우칠
권리가 있다는 의미라고 생각합니다.

특히 당신은 사회주의 운동이 노동자계급은 물론 부르주아사회에서 억눌린
모든 사람의 이해관계를 대변해야 한다고 주장했습니다. 지배계급을 제외한 대
중 모두의 어려움을 헤아려 주어야 한다는 것입니다. 사회주의 운동을 대중운동
으로 받아들이기 때문이라고 생각합니다. 당신은 노동자계급이 범하기 쉬운 계
급적 편협성을 우려하면서, 대중을 결합하려면 앞서서 나가는 노동자계급이 어
떻게 행동하고 어떻게 조직해야 하는지를 보여 주어야 한다고 했습니다.

이렇게 보면 "대중"은 『사회 개량이냐 혁명이냐?』에서는 사회주의혁명운동
에 결합해야 하는 존재였으나, 「러시아사회민주당의 조직 문제」에서는 투쟁을
통해서 단련되고 조직될 수 있는 존재이기에 계급의식으로 무장한 조직노동자
와 그렇지 못한 미조직노동자를 구별할 필요가 없게 되었습니다. 당신의 "대중"

은 점점 진화한 것으로 보입니다.

그런데 「러시아사회민주당의 조직 문제」에서도 『사회 개량이냐 혁명이냐?』에서와 마찬가지로 사회주의 운동을 위험에 빠뜨릴 수 있는 요소로 대중성과 혁명성을 잃어버리는 것을 지적하고 있습니다. 당신은 사회주의 운동의 미래를 예언이라도 한 듯합니다. 이후에 사회주의 운동은 대중성과 혁명성을 동시에 확보하는 데 어려움을 겪는 경우가 많았기 때문입니다.

1905~07년 러시아혁명 이후

1905년 1월 22일 '피의 일요일'을 계기로 시작된 러시아혁명은 1907년 6월 7일 쿠데타로 막을 내렸으나, 혁명의 열기는 독일을 비롯한 유럽의 노동자운동에 커다란 영향을 미쳤습니다. 입으로만 혁명을 외치면서 의회만 쳐다보고 있던 독일사회민주당의 관료주의와 개량주의에 지쳐 있던 당신은 러시아혁명을 살아있는 혁명의 교과서로 받아들였습니다. 사회주의로 가는 길은 결국 "대중"이 열 것으로 기대하면서, 혁명 이전에 나온 저술은 모두 시대에 뒤떨어진 것이라며 1905~07년 러시아혁명에 커다란 의미를 부여했습니다.

1905~07년 러시아혁명의 파장으로 독일사회민주당을 중심으로 대규모 파업 논쟁이 벌어졌을 때, 독일사회민주당 지도부와 노동조합의 노동귀족은 논쟁을 우려 섞인 눈으로 바라보았지만, 당신에게는 러시아혁명에서 확인된 대규모 파업이 혁명의 맥박이고 원동력이었습니다. 물론 계급투쟁이 숙성되어 나타나는 대규모 파업에서는 노동자계급의 단호한 투쟁 의지가 중요한 역할을 하므로 노동자 대중 가운데 가장 잘 조직되고 계몽된 사람이 주도권을 쥘 것은 분명하지만, 러시아혁명을 보면서 '대중의 자발성'이 가장 결정적인 역할을 수행했다고 평가했습니다.

당신에게 대규모 파업은 의식적으로 요구하거나 조직될 수 있는 것이 아니라 특정한 순간에 역사적 필연성을 가지고 사회적 관계에서 발생하는 역사적 현상입니다. 혁명이나 대규모 파업은 계급투쟁의 외적 형태이기 때문에 주어진 정치적 상황과 관계되어야 의미와 내용을 갖는다고 지적하기도 했습니다. 따라서 당신은 대규모 파업에서 객관적 또는 자발적 요소를 강조하지만 주관적 또는 의식적 요소를 배제하지는 않은 것으로 보입니다.

물론 대중에 대한 믿음, 대중행동에 대한 강조는 지속되었습니다. 대규모 파업 또는 대중투쟁이 승리하려면 그것은 반드시 대중운동으로 발전되어야 하기에 가장 광범위한 노동자 대중이 투쟁에 나서야 했습니다. 노동자 대중의 투쟁력은 소규모 조직된 집단에 의존하는 것이 아니라 계급의식으로 가득한 노동자계급을 둘러싸고 있는 광범위한 대중이 가담하면서 확보된다고 주장했습니다.

> 노동자계급의 조직된 핵심인 사회민주당이 전체 노동자계급 가운데 가장 중요한 전위이며 노동자운동의 정치적 선명성이나 힘과 통일성이 이 조직에서 나온다고 할지라도, 노동자계급 운동을 소수의 운동으로 보는 것은 있을 수 없다. 현실에서 벌어지는 모든 거대한 계급투쟁은 가장 광범위한 대중의 지지와 협력에 의존해야만 한다. 이러한 협력을 고려하지 않고 잘 훈련된 소수의 노동자계급이 탁월하게 연출된 행군을 하면 된다는 이념에 근거한 계급투쟁 전략은 비참한 실패로 끝나고 말 것이다.

당신에게 진정한 대중운동은 대중의 자발성에 바탕을 둔 운동이며, 계급의식으로 조직된 노동자계급의 핵심과 대중 사이에 혈액순환이 원활하게 될 때만 대중운동이 의미가 있습니다. 따라서 대규모 파업과 정치적 대중투쟁은 조직노동자의 힘만으로는 되지 않으며 당의 중앙위원회가 지시한다고 될 일도 아니라고 생각했습니다. 러시아에서 경험했듯이 오히려 미조직노동자의 정서와 상태를 고려해 이들을 폭넓게 투쟁에 가담시키고 함께할 수 있는 단호한 계급 행동이 필요하다고 보았습니다. 계급투쟁에서 미조직노동자와 그들의 정치적 성숙도를 과소평가하면서 조직의 역할을 과장하는 것은 문제가 있다고 지적했습니다.

당신은 사회주의 조직이 노동자들에게 심어 놓은 계급의식은 이론적이고 잠재적인 것이기 때문에 의회주의가 팽배한 현실에서는 계급의식이 행동으로 표출되기 어렵다고 보았습니다. 하지만 대중 스스로 혁명이 소용돌이치는 정치투쟁 현장에서 얻은 계급의식은 실천적이고 능동적인 성격을 갖는 것으로 평가했습니다. 당신은 러시아 노동자에게 혁명이 일어났던 1년은 30년에 걸친 의회투쟁으로도 독일 노동자에게 줄 수 없었던 계급의식을 심어 주었다고 주장했습니다. 당연히 미조직노동자도 10년 동안 공개적으로 시위를 벌이고 유인물을 배포해도 결코 할 수 없었던 훈련을 혁명 시기에는 단 6개월 만에 완성할 것으로 보았습니다.

물론 『대규모 파업, 당, 노동조합』에서 혁명의 주도적 요소는 계급의식을 지닌 노동자계급이라고 했지만, 사회주의 운동을 대중운동으로 받아들이면서 모든 계급투쟁의 바탕에는 광범위한 대중의 지원과 동참이 있어야 한다는 것을 지적했습니다. 그렇다고 당신이 흔히 비난받았듯이 계급투쟁에서 사회주의정당의 역할을 부정하거나 과소평가하고 역사 발전의 필연성을 과대평가한 것은 아닌 것으로 알고 있습니다. 당신은 이미 「러시아사회민주당의 조직 문제」에서도 사회주의 조직과 대중의 자발성 관계를 주목했습니다.

사회주의정당은 가장 잘 계몽되고 계급의식이 투철한 노동자계급의 전위이기 때문에 "혁명적 상황"이 올 때까지 앉아서 기다리거나 대중의 자발적 운동이 하늘에서 떨어지기를 기다려도 안 된다, 사회주의정당은 언제나 사태의 발전을 앞지르고 그것을 가속하려고 노력해야 한다, 당신은 이렇게 지적했습니다. 따라서 사회주의정당은 투쟁의 계기를 분석하고, 투쟁의 슬로건을 제시하고, 투쟁에 희망을 불어넣고, 투쟁을 가속하고, 투쟁의 성과를 알리는 선전 활동에 집중해야 할 것입니다. 이것이 당신이 말한 "정치적 지도"의 의미이며, 결국 당신은 대중에 대한 정당의 영향력은 정당의 힘이나 선도적 행위가 아니라 정당의 정신, 강령, 슬로건에 의해 행사되어야 한다고 주장했습니다.

그런데 당신하고 판이한 조직 노선을 갖고 있던 레닌은 드디어 해냈습니다. 당신은 볼셰비키혁명을 교도소에서 맞았지요? 드디어 역사가 길을 찾았고 자신의 삶이 승리한 것처럼 느꼈을 것입니다. 매우 어려운 조건에서 이루어졌기 때문에 혁명을 지키고 발전시키려면 유럽, 특히 독일의 노동자계급이 행동해야 한다고 생각한 것은 당신답습니다. 세계 노동자계급의 혁명적 에너지를 끌어올리려는 생각으로 『러시아혁명에 대하여』를 작업하셨지요.

"러시아의 사례"에 손뼉 치고 그 사례를 모방하는 것이 최선이라고 생각할 수도 있지만, 당신은 볼셰비키가 직면했던 어쩔 수 없는 조건을 짚어 보고 혁명을 역사적 맥락에서 비판적으로 분석하는 것은 모든 노동자에게 최고의 훈련이라고 주장했습니다. 당연히 알맹이와 껍데기를 구별하는 일이 필요합니다. 볼셰비키의 정치적 조치 가운데 무엇보다도 프롤레타리아독재에 많은 의문을 제기한 것으로 알고 있습니다.

당신에게 프롤레타리아독재는 민주주의를 제한하는 것이 아니라 확장하는 것이며, 대중이 이따금 치르는 선거가 아니라 직접 활동을 통해서 정치적 임무를 수행하는 높은 수준의 민주주의 질서를 의미할 것입니다. 따라서 볼셰비키가 부르주아독재인 소수의 독재로 가고 있다고 비판하면서 프롤레타리아독재는 당이나 파벌의 독재가 아니라 계급독재라는 것을 지적했습니다. 대중의 무제한적 참여와 민주주의가 보장되는 독재를 통해서 대중의 손으로 역사를 만들어간다는 확신이 있어야 혁명의 길이 열리고 사회주의는 우뚝 설 수 있다고 강하게 주장했습니다.

> 친정부 인물과 하나의 당의 당원만을 위한 자유 ─ 그들의 수가 아무리 많다고 하더라도 ─ 는 전혀 자유가 아니다. 생각이 다른 사람의 자유도 인정하는 것이 진정한 자유다. 정치적 자유는 정의라는 개념에 매료되어서가 아니라 정의에 입각할 때만이 비로소 온전하기 때문이다. 자유가 특권이 된다면 자유의 효용성은 없어지고 만다.

볼셰비키가 노동자 정치를 대중과 함께 만들어 가지 않고 사회주의적 민주주의를 박수 부대나 거수기로 비틀어 버리는 것을 보면, 그들에게는 사회주의가 이미 완성된 도식이거나 사전에 준비된 공식입니다. 하지만 사회주의는 그 자신의 경험에서 탄생하는 것이며 실현 과정에서 탄생되는 역사적 산물이어야 하고 그럴 수밖에 없다는 당신의 말에는 커다란 울림이 있습니다.

한편 당신이 『러시아혁명에 대하여』에서 경고하려던 것 가운데 하나는 "러시아의 사례"를 볼셰비키가 혁명의 모범으로 권장하거나 세계의 노동자계급이 볼셰비키혁명을 무조건 모방하는 것이었습니다. 결코 모범이 아니었고 오류와 실수가 많았다는 의미라고 생각됩니다. 당신은 사회주의가 설사 역사의 선택일지라도 그것은 국제적으로만 가능한 일이라고 했습니다. 한 나라에서 아무리 혁명적 에너지가 넘치고 노동자계급의 희생이 아무리 크더라도 세계 노동자계급의 혁명적 행동이 없다면 그것은 필연적으로 자가당착과 엄청난 오류를 불러올 것입니다.

> 국제 프롤레타리아혁명의 뒷받침이 없으면 러시아 프롤레타리아
> 독재는 실패할 운명에 놓일 것이다. 파리코뮌의 경험이 이것을 말
> 해 준다.

따라서 독일 노동자계급이 너무 늦게 움직여서 볼셰비키혁명을 구하지 못할까 봐 당신은 얼마나 조바심이 났겠습니까. 그런데 1918년 11월에 들어 봉기가 일어나기 시작했으며, 이후에 실질적 권한은 노동자병사평의회가 장악했습니다. 스파르타쿠스연맹은 진작부터 혁명적 투쟁 기구로 노동자평의회를 주장했고 "모든 권력을 평의회로!"라는 슬로건을 제시했습니다.

스파르타쿠스연맹에게 평의회 운동은 창조적이고 자발적인 대중의 혁명적 계급의식이 담긴 것이었다고 알고 있습니다. 당연히 평의회는 대중과의 상호작용을 통해서 국가를 사회주의 정신으로 가득하게 할 수 있어야 할 것입니다. 당신의 혁명 노선에서 대중은 투쟁으로 깨우치고, 투쟁으로 조직을 만들어 가고,

자신의 창조성과 자발성을 바탕으로 혁명을 열어 가는 존재이기 때문입니다. 사회주의혁명이 승리하는 데 대중은 필요충분조건이지요.

과거의 혁명들이 소수의 이해관계를 위한 소수의 혁명이었다면 사회주의혁명은 다수의 이해관계를 위한 거대한 다수의 대중에 의해 승리할 수 있는 최초의 혁명이라고 주장했습니다. 사회주의혁명은 노동자계급이 중심을 잡고, 소수가 아니라 다수인 대중의 이해관계를 따르는 다수의 혁명이라는 것입니다. 볼셰비키와 거리가 느껴질 수밖에 없는 혁명 노선이라 생각됩니다.

> 프롤레타리아혁명은 소수가 폭력적 방법으로 스스로의 이상에 맞는 세상을 건설하기 위해 운명적 시도를 하는 것과는 다르다. 그것은 역사적 소명을 다하기 위해 또한 역사적 필연성을 역사적 현실로 바꾸어 놓기 위해 부름을 받은 수백만 대중 일반의 깨달은 행동일 뿐이다."

따라서 당신의 사회주의혁명은 노동자계급 혁명이며, 목표와 방향성을 갖고 투쟁을 통해 깨우치고 단련된 대중이 함께 역사의 길을 열어 가는 것이라 봅니다. 특히 혁명 이후에는 대중에게 무제한적 참여와 민주주의를 보장해야 혁명을 지킬 수 있고 혁명을 전진시킬 수 있다고 주장했습니다. 「스파르타쿠스연맹은 무엇을 원하는가?」는 『러시아혁명에 대하여』에서 볼셰비키를 비판했던 논리가 근간이 되었으나 한층 구체화된 혁명 프로그램으로 보입니다.

혁명의 주체와 관련하여 『대규모 파업, 당, 노동조합』에서는 모든 계급투쟁은 대중의 지지와 참가 없이 소수의 노동자계급에만 의존한다면 반드시 실패할 것이라고 지적하면서도, 대중의 자발성에 바탕을 둔 대중운동 역시 계급의식으로 조직된 노동자계급과 유기적으로 협력할 때만 의미가 있다고 보았습니다. 하지만 「스파르타쿠스연맹은 무엇을 원하는가?」에서는 사회주의혁명은 다름 아니라 수백만 대중의 깨달은 행동이라고 규정했습니다. 당신은 계급운동에서 점점 대중운동으로 강조점을 옮겨가는 것처럼 보입니다.

"깨달은 대중"의 한계

　스파르타쿠스연맹은 고도로 발달한 자본주의에서 팽배해진 관료주의와 경직된 조직에서 개인이 소외되거나 좌절하는 것을 경험하고 독일사회민주당의 이론과 실천의 모순적 발전 구조, 더구나 노동귀족에 점령당한 노동조합에 반발해서 대중에 의한 직접민주주의를 지향하게 된 것으로 보입니다. 당연히 레닌과 달리 혁명을 장기에 걸친 역사적 과제로 인식하고 대중이 개입하는 운동으로 활동하게 되었습니다.

　그런데 베를린에서 대중이 일어섰습니다. 역사가 "스파르타쿠스연맹의 봉기"로 기록하고 있는 1월 봉기에 대해 당신은 정말 할 말이 많을 것입니다. 스스로 무모한 선제공격이나 폭동을 경계하고 있었고, 기관지인 『적기』의 사설만 보더라도 봉기를 일으킬 계획도 준비도 없었던 것으로 보입니다. 당신과 동지들은 오로지 다가오는 국민의회 선거에 참여해서 대중과 정치적으로 함께하려는 생각만 가지고 있었던 것으로 보입니다.

　1월 봉기가 독일사회민주당과 스파르타쿠스연맹을 비롯한 좌파 세력의 긴장으로 빚어진 우발적 사태이든, 심지어 반동 세력이 용의주도하게 파놓은 덫이라고 할지라도, 광범한 대중이 혁명적으로 진출한 것은 분명합니다. 하지만 당신은 그토록 외치던 "정치적 지도"에 실패했습니다. 대중에게 혁명의 슬로건을 제시하고 방향을 부여하는 데 무기력했던 것입니다. 당신 스스로 이야기했듯이 신속하지도, 단호하지도, 상황을 장악하지도 못했습니다.

　레닌의 모습을 떠올리면서 강한 규율로 무장한 조직이 없는 것을 아쉬워할 수도 있습니다. 하지만 그것은 당신의 길이 아닙니다. 혁명 지도부가 대중에게 지시나 지령을 내리는 방식은 스파르타쿠스연맹이 아니라 볼셰비키, 당신이 아니라 레닌이 할 일입니다. 당신의 연인이었던 레오 요기헤스는 1906년 폴란드사회민주당이 러시아사회민당과 통합됐을 때 당의 조직 노선을 놓고 레닌과 치열한 논쟁을 벌였으며, 볼셰비키혁명 이후에는 볼셰비키의 영향권에 들어가는 것을 원하지 않았고 그렇게 될 위험에 대해 경고까지 했습니다.

물론 역사의 법칙을 믿는 당신은 혁명의 미래를 낙관했습니다. 대중의 혁명성을 바탕으로 혁명은 실패를 딛고 끊임없이 전진하며 스스로 발전해 갈 것이라고 생각했지요. 당신은 혁명이 패배한 이후 강한 조직을 아쉬워한 게 아니라 대중의 정치적 미성숙을 안타까워했습니다. 당신이 세상을 뜨지 않고 살아남았다면, 항상 그랬듯이 조직을 단련하기보다 대중에게 역사의 임무를 가르치려고 노력했을 것으로 생각됩니다. 혁명이란 한 번의 봉기가 아니라 밑으로부터의 장기간의 투쟁을 통해 노동자 권력을 쟁취하는 것이니 말입니다.

그런데 당신이 말했던 그 대중, 믿고 의지하던 대중, 깨달은 대중이 보이질 않습니다. 물론 혁명의 목표와 방향을 명확히 하고 깨달은 대중과 함께 사회주의 혁명을 선도해야 할 노동자계급이 사라진 것도 오래 전의 일 같습니다. 당신이 기대한 것처럼 아직도 자본주의의 무덤을 파고 있는 것일까요? 아니면 무덤 파는 일이 임무라는 것조차 완벽하게 잊었는지도 모를 일입니다. 역사는 자신의 길을 열어 줄 깨달은 대중을 기다리고 있는데, 대중이 역사적 임무를 잃었거나 포기했다면 역사는 새로운 주체를 만날 수밖에 없을 것입니다.

> 과학적 사회주의는 우리에게 역사 발전의 객관적 법칙을 파악하도록 가르쳤다. 인간은 자신의 의지에 따라 역사를 만드는 것은 아니다. 그렇지만 인간은 역사를 만든다. 프롤레타리아의 주체적 행동은 사회 발전의 정도에 의존한다. 그러나 사회 발전은 프롤레타리아와 동떨어진 채 일어나는 것이 아니다. 프롤레타리아는 사회 발전의 산물이자 결과인 동시에 그것의 동력이고 원인이다. 우리가 자신의 그림자를 뛰어넘을 수 없는 것처럼 프롤레타리아의 행동이 역사적 발전을 뛰어넘을 수는 없다 하더라도 그 발전을 가속하거나 감속할 수는 있다.

당신에게 노동자계급은 역사의 원천이고 산물이며 역사의 결정적 요인인 것으로 알고 있습니다. 물론 수많은 대중의 깨달은 불꽃이 없다면 노동자계급은 승리하기 어려울 것입니다. 그런데 역사의 원천이고 결정적 요인이었던 노동자계급이 더는 역사의 길을 만들지 못할 것으로 보인다면, 더구나 조직된 노동자계급이 역사적 임무를 잊어버리고 자본과 '대립적 공생 관계'에 들어갔다면, 종래의 혁명 노선을 새롭게 생각할 필요도 있을 것입니다.

당신의 노선은 역사 발전의 추동력이며 역사의 결정적 요인인 노동자계급이 혁명을 선도하고, 투쟁을 통해서 깨우치고, 단련된 대중이 지지하고 참여해서 권력을 쟁취하는 것이었습니다. 맑스주의는 노동자계급의 해방은 오직 노동자계급 자신의 과업이라고 주문을 외웠지만, 그 의미를 깨우치고 역사적 과업을 실천하기 위해서 목적의식적으로 투쟁하는 노동자계급을 현실에서 만나기는 쉽지 않아 보입니다. 그들에게는 자본과의 관계에서 하루하루 살아가는 것도 만만치 않기 때문에 때로는 새로운 사회를 위한 투쟁이 사치스러워 보일 수도 있을 것입니다.

자본주의의 발전으로 노동자 대중의 내부 구성이 변화된 것도 노동자 대중을 주눅 들게 할 수 있습니다. 당신이 역사의 결정 요인으로 주목했던 노동자계급은 자본 관계에 실질적으로 포섭되어 때때로 자본과 노동조건을 놓고 갈등하는 때도 있지만, 공생하는 것처럼 보일 때도 있습니다. 노동자계급은 자본 관계에서 노동하고 자본 관계에서 생활하고 자본 관계에서 희망을 만들 수밖에 없습니다. 그들은 부르주아 이데올로기에 포섭되어 있고, 그렇게 포섭된 것이 자신들에게 중요한 이해관계가 걸린 일이라는 것을 알지 못할 수도 있습니다. 특히 불안정노동자를 중심으로 변화되면서 종래의 노동자계급은 역사적 임무를 수행하기커녕 자본 관계에 둥지를 틀게 된 것으로 보입니다.

따라서 당신이 혁명적 계급으로 주목했던 조직노동자계급은 이제 '노동자 위의 노동자'로 자리를 옮겨 앉은 것 같습니다. 대공장의 정규직노동자들은 강력한 노동조합의 보호를 받으면서 높은 임금과 안정적 일자리까지 확보하여 계급의식을 지니기는커녕 탈정치화하거나 심지어는 반동적 태도를 보이는 때도 있습니다. 이러한 현실이 어찌 보면 자본 관계에서의 노동자계급의 처지를 짐작하게 해 주기도 하지만, 자본주의가 고도로 발전한 현실에서 '궁극적 목표'를 향해서 달려가는 노동자계급을 만나기는 쉽지 않습니다. 당연히 자본주의는 자신의 무덤을 파는 사람도 함께 만들어낸다는 맑스의 선언은 아주 멀리서 들릴 뿐입니다.

자본주의의 변화가 강제한 결과이기도 할 것입니다. 자본주의는 경쟁적 축적 과정에서 잉여가치를 증가시키기 위해 스스로 끊임없는 변신을 거듭합니다. 당연히 종래의 자본 관계에 포섭된 인구의 비중은 지속해서 감소하고, 노동의 성격은 물론 노동자 구성도 바뀔 수밖에 없습니다. 불안정노동자는 지구화, 노동유연화, 서비스산업의 비중 확대, 정보기술의 발전 등으로 세계적으로 증가하고 있습니다. 전통적 자본 관계 밖으로 밀려난 불안정노동자가 다수를 차지하게 된 것입니다. 이들을 "프레카리아트precariat"라고 부르기도 합니다.

'노동자 밑의 노동자'인 불안정노동자는 종래의 노동자계급과는 비교할 수 없을 정도로 투쟁하기 어렵고, 깨우치거나 조직되거나 단련될 기회를 만나는 데 어려움을 겪고 있습니다. 자본주의가 역사에 떠오를 때의 숙련노동자와 미숙련 노동자의 관계를 넘어서고 있는 듯이 보입니다. 당신이 보았듯이 종래의 노동자계급이 대공장을 중심으로 집중화되어 있었다면, 불안정노동자는 파편화되어 있고 공동의 이해관계를 갖기도 쉽지 않기 때문에 투쟁을 만들고 조직화하는 데 어려움이 있습니다. 또한 노동자계급이 '귀족노동자'와 '노예노동자'로 나뉘어 갈등하는 것도 새로운 현상입니다. 하지만 계급사회에서 투쟁이 멈춘 적은 없었습니다. 당신이 믿었던 것처럼 역사가 스스로의 길을 찾듯이, 불안정노동자도 자신의 길을 찾아갈 것으로 믿습니다.

물론 자본주의적 생산에서 노동자 대중은 산 노동을 제공할 수 있는 유일한 존재이기 때문에 사회적 힘이 있습니다. 조직된 노동자계급은 파업으로 자본 운동을 멈추게 할 수도 있고, 자본가계급에 맞서서 불안정노동자나 실업자를 선도하면서 투쟁할 수도 있을 것입니다. 하지만 자본 관계에서 지위가 다른 노동자들이 연대하는 것은 쉽지 않으며, 특히 함께 역사적 임무를 수행할 것으로 기대하기는 힘든 일입니다. 당신도 끊임없이 계급의식이 있는 노동자계급이 미조직 노동자를 비롯한 대중을 혁명적으로 끌어안기를 요구했습니다.

특히 역사 발전을 관찰하면, 역사가 피지배계급에게 기존의 생산양식에 저항하고 투쟁할 힘은 주었으나 이후의 생산양식을 세우고 지배할 능력까지 주지는 않은 듯 보입니다. 맑스가 벌떡 일어날 말일 수도 있습니다. 그런데 어느 사회에서든 피지배계급이 생산관계가 변화되는 계기를 만드는 것은 명백하지만 생산관계가 바뀌는 데 결정적 역할은 하지 못했고, 역사는 언제나 '새로운 계급'에게 그 역사적 임무를 맡긴 것으로 보입니다.

노예제에서 봉건적 생산관계로의 이행을 피지배계급인 노예들이 바꾸었다고 말하기는 어렵습니다. 봉건제 사회에서 자본주의사회로의 이행에서도 농노의 저항이 한 몫을 한 것은 분명하지만 농노가 결정적 역할을 한 것이 아니라 상인이나 수공업자들 가운데서 비약한 부르주아가 역사적 임무를 완수했습니다. 이러한 역사 발전을 유의한다면, 자본주의사회를 이어갈 새로운 사회의 주체 역시 당신이 말하는 노동자계급보다는 봉건제 사회에서 잉태된 부르주아처럼 자본주의에서 잉태될 새로운 계급이라고 볼 수도 있을 것입니다.

물론 봉건제 사회에서 농노의 저항은 절대 만만치 않았습니다. 그들은 세금을 제때에 내지 않거나 농노제가 시행되지 않는 제국의 변두리로 도망가기도 했습니다. 농노들은 혹독한 대가를 감수하고라도 폭동을 일으키거나 자치를 요구하는 때도 있었고 영주의 땅을 빼앗거나 심지어 영주를 죽인 일도 있었습니다. 그들은 무거운 부담과 가혹한 지배에 시달렸기 때문에 지배계급의 횡포에 고분고분 순응하지는 않았지만, 봉건제 사회를 무너뜨리고 새로운 사회를 건설하지는 못했습니다. 물론 당신도 러시아에서 농노들이 저항한 사례를 주목한 바 있습니다.

농노를 자본주의사회의 노동자와 비교하는 것은 적절하지 않을 수도 있습니다. 하지만 노동자의 모든 저항이나 투쟁이 혁명과 연계되지 않고 있고, 노동자도 농노처럼 자신의 삶을 지키거나 바꾸기 위해 저항하고 투쟁하지만 그들에게 궁극적 목표는 알 수도 없고 그들은 그에 대한 관심도 적을 것입니다. 도대체 어떤 노동자계급이, 어떤 대중이 그 궁극적 목표라는 걸 이해한단 말입니까? 스스로 속한 사회에서 형성되고 역사적으로 규정된 형태의 주체는 혁명의 주체가 되기 어려울 수 있습니다. 사회적으로 가르침을 통해서 형성된 실천 능력이 혁명을 가져오는 것은 아닙니다. 따라서 역사적 임무를 수행할 계급을 역사의 맥락에서 찾는다면, 봉건제 사회가 잉태했지만 봉건제 사회와 공존할 수 없었던 부르주아가 수행했듯이 자본주의사회의 발전 과정에서 나타나겠지만 자본주의사회와 공존할 수 없는 계급일 것입니다.

바로 자본 관계에서 잉태되었지만 자본에 포섭되지 않으면서 자본 관계 밖에 있는 계급 말입니다. 따라서 의식적, 무의식적으로 자본 관계 밖에서 노동력을 팔고 사지 않으려는 도전은 주목할 필요가 있습니다. 이것은 당신이 수정주의 논쟁에서 비판했던 협동조합이나 팔랑스테르 같은 공동체운동과 유사할 수도 있지만, 자본 관계에서 벗어나려는 노동자관리기업Labour Managed Firms이나 노동자협동조합Worker Cooperatives 같은 것도 의미 있는 시도로 보입니다. 이러한 것들은 자본 관계를 완전히 벗어난 형태도 아니고 자본주의의 대안으로 크게 주목받는 것도 아니지만, 자본 관계를 벗어나려는 저항이고, 미래의 사회적 생산과 분배의 실험으로 볼 수도 있을 것입니다.

그렇다고 이러한 실험이 궁극적 목표를 이룬다거나 역사의 길을 연다는 의미는 결코 아니지만, 궁극적 목표를 깨우쳐 가는 과정으로 의미가 있을 수도 있는 대중운동이라는 생각입니다. 봉건제 사회에서 부르주아도 처음에는 보잘것없는 상인이나 수공업자에 지나지 않았으나 점점 성장하면서 봉건제 사회와 맞섰고 결국 자본주의사회로 이행하는 혁명의 중심에 섰습니다. 자본 관계에서 벗어나려는 다양한 실험들이 미약하게 보일 수도 있지만, 의도조차 미약한 것은 아니라고 생각합니다. 자본 관계에 포섭된 노동자계급과 달리, 본능적으로 자본 관계를 거부할 수밖에 없으므로 스스로의 역사적 임무를 깨우치고 역사의 길을 열게 될 수도 있을 것입니다. 자본주의를 넘어서는 혁명은 자본 관계에서 잉태되었지만 자본 관계에서 살아갈 수 없는 계급이 주체라고 생각됩니다.

새로운 계급

혁명을 필연성으로 인식하는 것이 아니라 '가능성'으로 따지는 시간이 왔습니다. 누가 어떻게 새로이 시작할 수 있느냐의 문제가 제기되는 것입니다. 물론 당신은 혁명의 필연성을 믿으며 살았고, 필연적 혁명을 역사의 현실로 만들어 줄 주체로 "대중"을 주목했습니다. 사회주의를 위한 혁명은 바로 깨달은 대중의 행동이었기 때문입니다. 따라서 당신은 대중에게 그들의 역사적 임무를 일깨워 주기 위해 노력했습니다. 레닌처럼 대중에게 지령을 내리거나 지시한 것이 아니라 그들이 혁명적으로 움직이도록 방향을 제시하려고 했습니다.

당신은 사회주의 운동을 대중운동으로 인식했지만, 노동자계급과 대중의 관계 또는 혁명운동에서 대중이 갖는 지위는 지속해서 변화했습니다. 수정주의 논쟁에서 대중은 노동자계급이 결합해야 할 대상으로 존재했으나, 레닌과 조직에 관한 논쟁을 벌이면서 대중은 투쟁으로 단련되고 조직될 수 있으니 당은 대중의 뜻을 받아서 실천해야 한다고 주장했습니다. 1905~07년 러시아혁명을 겪으면서 비록 혁명은 노동자계급이 주도하지만 대중을 획득하지 못하면 패배할 수밖에 없다고 보았으며, 「스파르타쿠스연맹은 무엇을 원하는가?」를 통해서 사회주의혁명은 비로소 '깨달은 대중의 행동'이 되었습니다.

하지만 이러한 당신의 혁명 노선에 대해 궁금한 것이 있습니다. 노동자 대중이 스스로 생존을 위해 저항하는 것과 혁명하는 것을 구별해야 하는 것은 아닌지 의문입니다. 자본주의가 과도기 사회라는 것을 믿지 않는다면 궁금할 것도 없습니다. 대중의 삶은 자본 관계에 묶여 있어서 그것을 넘어 사고하고 행동하기는 쉽지 않아 보입니다. 노동자 대중도 농노처럼 자신의 삶을 지키거나 바꾸기 위해 저항하고 투쟁하지만, 그들도 궁극적 목표는 알 수도 없고 궁극적 목표에 관심도 적을 것입니다. 궁극적 목표를 이해하는 일은 아무나 할 수 없습니다! 당신이 지적한 것처럼 사회주의사회는 사회주의를 향해 가는 과정에서 나타나는 역사의 산물이니 말입니다.

당신도 역사가 주는 제약을 벗어나기는 어렵기 때문에, 당신의 혁명 노선으로 맑스주의를 일으켜 세우고 자본주의를 무너뜨리기는 쉽지 않아 보입니다. 하지만 당신은 언제나 역사를 과학적으로 들여다보고 자본의 역사를 인간의 역사로 돌려놓으려는 노력을 멈추지 않았지요. 이러한 과정에서 사회의 가장 낮은 곳에 있는 대중에게 제한 없는 참여, 민주주의, 자유가 확보되어야 한다고 주장한 것은 미래의 가치로 주목 받을 것입니다. 다만 자본주의를 넘어서는 사회혁명의 주체는 맑스주의가 기대했던 노동자계급, 그리고 당신이 믿고 의지했던 "대중"이기보다 자본주의가 잉태할 "새로운 계급"일 수도 있다는 생각이 듭니다. 하지만 자본주의에서 노동자계급과 대중의 끊임없는 투쟁은 역사가 "새로운 계급"을 만드는 데 커다란 힘이 될 것입니다. 역사가 걸음을 멈춘 적이 없듯이, 역사가 스스로 길을 찾는다면, 자본주의는 곧 과거의 사회가 될 것이라는 확신으로 글을 마칩니다.

참고 문헌

M. 갈로, 임헌 옮김, 『로자 룩셈부르크 평전』, 푸른숲, 2002년.
E. 베른슈타인, 강신준 옮김, 『사회주의의 전제와 사민당의 과제』, 한길사, 1999년.
M. 자이데만, 주정립 옮김, 『나는 지배받지 않는다 – 어느 여성 혁명가의 사랑과 투쟁』, 푸른나무, 2002년.

G. Artz & Younjun Kim, Business Ownership by Workers : Are Worker Cooperatives a Viable Option?, Iowa State University, Department of Economics, Working Paper, 2011.
G. P. Bassler, The Communist Movement in the German revolution 1918-1919 ; A Problem of Historical Typology?, Central European History 6, 1973.
Allen Buchanan, Revolutionary Motivation and Rationality, Philosophy & Public Affairs, vol. 9, No.1(Autumn, 1979).

P. Frölich, Rosa Luxemburg-Gedanke und Tat, Frankfurt/M, 1967.

B. Jossa, "Marx, Marxism and the cooperative movement", Cambridge Journal of Economics Vol. 29, No.1, Cambridge Political Economy, 2005.

V. I. Lenin, "One Step Forward, Two Step Back", CW 7.

Rosa Luxemburg, "Sozialreform order Revolution?", GW 1/1, 366-466.

──────, "Organisationsfragen der russischen Sozialdemokratie", GW 1/2, 422-444.

──────, "Massenstreik Partei und Gewerkschaften", GW 2, 90-170.

──────, "Zur russischen Revolution", GW 4, 332-365.

──────, "Was will der Spartakusbund?", GW 4, 442-451.

C. Menke, Die Möglichkeit der Revolution, Merkur : Deutsche Zeitschrift für europäisches Denken, Klett-Cotta, 2015, Translated by ln_Grau, http://www.redian.org/archive/93294.

G. Standing, The Precariat - The New Dangerous Class. London: Bloomsbury, 2011.

G. Vernadsky, senior, Ralph T. Fisher, Jr., Alan D. Ferguson, Andrew Lossky, Sergei Pushkarev, A Source Book for Russian History from Early Times to 1917 , The Slavic and East European Journal Vol. 17, No. 3 (Autumn, 1973), Published by: American Association of Teachers of Slavic and East European Languages.

이갑영

인천대학교 경제학과에서 정치경제학과 경제학사를 강의하고 있다. 『로자 룩셈부르크의 재인식을 위하여』, 『맑스주의 정치경제학』, 『자본주의에 유죄를 선고한다』를 펴냈으며, 「경제학설사의 방법론 비교연구」, 「로자 룩셈부르크의 자발성과 평의회 운동」, 「남북교역을 위한 '민족가격'의 제도화」 등의 논문을 발표했다. 이후에는 인천 노동자운동의 역사, 자본주의의 변화와 결합한 경제학의 역사를 작업할 계획이다.
e-mail : forcommune@gmail.com

역사는 스스로 길을 찾는다
- 로자 룩셈부르크 100주기를 맞으며

지은이   이갑영
펴낸곳   박종철출판사

주소   경기도 고양시 덕양구 화중로104번길 28 (화정동, 씨네마플러스) 704호
전화   031.968.7635(편집) 031.969.7635(영업)
팩스   031.964.7635

초판 1쇄   2019년 1월 15일

값 20,000원

ISBN   978-89-85022-85-9   93300